人生長恨水長東

任崇岳 著

河南人民出版社

图书在版编目(CIP)数据

人生长恨水长东 / 任崇岳著. —郑州 : 河南人民出版社, 2022. 6
ISBN 978-7-215-10677-2

Ⅰ. ①人… Ⅱ. ①任… Ⅲ. ①历史人物-列传-中国-宋代 Ⅳ. ①K878.84

中国版本图书馆 CIP 数据核字(2022)第 023047 号

河南人民出版社出版发行
(地址:郑州市郑东新区祥盛街 27 号 邮政编码:450016 电话:65788028)
新华书店经销　　河南瑞之光印刷股份有限公司印刷
开本 890 毫米×1240 毫米　1/32　印张 8.625
字数 200 千字
2022 年 6 月第 1 版　　2022 年 6 月第 1 次印刷

定价: 49.00 元

目 录

人生长恨水长东

——李后主魂断汴京

学富五车、才高八斗的一代词人李后主，做梦都没有想到他会魂断汴京。

开宝八年(975)，建立39年，共历3主的南唐覆亡了，南唐最后一位国君后主李煜，也成了宋军统帅曹彬的阶下囚，被押往汴京，开始了他的囚徒生涯。

令人忿懑的违命侯

开宝八年冬天，在宋军的押送下，后主一行乘船从金陵顺流而下，至扬州入古运河，折而北行，到楚州(今江苏淮安)驶入淮水，再经洪泽湖西北行，最后驶入汴水。经过长途跋涉，后主一行于开宝九年(976)正月抵达汴口。汴口乃是引黄入汴处之河口，汴京东南的门户，通往江南漕运的商埠，舳舻相接，异常繁荣。"新年纳余庆，嘉节号长春。"后主抵达汴京之时正是春节，家家团圆，户户合欢，真个是"爆竹声中一岁除，春风送暖入屠苏。千门万户曈曈日，总把新桃换旧符"。别的人家都在过年，而自己一家却成了囚徒，后主心中五味杂陈，无限凄楚。

旌旗猎猎蔽日月,凯歌声声振旅还。正月初三,曹彬率领的威武之师回到汴京,从南薰门经御街北行,来到朱雀门大街,再经州桥到达宣德门,沿途大街小巷到处锣鼓喧天,彩旗飘飘,红灯高挂,万人空巷,争睹曹彬、潘美等人的丰采。后主则嗒然若丧,呆如木偶,任人指指戳戳。既到京师,曹彬见过太祖赵匡胤,呈上早已拟好的《平江南露布》,露布中对后主揶揄嘲讽,对赵匡胤则颂扬备至:

> 曹彬等于(开宝八年)十一月二十八日齐驱战士,直取孤城,奸臣无漏于网中,李煜生擒于麾下。千里之氛霾顿息,万家之生聚寻安。其在城官吏、僧道、军人、百姓等。久在偏方,困于虐政,喜逢荡定,皆遂舒苏,望天朝而无不涕涟,乐皇化而惟皆鼓舞。

这一段文字是不实之词。赵匡胤进行的是一场统一战争,本无是非之分,因此不存在奸臣、忠臣问题,所谓"奸臣无漏于网中"一句,纯粹是无中生有;只因李后主被擒,南唐的大臣也都成了"奸臣"。说南唐"久在偏方,困于虐政",也全是宣传用语,不可凭信。南唐僻在一隅,国小势弱,这是事实;但后主当政时,并未横征暴敛,百姓生活粗安,所谓"困于虐政"云云,自是无从说起。接着,笔锋一转,又对赵匡胤唱起了颂歌:

> 臣等俱乏将才,谬司戎律,遥禀一人之睿略,幸成九伐之微劳。其江南国主李煜并伪署臣僚已下若干人,既就生禽,合将献捷。

赵匡胤的目光停留在“遥禀一人之睿略，幸成九伐之微劳”这两句话上，恰到好处的吹捧，使他格外高兴。更使他高兴的是，此次平定江南，共得19州、3个军、108个县，655065户，偌大一片疆土，悉数收入宋朝版图。鉴于后主曾奉宋朝正朔，赵匡胤决定不宣露布，也不行献俘之礼，以存后主体面，只命他白衣纱帽在明德楼（后改名宣德门，是皇宫南门）下待命。后主战战兢兢跪于丹墀之下，在他身后一字儿排开，跪着江南的文武大臣。赵匡胤气度雍容，端坐在明德楼上，让内侍宣读早已拟好的诏书。诏书中说：“江南伪主李煜，承继父兄基业，偏据一方，窃号称为国主，并未向朕禀报，朕宽大为怀，未予深究。李煜虽然表示内附，但从未入朝效臣子之节，而是聚兵筑垒，图谋不轨。朕屡颁诏书，希望他入京朝见。修玉帛之好，罢干戈之役，但他全然不顾，潜藏阴谋，朕不得不兴师问罪。等到兵临城下，无处遁逃时，才表示皈依，入迷途而不知返，今日之厄完全是咎由自取。”然后又标榜自己慈悲为怀，不念旧怨，封赠后主：

朕以道在包荒，恩推恶杀。在昔骡车出蜀，青盖辞吴，彼皆闰位之降君，不预中朝之正朔，及颁爵命，方为公侯。尔实为外臣，戾我恩德，比禅与皓，又非其伦。特升拱极之班，赐以列侯之号，式优待遇，尽舍尤违。可光禄大夫、检校太尉、右千牛卫上将军，仍封违命侯。

这与其说是封赠，毋宁说是戏弄。后主知道赵匡胤口头上说要宽恕他，事实上却未必如此。单看这一串头衔，尽是些毫无用处的荣誉衔，没有一个实际职务，尤其是违命侯这一称谓，令后主难堪。侯爵前面加上“违命”二字，便有了强烈的讽刺意味。既然说“式优待遇，尽舍尤违”，要封侯爵，又何必加上这“违命”二字？称刘禅、孙皓为“为闰位之降君”也使人不解，所谓“闰位”是指非正统的帝位，他们都是继承了父兄基业，只因打了败仗，被迫降晋，便被称为闰位，你赵匡胤从孤儿寡妇手中攘夺帝位，倒成了正统？胜者王侯败者寇，如今身为囚虏，只能任人宰割，一切都无从说起了，真叫人欲哭无泪！

赵匡胤并未注意后主的脸色。他是威震八纮、权倾四海的天子，这些降俘的生死荣辱，都在他的一念之间。当时全国尚未完全统一，太原的北汉未奉宋朝正朔，北方的辽朝正虎视眈眈，石敬瑭割让的燕云十六州也未收回。赵匡胤为招徕人心，决定不杀李煜，让他闲居汴京，以示优渥，但对李煜出兵抵抗又甚为恼火，故封他为违命侯作为惩罚。对于李煜的亲属，也做了顺水人情：封小周后为郑国夫人，后主之子仲寓为左千牛卫大将军，后主之弟从镒为左领军卫大将军，另一弟从谦为右领军卫大将军，后主的两个弟从度、从信，后主之侄仲远、仲兴、仲伟、仲康、仲宣俱封了官职。还宣布后主及其弟侄在利仁坊各赐宅第一区。后主自然要叩头谢恩。从此以后，后主便卜居汴京，再也没有回过江南。

以泪洗面的日子

自从搬入利仁坊，后主便过起了与世隔绝的俘虏生活，真正成了孤家寡人，昔日那些大臣都不和他来往了。当然，也有少数人是例外，比如徐铉、潘慎修等就没有忘记后主，只因亡国之余，未得允许，不敢擅自前来。后主倍感孤独、寂寞、凄凉，他的生活自然也一落千丈。他生于帝王之家，长于绮罗丛中，过惯了仆从如云、钟鸣鼎食的生活，如今靠微薄的俸禄度日，未免左支右绌，十分拮据。

开宝九年的春天似乎格外漫长，后主有生以来第一次在这里度过，不禁触景生情，想起了在江南的岁月。那是何等惬意的日子，而今随着江南的覆亡，这一切都一去不复返了。往事依稀浑如梦，都随风雨到心头。他凭栏独立，思潮起伏，挥笔写出了一阕荡气回肠的《虞美人》：

风回小院庭芜绿，柳眼春相续。凭阑半日独无言，依旧竹声新月似当年。　　笙歌未散尊前在，池面冰初解。烛明香暗画堂深，满鬓清霜残雪思难任。

江南春早，微风拂煦，庭草已绿。柳丝乍吐，冰消雪融，竹声新月，笙歌不断。烛明香暗，画楼春浓，这些江南春色，怕是只能留在记忆里了。

搁笔沉思，意犹未尽，于是又写成一阕《望江梅》：

闲梦远，南国正芳春。船上管弦江面渌，满城飞絮辊轻尘，忙杀看花人。　　闲梦远，南国正清秋。千里江山寒色远，芦花深处泊孤舟，笛在月明楼。

这一阕词同样是怀旧。上半阕写江南春浓，长江江面上游船如织，船上管弦齐奏，音韵悠扬；城内百花竞放，姹紫嫣红，到处都是看花之人。下半阕写江南秋色，一叶扁舟停泊在芦花深处，笛声嘹亮，高楼月明，这是何等令人陶醉的旖旎风光！

往事如烟，不堪回首。后主一闭上眼睛，前尘往事便一一浮上心头。他似乎又回到了那熟稔亲切的金陵宫阙，想起了刚即位时一次狩猎的情景:他腰悬宝剑,臂挂弓矢,去上苑狩猎。在他身后,车水马龙,卷起漫天尘土,上苑中古木参天,浓荫匝地,翠岚掩映,曲径通幽,令人流连忘返。他调弓引矢,瞄准一头野鹿射去,那鹿应弦倒地,引起侍从的一片喝采声。及至醒来,却是南柯一梦。窗外淅淅沥沥,小雨不停。后主披衣起床,下意识地向南方眺望,昨夜的美梦勾起了他对故国的强烈思念,然而山重水复,相隔千里,今生今世,恐无缘再回江南了。故国江山系魂魄,别时容易见时难,他要把这一腔心事都倾吐出来。于是两阕浸润着泪水的词,便在他笔底泻出:

浪淘沙令

帘外雨潺潺,春意阑珊,罗衾不耐五更寒。梦里不知身是客,一晌贪欢。　　独自莫凭栏,无限江山,别时容易见时难。流水落花春去也,天上人间!

望江南

多少恨,昨夜梦魂中,还似旧时游上苑,车如流水马如龙,花月正春风!　　多少泪,断脸复横颐。心事莫将和泪说,凤笙休向泪时吹,肠断更无疑!

孤独、穷困,度日如年,刚刚40岁的后主,在汴京还不到一年,已经是两鬓添霜了。不过,事情很快有了转机。开宝九年十月二十日深夜,赵光义鸩杀了刚刚50岁的兄长赵匡胤,攘夺了帝位,他就是宋太宗,历史上说的“烛影斧声”就指这一事件。赵光义自知弑君篡位,名声不佳,因而即位伊始,便雍容大度,笼络人心,下诏废除后主违命侯的称号,改封为陇西郡公。这一决定给后主带来了朦胧的希冀，他与小周后商量，如今度日维艰，生活拮据，能不能上一道奏疏，请求天子法外施恩，增加点俸禄。几经周折，奏疏递了上去，只隔了几天，便有了回音。御笔批示：

允如所请，着即为李煜每月增薪三百万钱。

这真是雪中送炭，空谷足音，后主夫妇把诏书看了又看，才望阙谢恩。

一日，后主正潜心攻读佛经，太宗忽然传诏，让他到崇文院见驾。崇文院乃是皇家藏书之地，太宗指着满壁图书，问后主是否喜欢读书，如果喜欢，只需拟个书目，便可令内侍送去。又问后主：金陵垂破之日，为何把许多珍本秘籍都付之一炬，运来京师的多是断简残编，不成全璧，实在可惜。后主表示，当时孟浪铸成大错，如今后悔莫及，愿受责罚。太宗大度地说："如要追究焚书之事，何须等到今日？朕不过是随便问问，并无责罚之意，今日拨冗召卿，为的是一叙旧情，你我君臣须一醉方休！"

这一次见驾，后主对太宗产生了许多好感。只要天子允许他如此生活下去，即使终老其间，也没有什么遗憾了。来汴京的路上，他曾想到过死，现在看来，那种想法是过于消沉了。天子圣明，想必不会在一个亡国之俘身上做文章，更何况自己手里没有一兵一卒，不会对宋朝的江山构成任何威胁。不过，天威难测，今日优宠有加，明日就可能系诸囹圄，要是奏疏上出了舛误，招来杀身之祸，那就悔之晚矣。于是他上疏太宗，请求配备才思敏捷、精通章奏之人为书记，呈上了《不敢再乞潘慎修掌记室手表》：

臣因先皇临御，问臣颇有旧人相伴否？臣即乞徐元瑀。

元瑀方在幼年，于笺表素不谙习。后来因出外，问得刘铱曾乞得广南旧人洪侃。今来，已蒙遣到徐元瑀，其潘慎修更不敢乞。所有表章，臣且勉励躬亲。臣亡国残骸，死亡无日，岂敢别生挠觊，干扰天聪！只虑章奏之间，有失恭慎，伏望睿兹，察臣素心。

原来南汉国主刘铱降宋后，所有章奏都是旧臣洪侃捉刀代笔。后主受此启发，便请求也让旧臣徐元瑀代写笺表，但徐元瑀少不更事，对章奏一窍不通。无奈之下，只得上疏请求潘慎修为自己掌记室。潘慎修，字德诚，博闻强记，谙熟经史，曾任南唐的秘书省正字，归宋后为太子右赞善大夫。至于题目上冠以"不敢再乞"四字，那是作为降臣对天子虔诚的表示，是万万不能省却的。好在太宗并未为难，很快便答应了让潘慎修做后主掌记室的请求。

后主已经习惯了这种虽然清贫但比较平静的生活，但不幸的是，这种生活没有持续多久，厄运便再次降临了。原来，小周后在江南时就以美貌著称，人称小花蕊夫人。后主一行入朝之时，赵光义便看上了倾国倾城的小周后，当时他只是一名藩王，虽对小周后垂涎三尺，但无由一亲芳泽，只能望洋兴叹。如今自己是天子，便有了窃玉偷香的机会。赵光义自诩"视妻妾似脱屣"，事实上却是一个好色之徒。他任大内都点检时，偶遇一携带 10 岁女孩的青州人，那女孩生得眉清目秀，赵光义料到将来必成为绰约多姿的绝代佳人，便命仆人安习将那女孩买回，女孩之父自然不允，安习便恃势将女孩抢回府中。女孩之父无奈告了御状。赵匡胤下诏捉拿安习，赵光义把安习藏于府中，直到即位后才放出，后来官至节度留后。那女孩长大成人，果然出落得丰姿绝世、跌宕风流，她便是太宗的妃子邵氏。又据《烬余录》一书记载，后蜀国主孟昶降宋后，妃子花蕊夫人费氏也到了汴京。孟昶暴卒后，花蕊夫人便留侍掖庭，甚得赵匡胤宠爱。一次，赵匡胤有疾，赵光义前去探望，正值其兄熟睡未醒，只有花蕊夫人在旁服侍。赵光义色胆包天，竟然上前调戏她，被花蕊夫人拒绝。赵匡胤发觉后大为愠怒，赵光义惶窘中逃出宫掖。后来，在同赵匡胤一起的狩猎活动中，用弓箭射死了花蕊夫人以泄私愤。赵光义这般好色成性，见了如花似玉的小周后岂肯放过？小周后冰清玉洁，必不受辱，然而赵光义威胁要置后主于死地，小周后救夫心切，又孤苦无依，只得忍辱含垢，委身太宗。

宋太宗强逼小周后伴寝一事，在宋朝就已传得沸沸扬扬，当时有好事者画《熙陵幸小周后图》(太宗葬永熙陵)，流传甚广。明人沈德符、清人王士祯均见过此图。沈德符在其所著《万历野获编》中写道：

> 偶于友人处，见宋人画《熙陵幸小周后图》：太宗头戴幞头，面黔色而体肥，器具甚伟；周后肢体纤弱，数宫人抱持之，周后作蹙额不能胜之状。盖后为周宗幼女，即野史所云："每从诸夫人入禁中，辄留数日不出，出时必詈骂后主，后主宛转避之。"即其事也。此后题跋颇多，但记有元人冯海粟学士题云："江南剩得李花开，也被君王强折来。怪底金风冲地起，御园红紫满龙堆。"

小周后受辱，后主心情也异常沉重。每逢妻子被召入宫，他都目不交睫，彻夜难眠，盼望她能安然归来。痛苦、悲愤、无奈、惶恐一齐涌上心头，于是，一阕感慨万端的词脱口而出：

乌夜啼

林花谢了春红，太匆匆！无奈朝来寒雨晚来风。　　胭脂泪，留人醉，几时重？自是人生长恨水长东！

词中的林花，乃指园林之花。正当林花葳蕤盛开之时，忽然朝来寒雨，晚来朔风，花朵被摧残得七零八落，抵御不了寒雨朔风，使人分外无奈。其实，这朵花不是别人，正是小周后。寒雨、朔风不用说，就是指太宗赵光义了。他挟天子之威让一个亡国女子伴寝，岂不易如反掌？胭脂泪自然是指小周后受辱后的眼泪，留人醉是说小周后入宫后，自己明知是羊入虎口，却又无力回天，只能借酒浇愁，喝得酩酊大醉，好暂时忘却痛苦。这样的日子何时才是尽头？这真是人长有恨，水长向东！

窗外又淅淅沥沥下起了秋雨，一滴滴似乎都敲打在后主心扉上。自从小周后被辱，他几乎天天靠酒来打发这无聊岁月。每逢夜阑更深，酒醒之后，四壁沉沉，孤灯明灭，前尘往事便一一涌上心头。如果不是降生在帝王之家，如果斩断情缘，早早遁入空门，焉有今日之厄？想到这里，他睡意全无，披衣下床，伏案疾书，又写成一阕词：

乌夜啼

昨夜风兼雨，帘帷飒飒秋声。烛残漏断频欹枕，起坐不能平。　　世事漫随流水，算来梦里浮生。醉乡路稳宜频到，此外不堪行！

掩卷遐思，后主又想起了保仪黄氏，御嫔流珠，宫人乔氏、秋水、窅娘等人。保仪黄氏与宫人乔氏随后主一起到了京师，虽然同居京城，却是咫尺天涯，无缘相见；而窅娘、流珠、秋水诸人流落何方，更难以寻觅了。回想当年江南兴旺之时，每逢秋高气爽时节，便与她们登楼远眺，欣赏江南的秀丽景色，直到金乌西坠、晚霞似火的薄暮时分，才返回宫掖。如今天各一方，相见无期，此情此景，依稀如梦，令人难堪。他想把自己的遭遇告诉她们，但是千言万语，又不知从何写起，提起笔来，只写了"此中日夕，只以眼泪洗面"一句话，便再也写不下去了。这里禁卫森严，不必说书信无法递出，就算能够递出，四海茫茫，此刻又如何知道她们在哪里？后主在屋内踱着步子，只觉得思潮激荡，诗情坌涌，一连写了好几首词：

其一　子夜歌

人生愁恨何能免，销魂独我情何限！故国梦重归，觉来双泪垂。　　高楼谁与上？长记秋晴望。往事已成空，还如一梦中。

梦中忆起故国，醒来珠泪双垂，如烟往事，都成了南柯一梦，令人唏嘘！

其二　相见欢

无言独上西楼，月如钩。寂寞梧桐深院锁清秋。　　剪不断，理还乱，是离愁。别是一般滋味在心头！

独上西楼，新月如钩，庭院中沉静寂寞。只有梧桐叶在秋风中摇曳，自然又勾起了后主的离愁别绪。真是剪不断，理还乱，心头别是一般滋味！

其三　浪淘沙

往事只堪哀，对景难排！秋风庭院藓侵阶。一任珠帘闲不卷，终日谁来？　　金锁已沉埋，壮气蒿莱！晚凉天净月华开。想得玉楼瑶殿影，空照秦淮！

回忆往事，只剩下满腔悲哀。昔日的宫殿无人居住，苔藓已爬上了台阶，房间上的珠帘仍在，但已没人来往了。每逢夜晚月亮升起时，宫阙中玉楼瑶殿倒映在秦淮河中的影子显得格外空旷寂寥，想到这里，后主的心都碎了。

后主一气写完，自己读了一遍，便伏案痛哭。

魂断汴京

岁月不居，时光如流，转眼已是太平兴国三年（978）的初秋。后主来汴京已两年半了。这年的七月初七，是后主42岁初度，也是天上牛郎织女相会、人间穿针乞巧的日子。相传七夕之日，天街之上，夜凉如水，银河清浅，所有鸟鹊搭翼成桥，方便牛郎、织女渡天河相会。杜牧有《七夕》诗云：

银烛秋光冷画屏，轻罗小扇扑流萤。
天街夜色凉如水，坐看牵牛织女星。

归宋之前，后主照例都要庆祝生日，灯红酒绿，尽兴方休。归宋后百无聊赖，心绪不佳，已经没有心思理会此事了。小周后提出:“如今虽然是太平百姓,过一下生日,也算是苦中作乐,田舍翁尚且为自己祝寿,我们为何不可?”后主拗不过她,只得依从。尽管人人举觞劝酒,后主仍然心不在焉。他的思绪又飞回了江南,飞到了生他养他的父母之邦,飞回了金陵宫阙。羁留汴京已经两个半年头了,在这900个日日夜夜里,他哪一天不系念着金陵!那一片巍峨壮丽的宫阙,那些稔熟的雕栏玉砌应是安然无恙,只是风雨残蚀,恐怕已失去了旧日的容貌!而今身为囚虏,长夜漫漫,不知何时才是尽头!他端着酒杯,泪水却潸然顺颊而下,滴到了酒杯里。后主强抑悲愤,把胸中的愤懑宣泄出来,写成了一曲千古绝唱:

虞美人

春花秋月何时了?往事知多少。小楼昨夜又东风,故国不堪回首月明中。　雕栏玉砌应犹在,只是朱颜改。问君能有几多愁?恰似一江春水向东流。

后主在府第祝寿的消息,早有人上奏给了太宗。他命人把后主归宋后所写的诗词搜集到一起,仔细挦扯其中的破绽。他的目光落在《望江南》词上:“还似旧时游上苑,车如流水马如龙。”系念故国,乃人之常情,无可厚非,人非草木,孰能无情?接下来是“故国梦重归,觉来泪双垂”。太宗读罢,不觉笑出声来。李煜是个文不能治国、武不能安邦的角色,只能是个词人,而每篇诗词中都离不开“泪、愁”二字,如此多愁善感,能成得了甚事!及至读到《虞美人》,便不禁愤然作色了:“小楼昨夜又东风,故国不堪回首月明中。”这分明是抗争,是怨恨,是控诉!而“雕栏玉砌应犹在,只是朱颜改”是对大宋朝的直接攻击了,不正是大宋军队灭掉江南，才使江南的雕栏玉砌改变了颜色吗？兴衰存亡，皆系天意，如此怨谤，岂能容忍！于是他把南唐旧臣徐铉召来，命他去见李煜，打探动静。后主纱帽道服相迎，徐铉仔细打量他，两年半不见，已是两鬓如霜，皤然一老翁了。两人没有寒暄几句，后主便说出“当日错杀了林仁肇、潘佑、李平”的话。原来林仁肇是南唐倚为干城的南都留守，南都即今日江西南昌，林仁肇文武双全，统领着一支训练有素的队伍，能够与宋朝抗衡，赵匡胤使用反间计，说林仁肇暗中通宋，并拿出一幅林仁肇的画像为证。其实这是赵匡胤派细作潜入南都偷画的，林仁肇并不知情。后主果然中计，自折股肱，杀了林仁肇，致使宋军进攻时摧枯拉朽，如入无人之境，这才有今日社稷丘墟，身为囚虏之厄！潘佑和李平都是江南忠臣，只因犯颜进谏，触怒后主，后主一气之下将二人杀死，于今思之，真是后悔不迭！此时此地后主说出这两句灭门的话，徐铉吓得出了一身冷汗。他不敢随声附和，只得含糊其辞，寒暄几句，便告辞而出。

徐铉刚走出利仁坊，太宗便又召见他，询问后主有何言语。徐铉不敢隐瞒，只得如实回奏。太宗勃然大怒，命御医准备了一坛毒酒，又命内侍宣召时任开封府尹的御弟秦王廷美带着毒酒去为后主祝寿。天子给一个亡国之君赐酒，可真是皇恩浩荡！后主满怀喜悦，接连饮了几大杯。正在谢恩，忽觉腹痛如绞，额上冷汗淋漓，双脚像没根浮萍似的站立不稳，摇晃了几下，便重重地倒在地上。后主饮的是牵机药酒，此酒剧毒无比，只要沾唇便痉挛抽搐，只消片刻，便头足相就而死，状如牵机，故名牵机酒。太宗心狠手毒，做事又很诡秘，连廷美也被他瞒过了。南汉国主刘𬬮、吴越国王钱俶，均被他毒死，不得善终。后主是第三个受害者。

草木殒涕，山河含悲，愁云漫漫，阴霾满天。凶讯传至江南，父老子弟皆巷祭而哭。

太宗得知后主已死,内心异常高兴,表面上却不露声色,说是要治御医之罪,同时假惺惺地赠后主以太师头衔,追封吴王,命宗正寺以厚礼葬于洛阳北邙山。又辍朝三日,表示哀悼。然而鸩杀李后主的行径却成了他永远洗不掉的污点!

一生荣枯系汴京

——赵匡胤与汴京

显德六年(959)六月,39 岁的周世宗柴荣崩逝于汴京万岁殿,众大臣拥戴 7 岁的儿子柴宗训继位,是为恭帝,尊皇后符氏为皇太后。其时,符皇后被册立还不足一月。她是大臣符彦卿之女,符彦卿有两个女儿,先后嫁给柴荣为皇后。大符皇后殁于显德二年(955),时年 26 岁。4 年之后,柴荣又娶符彦卿次女为后,大约也是 20 岁左右,柴宗训非她所生。柴宗训虽然即了帝位,但孤儿寡母,主少国疑,觊觎帝位者大有人在。手握军权的殿前都点检赵匡胤抢先发难,兵不血刃,从孤儿寡母手中攘夺了周室江山,建立了宋朝。赵匡胤有此欲望并不奇怪,五代共有后梁、后唐、后晋、后汉、后周 5 个王朝,共经历 53 年,却有 8 姓 14 个皇帝,最短的皇帝在位还不足 4 年,帝王走马灯似的更迭,兵强马壮的藩镇,谁不愿过过皇帝瘾呢?

陈桥兵变

工于心计的赵匡胤早就处心积虑地在谋划攘取帝位之策了。显德六年五月,柴荣于北征契丹途中染疾,赵匡胤便有了取而代之的念头，只因军旅倥偬，他未及考虑如何实施这一方案。到了六月，柴荣病势沉重，辗转床褥，赵匡胤几乎是按捺不住自己的喜悦心情。他玩了一个小小的伎俩，找来一块二三尺长的木板，让亲信在木板上写了“点检做”三个字，悄悄埋入地下，然后再命人装作不经意的样子挖出，遍示军中，以观测人们的反映。《旧五代史·周书·世宗本纪》云：

帝之北征也，凡供军之物，皆令自京递送行在。一日，忽于地中得一木，长二三尺，如人之揭物者，其上卦全题云“点检做”，观者莫测何物也。至是，今上始受点检之命，明年春，果自此职以副人望，则“点检做”之言乃神符也。

撰写《旧五代史》的薛居正是后唐时代的进士，历仕汉、晋、周三朝，入宋后官运亨通，一直做到位高权重的参知政事，也即副宰相，后来又升为宰相。开宝六年（973）奉诏监修《五代史》，他自然要替赵匡胤吹嘘，说他点检做天子乃是冥冥之中神的意志。当然，这完全是一派胡言！

显德六年十一月，镇（今河北正定）、定（今河北定县）两州上报说，契丹兵大举入寇，北汉兵也自土门（今河北石家庄市鹿泉区西南）南下，与契丹兵合势，请求派兵御敌。其实这是赵匡胤串通了镇、定二州谎报军情。据《辽史·穆宗本纪》，应历十年正月并无出兵的记载；又据《辽史·萧思温传》，周世宗北征契丹，势如破竹，连取易（今河北易县）、瀛（今河北河间）、莫（今河北任丘）三州，人皆震骇，相率逃入深山，揆以情理，辽兵不可能数月之后便举兵南下。消息传到汴京，顿时黑云压城，人心汹汹，赵匡胤却是不露声色，心中窃笑。宰相范质、王溥与符太后商议，兵来将挡，水来土遁，既然契丹兵来犯，就该派兵御敌，手握军权的殿前都点检赵匡胤自然是不二人选。

次年正月初一，赵匡胤点检军马，准备出征，殿前副点检慕容延钊率军先发。赵匡胤故技重演，又指使亲信在京城散布流言说：出军之日，当立点检为天子。流言不胫而走，很快在京城传开，富室人家怕遭受兵燹之灾，纷纷举家逃匿，唯独宫内不知。赵匡胤喜形于色，回家问他的姐姐如何处理这件事。他的胞姐正在厨下做饭，怕赵匡胤意志不坚，拿着面杖击打他说，大丈夫临大事，是否可行当自出机杼，此等大事为何回家与妇女商议？赵匡胤遂默然而出，更加坚定了篡位的决心。

正月初三，赵匡胤率军从封丘门出发，再次指挥军中一个叫苗训的术士制造舆论。此人精通天文星象，他对赵匡胤的亲信楚昭辅说，星象显示，太阳下又有一个太阳，黑光摩荡，此乃天意呀！上边的太阳是指周恭帝柴宗训，下边的太阳不用说就是指赵匡胤了。所谓黑光摩荡，是指下边的太阳将要取代上边的太阳。赵匡胤示意把此话传遍军中。这天晚上，大军行至距汴京城四十余里的陈桥驿（今属河南封丘县）安营下寨。安营甫定，将士们便纷纷议论："如今天子幼小，不能视朝，我辈出死力破敌，谁能知道？不如先立点检为天子，然后北征不迟！"开始是小声咕哝，后来便成了大声鼓噪。不用说，这又是赵匡胤教唆的，他不愧是玩弄阴谋诡计的行家里手！军中将领李处耘得知此事，赶快告诉给赵匡胤的弟弟赵匡义和赵匡胤的幕僚赵普。三人商议未妥，将士们已携带兵刃将三人团团围住，大声说："军中计议已定，打算册立点检为天子。"其实，赵匡义和赵普两人早已和赵匡胤密谋过，只不过是装模作样地和李处耘谈论而已。赵匡义见将士如此归心，甚为高兴，又不能喜形于色，便告诫众将士说："你等这样做是谋反，太尉（指赵匡胤）忠心赤胆保国，不会赦免尔等。”士兵们听了才稍稍退去。片刻工夫，他们又聚集在了一起，手执兵器大声说：“军中规定，偶语者族，两个人偷偷说话，就要杀掉全家，今日我等多人议论，死罪难逃，太尉若不从我辈之请，我辈岂能就此束手等死！”赵普见群情激愤，与匡义安抚众人说：“册立新天子乃是大事，应当周密计议，岂能草率从事，尔等应安坐听候命令。如今外敌压境，军情紧急，可先打退强敌，然后再议此事。”其实这是赵普仍恐众将士信念不坚，作出的一番试探。众将士说：“如今天子幼弱，政出多门，等到打退敌寇，朝中局势如何变化未可预卜，当务之急是先回京城册立点检为天子，然后徐徐商量北征之事。如果点检不接受拥戴，三军将士决不会受命北征！”赵普对赵匡义说：“事情既已如此，应当约束众将士，不可鲁莽行事。”赵匡义当然同意。赵普又转身对众将士说：“改朝换代，皇帝易姓，乃是历史上司空见惯之事。虽说是天命攸归，但也在人心向背。尔等要拥立点检为天子，实在是人同此心，心同此理。慕容延钊率领的前军已渡过黄河，其他节度使也都虎视眈眈。观察局势变化，如果此时京城有乱，外寇必然乘虚而入，四方的藩镇也会生出变故，局面便不可收拾了。如果尔等众将官能严厉约束士兵，回到京城时不准剽掠，京城百姓人心安定，则四方百姓也必然宁谧，尔等也可安享富贵了。”众将士皆唯唯听命。

赵匡胤眼看着自己导演的篡权闹剧正一步步地变为现实，心中十分惬意。这天晚上，他自斟自酌，开怀畅饮，不觉醉眼朦胧，伏案睡去。正月初四日平明，赵匡胤酒尚未醒，辕门外已是人声鼎沸，声震原野。赵匡义与赵普入帐唤醒赵匡胤，此时三军将士已擐甲顶盔，手执兵器，团团围住寝门，大声喧呼：“诸将无主，愿策太尉为天子。”赵匡胤抽身而起，还未及披上衣服，已被众将士扶出帐外，有人拿着天子穿的黄袍便披在了他身上，并罗拜庭下，口称万岁。赵匡胤仍忸怩作态，固辞不就。众将士不由分说，簇拥赵匡胤上马，返旆南下。赵匡义悄悄对赵匡胤说："此次返旆回朝，事关民心向背，兄长一定要严禁剽掠。"赵匡胤自然知道其中利害，便揽辔勒住马头，转身对众将士说："尔等贪图富贵，拥立我为天子，能服从我的命令，我可与尔等共享富贵；否则，请另择别人为天子。"众人皆下马拱手而立，表示愿意听从号令。赵匡胤久在军旅，知道五代时藩镇拥兵自重，麾下士兵荡无纪律，杀人越货之事层出不穷，老百姓恨之入骨。倘不能根除这一弊端，即使得了天下，国祚也不会长久。沉吟片刻，他对众将士说："符太后和少主恭帝，我曾北面事之，俯首称臣。朝中公卿大臣，与我是比肩之人，共同侍奉世宗皇帝，尔等不可加以凌辱。近世帝王率兵初入京城，往往纵兵大掠，将府库抢劫一空，尔等应引以为戒，不得重蹈覆辙。事成之后，当厚赏尔等，若不遵从，定斩不赦。"众将士皆俯首听命。

赵匡胤自陈桥拥兵南下，消息很快传入京师，符太后与宰相范质、王溥等甚为震怒，下令捉拿赵匡胤之母杜氏、夫人王氏。其时，杜氏、王氏婆媳正在京城定力院设斋饭僧，定力院住持闻听官方将前来搜捕，便把她们藏在一所阁楼上面，并在门上加了一把锁。刚刚布置完毕，搜捕的士兵已破门而入，询问杜太夫人、王夫人何在，住持回答："她们早已走出寺门，不知去往何处了。"士兵们自然不信，在阁楼前摆上梯子，打算砸掉锁钥，入室查看。只见门窗周围密密麻麻地布满了蜘蛛网，且尘封土积，明显是多年不曾开过门了，于是他们转身离去。第二天，赵匡胤便宣告登基称帝，杜太夫人和王氏夫人安然无恙。这则记载见于宋人朱弁的笔记小说《曲洧旧闻》。朱弁在南宋初年高宗建炎年间奉命出使金国,被扣留长达17年,此书是在金国写就,书中自然流露出怀念故国之情,于是就杜撰出了这则荒诞不经的故事,无非是说赵匡胤禅代后周乃系天命攸归,人力不可抗拒而已。

马蹄嘚嘚,鼓鼙声声。赵匡胤率领的大军没有受到任何阻挡,自仁和门进入京城。他先派大将潘美去见范质、王溥,又派大将楚昭辅安慰家人。其时早朝未退,周恭帝与宰相范质、王溥俱在殿上,潘美入殿喻以禅代之事,范质忧惧不已,下殿拉着王溥的手说:“仓猝遣将,致酿成大乱,此乃我辈之罪也。”他的手拉住王溥的手,因用力过猛,几乎掐出血来。王溥摇头叹息,无言以对。正在殿上的侍卫马步军副都指挥韩通闻变,匆遽奔回军营,打算率兵抵御,不巧在途中遇见赵匡胤的心腹王彦升,跃马逐之,韩通逃至家门口,还未及进门,王彦升已手起枪落,刺死了韩通,又杀死了韩通的妻子儿女。诸将士拥戴着赵匡胤登上明德门城楼,赵匡胤见大局已定,令军士解甲归营,他自己也回到公署,脱下黄袍小憩。喘息未定,将士们已将范质、王溥等带到帐下。赵匡胤装模作样地呜咽流涕说:“我受世宗厚恩,但为将士所迫,一旦至此,愧对天地,奈何,奈何!”范质当然知道赵匡胤话不由衷,正要提出驳斥,只见大将罗彦瓌挺剑而出说:“我辈无主,今日必须拥立新天子,敢有异议者,杀无赦!”范质是个文臣,哪里见过这个场面?不由得战战兢兢,手足无措。王溥见状,料是无法脱身,便匍匐在地,口称万岁。范质也只得跟在王溥身后,跪地称臣。范质、王溥是朝中官阶最高之人,是调和鼎鼐的宰相,两人均已臣服赵匡胤,其他大臣也就不再反对,齐声高呼万岁。赵匡胤志满意得,登上崇光殿行禅代之礼。史书上说禅代,其实是攘夺孤儿寡母的天下。既是禅代,就要有禅代的制书,方显得情通理顺,赵匡胤只顾高兴,忘记了找人炮制禅代制书之事。等众大臣齐集殿上，要行禅代大礼时才发觉了这一疏漏。正当赵匡胤抓耳挠腮，不知如何处置时，翰林学士陶谷不慌不忙从衣袖中掏出早已写好的制书说："臣启奏陛下，制书已准备齐备。"赵匡胤大喜。宣读已毕，宣徽使引导赵匡胤就龙墀北面拜受周恭帝禅让，然后由宰相扶他登殿，换上黄袍即位，群臣拜贺。因他曾任宋州节度使，便定国号为宋，年号为建隆元年。那陶谷自以为炮制受禅表文有功，论功行赏，应该封为宰相，谁知赵匡胤鄙薄他的为人，仍命他为翰林学士，没有升迁。陶谷颇有怨言。赵匡胤对群臣说："陶翰林所写之禅位表文皆依前人旧本，仅换数语，不过是俗语说的依样画葫芦而已，其实出力不多。"陶谷得知后，在翰林院墙壁上写了一首诗发牢骚：

官职须由生处有，才能不管用时无。堪笑翰林陶学士，年年依旧画葫芦。

赵匡胤知道他心怀怨恨，越发不肯重用他了。其他拥戴赵匡胤即位的将领也都得到了满意官职。被王彦升杀死的韩通临难不苟，赵匡胤甚为嘉许，追赠他为中书令，也即宰相，以礼安葬。封周恭帝柴训为郑王，符太后为周太后，迁居西宫。符太后后来削发为尼。柴荣还有两个小儿子，赵匡胤问众大臣该如何处理，赵普说应当杀掉，免得将来成为后患，不少人附和这一意见，只有大将潘美俯首不语。赵匡胤问他为何不语，潘美不敢回答。赵匡胤叹口气说："即人之位，杀人之子，朕不忍为。"潘美说："臣与陛下俱在世宗手下为臣，劝陛下杀其子，对不起世宗；劝陛下不杀，陛下必疑臣不忠，是以缄口不言。"赵匡胤沉思片刻说："可交给你一个当侄子，世宗子不可当你的儿子。"潘美遂抱一子回家，此子就是后来官至刺史的潘惟吉。赵匡胤乘人之危，篡人之位，应当挞伐，但在处理世宗之子的问题上，还是有可取之处的。

杯酒释兵权

赵匡胤陈桥兵变、黄袍加身后，他手下的那些大将如石守信、王审琦等因拥戴有功，颇受重用，手握节钺，统率禁卫大兵。赵匡胤就是借着统率禁卫军之便，攘夺了后周江山。赵普怕这些将领们东施效颦，夺取宋朝天下，屡次向赵匡胤进谏，请求削夺诸将兵权。赵匡胤莞尔一笑说："卿过虑了，朕对这些将领知之甚稔，他们忠心事君，绝不会背叛我。"赵普摇摇头说："为臣也不忧虑这些将领会反叛，但以臣观之，这些将领皆无驾驭全局之才，恐不能制伏下属，万一下属军伍间有犯上作乱者，这些将领便束手无策，不能应对了，到那时岂不悔之晚矣！"赵匡胤见他说的话有道理，点头称是。

一日，赵匡胤和赵普从容论天下之事，喟然叹息说："天下自唐朝末年以来，数十年时间，帝王已改换了 8 个姓氏，兵革不息，生民涂炭，其中原因何在？朕打算息兵止战，使国家长治久安，但怎样才能做到这一点，卿可有善策？"赵普回答说："陛下此言乃天地人神之福音也。之所以有今天这个局面，是因为藩镇之权太重，君弱臣强造成的。要想改变这一状况，并无奇巧之法，臣有 12 个字可安天下。"赵匡胤说："卿试道其详。"赵普说："这 12 个字是：稍夺其权、制其钱谷、收其精兵。倘能做到这一点，天下自然就能安定了。"赵匡胤说："卿不必再说，朕已知其中奥妙了。"

当天晚上，赵匡胤召集石守信等大将饮酒。酒酣耳热之际，赵匡胤屏退侍从，对石守信等人说："我若非尔等拥戴，不可能即天子之位。尔等恩德，朕时刻铭记，但当天子也太艰难，远不如当节度使欢乐，朕每晚都不敢安枕而睡，备受煎熬。”石守信等大惑不解，问赵匡胤说：“臣等愚昧，不解其故，请陛下明示。”赵匡胤说：“这其中的道理不难理解。谁不想君临天下，当一回天子呢？”石守信等顿首说：“陛下为何说出这样的话？如今天命已定，陛下乃四海苍生之主，谁敢怀有异心，觊觎天子之位？”赵匡胤说：“朕知尔等没有反叛之心。如果尔等麾下之人打算大富大贵，一旦以黄袍加尔等之身，即使尔等无夺位之心，岂可得免！”石守信等涕泣相谢说：“臣等愚昧，见不及此，求陛下哀怜，指示可生之途。”赵匡胤见众将已入他彀中，故作轻松地说：“人生短暂，如白驹过隙，转瞬即逝。人人都追求富贵，不过是想多积金钱，纵情娱乐，使子孙生活优裕，不受贫困之苦而已。卿等常在军旅，鞍马劳顿，何不交出兵权，出守大藩，当一名节度使，多买膏腴田地，为子孙立永远不可动之产业，再多置歌儿舞女，日夕饮酒作乐，以终天年。朕愿与卿等约为婚姻，君臣之间，两无猜疑，上下相安，岂不善哉！”石守信等皆拜谢说：“还是陛下想得周到，此举不啻使臣等死而复生，陛下隆恩，使臣等感戴无涯！”

第二天，石守信等均称病，闭门不出，并请求交出军权。赵匡胤自然是喜不自胜。石守信、高怀德、王审琦等皆被封为节度使，交出兵权，到地方任职去了。只有石守信仍兼领侍卫都指挥之职，但手中已无兵权了。过了几年，赵匡胤又想启用天雄节度使符彦卿掌管禁兵，赵普说：“彦卿名位已隆，岂可再让他掌管禁兵？”赵匡胤不以为然地说：“朕待彦卿不薄，他岂能负我？”赵普脱口而出说：“周世宗待陛下不薄，陛下何以负他？”赵匡胤语塞，符彦卿掌管禁军之事遂不再提起。

赵匡胤杯酒释兵权固然消弭了五代以来藩镇飞扬跋扈、称兵作乱的痼疾，但是谙熟军旅的将领不能掌兵，等到作战时临时抽调指挥官时，弄得兵不知将，将不知兵，无怪乎在和辽、金、西夏的战争中屡次败北了。

雪夜访普

乾德三年（965）正月，王全斌率领的宋兵灭亡后蜀。六月间，蜀国主孟昶被押解汴京。经过一番征战，除了太原的北汉，江南还剩南汉、吴越、南唐三国。究竟先拿谁开刀，赵匡胤举棋不定。他喜欢微服出游，了解社会风俗人情，曾多次到功臣阀阅之家访问，却从不告知别人时间。他去得最多的是宰相赵普家，因此赵普在退朝之后回到家里，也不敢马上脱掉朝服。一日，天降大雪，夜色苍茫，赵普猜测皇上今晚不会出宫了，刚脱掉朝服，便听见有噼噼啪啪的敲门声，慌忙开门看时，只见赵匡胤已立于门外风雪之中多时了。赵普惶恐迎驾，连连谢罪说："微臣不知圣驾来临，接驾来迟，还望恕罪！"赵匡胤摆摆手说："朕与爱卿君臣契合，何必有这么多繁文缛节，朕已约晋王一起来了。"

过了片刻，赵光义已踏着积雪如约而至。太祖兄弟一起进入赵普堂中，只见堂上重茵铺地，炭火烧得正旺。赵普之妻亲自下厨烫酒炙肉，招待当今天子。赵匡胤来赵普家次数多了，与其家人早已熟稔，称赵普之妻为嫂。君臣席地而坐，开怀畅饮，赵普端起一杯酒，不无怀疑地问："大雪纷飞，天气冱寒，陛下为何于此时光临寒舍？"赵匡胤显得神色不安，呷了一口酒说："朕每夜睡觉都不能安枕。天下虽大，一榻之外，皆为他人地盘，如何才能混一宇内，朕思之未熟，故来卿家求教。"赵普说："陛下言过其实，赖陛下神威，王师连克荆、湖、后蜀，大片土地都入大宋版图，陛下怎说一榻之外皆为他人地盘？陛下如果要统一宇内，现在正是大好时机，不知陛下打算先攻打哪一家？”赵匡胤故作思索之状，有顷才说：“北汉主刘钧勾结契丹，多次骚扰边境，北方边陲几无宁日，朕意欲先拿他开刀，卿意下如何？”赵普沉吟半晌说：“陛下的打算，微臣不敢苟同，想来晋王也未必赞许。”赵匡胤故作惊讶之态说：“卿为何不赞同攻打北汉？可试述其详，朕当深长思之。”赵普不慌不忙，摊开双手，侃侃而谈：“这其中的道理并不深奥，陛下应当明白。太原的北汉抵挡着北方的契丹和西北的西夏，是我朝北方的天然屏障。如果先灭北汉，西北和北方的边患就只有我们去独自抵挡了。为什么不等到削平诸国之后，再来收拾北汉呢？到那时我们不是可以从容不迫，稳操胜券吗？北汉僻居一隅，只是弹丸之地，还怕他逃了不成？”赵匡胤朗声大笑：“朕意与卿不谋而合，适才不过聊以相戏耳，卿勿介意！”

赵普自然不敢计较天子的相戏之言，但他的见解得到了天子的认同，自然是无比高兴。赵匡胤接着问：“江南诸国，卿看应该先讨伐哪一个？”赵普胸有成竹地说：“钱塘（今浙江杭州）的吴越国王钱俶已多次来朝，如同朝内大臣一样，可不烦干戈，传檄而定。兴王府（今广东广州）的南汉刘𬬮桀骜不驯，金陵（今江苏南京）的南唐李煜柔弱不武，情况不同。若先讨伐李煜，刘𬬮兔死狐悲，必发兵相救；若先讨伐刘𬬮，李煜必然按兵不动。权衡利弊得失，还是以攻打南汉为宜。”赵匡胤拊掌赞同，赵光义也无异议。赵普又说：“陛下出兵攻打刘𬬮之日，可命李煜写信给刘𬬮，劝他速速归顺我朝，这样可收一石二鸟之效，使李煜不敢节外生枝，萌生异志。”赵匡胤点头称善。

赵匡胤先南后北统一全国的方略，就这样定下来了。事实证明这是正确的决策，宋兵依次敉平南汉、南唐、北汉，除了辽和西夏，大部分版图都被宋朝收入囊中了。

烛影斧声

开宝九年(976)十月二十日，刚届知天命之年的赵匡胤猝然崩逝。而在这之前，无论是正史、稗史都没有他患病的记载，直至十月十九日，尚未见他因病而辍朝。次日突然撒手而去，使人疑窦丛生，从而给后世留下了一桩聚讼不决的公案。

赵匡胤是如何死的？《宋史·太祖本纪》语焉不详，只有“帝崩于万岁殿，年五十”9个字，言辞闪烁，耐人寻味。日本学者荒木敏夫认为，赵匡胤嗜酒如命，狂饮过度，导致猝死。这一看法并非空穴来风、凿空妄说，如赵匡胤曾对布衣之交的大将王审琦说过“酒，天之美禄”的话。有一次，赵匡胤宴请群臣，特别对大将魏仁浦说：“何不劝我一杯酒？”宴会之后赏赐他“上尊酒十石，御膳羊百口”。从史籍记载来看，有着长期军旅生涯的赵匡胤，的确善于饮酒，大概荒木敏夫就是根据这些记载判定赵匡胤是饮酒过度，酒精中毒而死的。善于饮酒并不意味着每次饮酒都烂醉如泥，伤及身体，而赵匡胤在即位之后恐酒醉失态，饮酒已有所节制。如建隆二年(961)大将王彦超来朝，他就说：“沉湎于酒，何以为人？朕或因宴会至醉，经宿未尝不悔也。”赵匡胤既然注意到了这一点，就不大可能是因饮酒过度而猝死。荒木敏夫的推测，可用“事出有因，查无实据”八个字来概括。

僧文莹的《湘山野录》和司马光的《涑水纪闻》都记述了赵匡胤之死，但两人的记载却大相径庭。《湘山野录》载，赵匡胤生前曾与一道士交游，那道士没有姓名，自称混沌，又叫真无。他有奇术，每逢缺钱时，便探囊取金，越取越多，似乎永远不竭。两人多次在一起饮酒，动辄酩酊大醉。酒醒之后，道士喜欢歌《步虚》为游戏，能引吭高歌，声音在天空飘荡，宛如天籁仙音。赵匡胤只有偶尔听懂一两句，歌词是“金猴虎头四，真龙得真位”。赵匡胤不解歌词何意，等道士酒醒时询问，道士却说：“醉梦之语，何足为凭！”后来，赵匡胤登位，正是庚申年正月初四，庚申年是猴年。虎头是指这一年的头一个月，即正月，四是指初四日。至此，“金猴虎头四，真龙得真位”两句果真成了谶语，足证这位道士能未卜先知，预测吉凶。自赵匡胤登基后，这位道士便杳如黄鹤，不再现身了。赵匡胤下诏于草泽中遍访之，仍不见踪影。后来，有人在轩辕道中及嵩山、洛阳间见过，但再派人寻找，只见山川茫茫，已不知他藏身何处了，赵匡胤只得作罢。

时光荏苒，又过了十六年，到了开宝八年(975)三月上巳，赵匡胤到京师西边的水边行袚禊之礼，忽见道士坐于岸边树荫之下，向赵匡胤拱拱手说：“别来喜安。”赵匡胤突然在这里邂逅道士，不觉欣喜若狂，忙派人把道士送往宫廷之中，还恐怕他不辞而别，急忙返回宫中。只见道士精神矍铄，音容如旧。两人抵掌而谈，无复君臣之礼。不觉已到了落日熔金、暮云合璧时分，赵匡胤吩咐摆上酒宴，二人开怀畅饮。有顷，赵匡胤问道士：“十余年来朕与汝缘悭一面，有件事想咨询于汝，如鲠在喉，不吐不快。朕只想问问，朕的寿命还有多长？”道士低头沉吟片刻说：“今年十月二十日夜，如果天空晴朗无云，陛下寿可延一纪(12 年)；如果天空阴霾，请陛下另作安排。”道士说罢便欲告辞，赵匡胤苦苦挽留，让他居住于后苑。管理后苑的小吏见道士并未宿于卧榻之上，而是时而栖息于树枝之上，时而宿于鸟巢中，有时数日不见踪影。赵匡胤脑海里时刻萦绕着道士所说的话。到了十月二十日夜晚，赵匡胤登上太清阁眺望天空，只见晴空万里，星光璀璨，凉风习习，心里不禁窃喜。

也是天有不测风云，俄顷之间天气骤变，阴霾四起，朔风怒号，大雪纷飞。赵匡胤愀然不乐，急匆匆走下太清阁，命人打开端门，召见晋王赵光义。光义闻召，踏雪而至，赵匡胤将他延入寝宫，兄弟两人酌酒对饮，宦官、宫人悉屏于门外。只见烛影之下，光义时而避席，似有不胜酒力之状。两人饮讫，宫禁中已打三更，隔窗望去，窗外积雪已厚达数寸，掩没了路径。赵匡胤一边用柱斧铲雪，一边嘱咐光义："好做，好做！"遂解带就寝，不一会便鼾声大作，鼻息如雷了。当晚光义见兄长圣躬违和，便留宿宫中，至五鼓晨光熹微时分，宫掖内一片沉寂，再看看赵匡胤，已驾崩多时了。光义受遗诏于灵柩前即位，天亮后登明堂宣读遗诏，放声恸哭，命群君环绕玉体以瞻仰遗容，但见赵匡胤玉色温莹，如出汤沐。根据这一条记载，赵匡胤驾崩时，光义也在宫禁中，且饮酒者只他兄弟二人，宦官、宫人皆无缘侧身其中。赵匡胤之死，光义当是凶手无疑。

司马光在《涑水纪闻》中说，赵匡胤驾崩时已是四更天气，孝章宋皇后派内侍都知王继隆召秦王赵德芳继位。继隆因赵匡胤传位弟弟光义之说已广为人知，因此不去召德芳，而是径投开封府尹衙门召光义。其时夜阑更深，市井中阒无人迹，只见宦官贾德玄坐于府衙门口。王继隆甚为诧异，问他为何坐在此处。贾德玄回答："今夜二更时分，我睡得正酣，忽然有人敲门，说是晋王召见，我披衣起床，门外却没有一人，如是者三次。我恐晋王有恙，因此在这里守候。"继隆也觉得此事蹊跷，似乎冥冥之中有神作了安排，但他此时不暇探究此事，只告诉贾德玄此行是要召见晋王承继大宝之事。两人于是一同叩开府门，面见晋王，告以继位之事。光义大惊失色，犹豫不敢行，摇摇头说："等我与家人商议后再作定夺。"说罢返身入宫，久久不出。王继隆急得如同热锅上的蚂蚁，连连催促说："继位之事，急如星火，延宕既久，天子之位恐怕就被别人抢得先机了。"光义闻言，如醍醐灌顶，急忙同王继隆、贾德玄踏着乱琼碎玉，径投宫掖而来。行至宫门，继隆让光义暂且止步，德玄反对说："理应直接到大行皇帝灵柩前，何等待之有？"光义听了，便不再迟疑，与继隆径直来到寝殿。六神无主的宋皇后听见步履杂沓之声，忙问："是德芳来了吗？"光义还未及答话，继隆便抢着回答："德芳未来，是晋王来了。"宋皇后抬头见是光义，先是惊诧，转瞬之间便变为恐慌了，连忙改口称光义为"官家"。"官家"者，宋代天子之谓也。"吾母子之命，俱托官家。"宋皇后说这句话时，已是诚惶诚恐，如履薄冰了。光义听皇后称自己为"官家"，便知大局已定，九五之尊非自己莫属了，心里不由一阵窃喜。但兄长尸骨未厝葬，喜悦之情不应形于颜色，只得假装悲痛，泣下数行说："皇后无忧，当共保富贵。"据这则记载，赵匡胤死时赵光义不在宫中，似可洗刷烛影斧声之诬。

一向被视为正史的《续资治通鉴长编》则综合了《湘山野录》与《涑水纪闻》两则记载，只是把王继隆改为王继恩，贾德玄改为程德元，其他一仍其旧。《长编》的作者李焘认为文莹《湘山野录》所说"宜不妄"，也即这一记载不是凭空虚构，应是有所本，但对其中的细节提出了质疑。一是所说道士没有姓名，应是张守真。二是道士宿于后苑鸟巢中，并说十月二十日夜晴，则圣寿可延一纪云云，乃好事之徒无根妄说。三是赵匡胤既然身体不适，还能登阁并用柱斧戳雪吗？当然，这几点都很荒唐，而那位道士探囊取金，愈取愈多时，又预言赵匡胤何时登天子之位，似乎也很荒唐。不过《长编》并未否认赵匡胤死时光义就在宫中，不能排除他就是凶手的嫌疑。

《长编》还根据杨亿的《杨文公谈苑》等书记载了另一件令人不可思议的事:宋朝初年有神降于周至县(今属陕西)张守真家,自称是天之尊神,号黑煞将军,是玉帝之辅弼大臣。守真每次斋戒祈请神灵,守真都如约而至,来时伴随着一阵清风,但说话声音甚小,如婴儿之声,只有张守真能听得清楚。他所说的祸福后来都一一应验。守真笃信不疑,便出家当了道士,为人卜算吉凶祸福,遐迩闻名,无人不晓。赵匡胤圣躬有恙,派人把他从周至召至阙下,命内侍王继恩设黄箓醮,让守真祈请真神下降。守真双膝跪地,口中念念有词,顷刻之间,天神果然下降,对众人说:"天上宫阙已经建成,玉锁也已打开,晋王有仁心。"言讫驾云而去。赵匡胤闻听天神之言,便在当天夜间召见赵光义,嘱托后事。底下的记载便与《湘山野录》相同。赵匡胤斥退从人,只有他们兄弟二人,只见烛影下光义时而离席,似若逊避之状。接着赵匡胤便以柱斧戳地,吩咐光义:"好为之,好为之。"不久便崩于万岁殿。这段记载同样荒唐,但有一点可信,赵光义也在宫中。就算赵匡胤不是被他害死的,但总有瓜田李下之嫌吧。

王禹偁的《建隆遗事》记载,赵匡胤晏驾前一天,派人把宰相赵普、卢多逊召入寝阁,对他们说:"朕患此疾,必然不起。之所以要召见卿等,是因为有几件事须卿等办理,卿等可拿纸笔来,依朕言书写,待朕崩逝之后,可逐件办理,朕在九泉之下也可瞑目无憾了。"于是由赵匡胤口述,赵普等依言书写。赵匡胤所说皆安邦济民之策,无一字言及家事。赵普等呜咽流涕上奏说:"陛下所言,臣等当谨遵谟训而行之。只是有一件大事,未见陛下处置,还乞请宸断。"赵匡胤问:"还有何事没有处置?"赵普说:"储嗣至今未定,陛下倘有不讳,诸王中当立何人,乞陛下明示。"赵匡胤略一沉吟说:"朕倘有不讳,可立晋王。"赵普叩头谏诤说:"陛下创业维艰,在干戈丛中夺得天下,如今才得四海升平。陛下自有圣子可立为储君,岂可立昆弟为嗣君?臣等恐大事一去便不可收拾了,陛下应从长计议才是。”赵匡胤说:“朕此举亦属不得已而为之,上不忍违太后传弟之懿训,下为四海之内方得小康,应由长君治理天下。朕子尚幼,必不能尽抚定天下之责。朕志已决,卿等善为朕辅佐晋王,不可再说立储之事了。”遂拿出御府所藏珠玉珍宝赏赐赵普等。次日,赵匡胤崩于长春殿,晋王赵光义得以即位。他对赵普等大为愤恨,嗣位后将卢多逊贬往岭南。赵普因有功于社稷,免官闲居。此说尤荒诞不经。开宝六年(973),赵普因恃势庇护贪官,触怒赵匡胤,罢相出朝为河阳(今河南孟州)三城节度。赵匡胤崩逝时尚未回朝,他分身无术,岂能与卢多逊书写赵匡胤的遗嘱?

依照情理,赵匡胤是宋朝的开国皇帝,如身体不适或染疾不瘳,大臣必会入朝问疾,御医必尽心诊治。他崩逝时说了些什么话,《实录》《正史》也一定会详细记载,可是这两本最重要的史籍均付之阙如。《宋史·太祖本纪》中只有“帝崩于万岁殿,年五十”9 个字,《宋史·太宗本纪》中也只有“太祖崩,帝遂即皇帝位”9 个字,于是赵匡胤之死扑朔迷离,成了一团疑云。由此看来,赵光义在即位后对《实录》动了手脚,删除了对他不利的那些记载。想加上赵匡胤欲传位于己的记载,又恐画虎不成反类犬而露出破绽,于是干脆只写赵匡胤在哪里崩逝几个字了。正史是根据《实录》而来,《实录》不载,正史自然也无从着笔了。赵光义此举自然是不着一字,尽得风流,但他弑兄夺位的丑行还是露出了蛛丝马迹。

既然正史不载赵匡胤死因,我们就看稗史的记述。按照《湘山野录》的说法,赵匡胤死时,光义就在宫中,而司马光的《涑水纪闻》说他不在宫中，是赵匡胤死后才被召入宫中的。姑且相信《涑水纪闻》所说是真，但这不意味着赵匡胤之死与赵光义没有关系。第一，赵匡胤死在十月二十日夜四鼓，实际上已到了二十一日凌晨，赵光义完全有充裕的时间在酒中下毒后从容离去。第二，宋皇后命王继恩召秦德芳，明白无误地是要德芳继位，王继恩不过一般官员，何敢舍德芳而召赵光义？这分明是受了赵光义指使，他才有恃无恐，直接去了晋王府。第三，王继恩匆匆忙忙去召赵光义，不料晋王府门口坐着一个人，此人乃继恩的旧相识医官程德元，便问他为何坐在这里，程德元称半夜三更听到有人叫门，说是晋王召见；出门看时却寂无一人，恐晋王有恙，故此前来。既是为赵光义疗疾，就该叩门而入，如此坐在门外傻等，岂不贻误了病情？再说，治病急如星火，赵光义果真有病，必定有人前来相召，带领他进入晋王府，为何却大门紧闭？可见程德元之说漏洞百出，不能自圆其说。种种迹象表明，程德元坐在晋王府门口也是赵光义的安排，让他在这里接应王继恩。第四，当王继恩与程德元入见赵光义，告诉他天子已驾崩，让他去继位时，光义先是“大惊”，接着是“犹豫不敢行”，再接着是推辞说“吾当与家人议之”，而回宫又久久不出，这一切都是在演戏，目的是瞒天过海，掩人耳目，其忸怩作态，真是呼之欲出！当王继恩说“不能拖延不决，否则帝位便为别人所有”时，赵光义便不再矜持，和王继恩、程德元一起踏着积雪，径奔宫门而去。这些都说明他的“大惊”“犹豫”“与家人商议”“久久不出”，都是事先设计好的计划。他和王继恩、程德元合伙演出了一场弑君自立的好戏，一来瞒了别人耳目，二来避免后世史官的挞伐，真是用心良苦！第五，赵光义进入寝殿时，宋皇后还以为是德芳到了，所以才问：“德芳来耶？”继恩的回答是“晋王至矣”，无怪乎宋皇后“愕然”了。她清楚地知道，赵光义继位已成事实，无可更改，而她母子之命能否保全，还在未定之天，因此才脱口而出说“吾母子之命，皆托官家”。由此看来，赵匡胤生前并未指定赵光义为嗣君，杜太后临终之前的“汝百岁后当传位于汝弟”之说也大可怀疑。果有是说，一定是朝野咸知，宋皇后怎敢冒天下之大不韪叫人去召德芳呢？正因为皇位归属未定，赵光义才绞尽脑汁，导演了这一出闹剧。

当然，赵光义不惜骨肉相残，弑兄自立，还有更深层次的原因。

第一，他和赵匡胤是陈桥兵变的始作俑者，亲眼目睹了乃兄黄袍加身时堂上一呼、阶下百诺的情景，也看到了兄长登基后“万国衣冠拜冕旒”的盛况，“彼可取而代之也”的念头油然而生。谁不想当一回颐指气使、权倾天下的帝王呢？尤其是兄长征讨李筠时，以光义为大内都点检，京师百姓惊异地说：“点检已经做了天子，现在又有一个点检，莫非将来也要做天子吗？”此话传入光义之耳，他不禁欣喜如狂，希冀好梦成真，从此便有了弑兄自立的念头。

第二，据传杜太后病笃时，赵匡胤侍奉汤药，不离左右，她易箦前命人召赵普入受遗命。迨到赵普入宫，杜太后便问赵匡胤：“你知道你是怎样得到天下的吗？”赵匡胤呜咽流涕，不知该如何回答。杜太后固执地连声追问，赵匡胤只得回答：“儿之所以能取得天下，皆托祖宗德泽及太后庇佑。”杜太后摇摇头说：“不干祖宗之事。你得天下是因为周世宗柴荣让他不谙世事的小儿子主宰天下，你才可能乘虚而入。如果柴荣有成年儿子为君，天下岂能落入你手？这个教训你应当谨记于心。你百年之后，当传位于你弟，然后依此类推。四海如此之大，芸芸众生如此之多，能立成年人为君，才是社稷之福。”赵匡胤顿首颤声回答说：“母亲金玉良言，儿当铭记肺腑。”杜太后咳嗽了几声，又转向赵普说：“我们母子这一番对话，你可要如实记录，不得有误。”赵普自然应命，于是就在杜太后病榻前写好约誓，并在纸尾写上“臣普书”三个大字。杜太后看后表示没有疑义，命人藏于金匮之中，让忠诚可靠的宫人掌管。这一事件在历史上叫作“金匮之盟”。尽管后世史学家认为“金匮之盟”纯属子虚乌有，但是赵光义早就处心积虑地制造舆论，弄得沸沸扬扬、尽人皆知，因此《宋史·杜太后传》《续资治通鉴长编》等书都把“金匮之盟”收入书中。

第三，赵匡胤生于后唐明宗天成二年(927)，赵光义生于后晋高祖天福四年(939)，比兄长小12岁。开宝九年(976)赵匡胤50岁，赵光义38岁，已接近不惑之年。赵匡胤一向健康，没有疾病，若天假以年，活到70岁或80岁，赵光义那时也是垂垂老翁，继位之事也就成了镜花水月。于是一不做，二不休，干脆杀掉兄长，好尽快攘夺帝位。

第四，据《铁围山丛谈》《烬余录》两书记载，后蜀灭亡后，国王孟昶与花蕊夫人一起降宋，随宋军来到了京城开封。那花蕊夫人生得绰约多姿，丰韵娉婷，孟昶死后，赵匡胤把她纳入宫中，宠幸无比，真可谓“后宫佳丽三千人，三千宠爱在一身”。赵光义也是风月场中老手，对花蕊夫人的美貌垂涎三尺，但是花蕊夫人是兄长的禁脔，他不敢造次。不能亲近芳泽，赵光义不禁怒从心头起，恶向胆边生，索性杀了花蕊夫人，不让兄长独占花魁。他在寻找机会，机会果然来了。一日赵匡胤与光义兄弟两人在御苑射猎，花蕊夫人侍立于天子身旁，观看射猎活动。赵光义挽弓搭箭，装模作样地瞄准了一只野兽，作引弓发射状，花蕊夫人还为他一旁喝采。不料赵光义突然转过身来，对准花蕊夫人射去，花蕊夫人猝不及防，应弦而倒，登时毙命。赵匡胤见状，不禁大怒，正欲发作,赵光义弃掉了弓箭,抱住兄长之足泣谏说:“陛下方得天下,万民颙望,怎能效唐明皇之宠杨贵妃,贻误苍生!”其实,赵匡胤虽然宠爱花蕊夫人,却从未荒废政事,不存在贻误苍生之说。赵光义那些表演,适见其虚伪而已。赵匡胤也不答话,悻悻然起身离去。此次赵匡胤染疾,赵光义来宫中探望,询问兄长病情,几次呼叫,赵匡胤均闭目不答。夜阑更深时分,光义正欲离去,忽然门外走进一个人来,此人不是别人,正是皇后差来服侍天子的宫人费氏。那费氏也是个倾国倾城的尤物,生得风流玉立,香温玉软,赵光义不禁目眩神迷。看看兄长仍在昏睡之中,一时色胆包天,乘机调戏费氏。那费氏本能地一闪,站立不稳,一个踉跄便跌倒在了赵匡胤床上。赵匡胤正闭目养神,听见响声,睁目看时,只见费氏云鬓不整,花容失色,赵光义的一只手还搂在费氏腰间,不觉怒气冲冲,拾起床边的玉斧狠狠地向地上砸去。赵光义自知闯了大祸,龟缩在墙角,连大气也不敢出了。一个虚弱病人,骤经此次打击,止不住浑身剧烈地抽搐起来,迨到宋皇后携着两位皇子到来时,赵匡胤已是气息微弱,咳喘不已了。赵光义则乘机溜出宫掖,逃回了自己府第。次日清晨便传来了赵匡胤龙驭上宾的消息。这两则记载虽是小说家言,未必可信,但两书都如此记载,可见不是空穴来风。

第五,酒中下毒是赵光义的惯用伎俩。自他神不知鬼不觉地毒死兄长后,这一技巧运用得可谓得心应手,越发娴熟。李后主之死是人们熟知的事例。他归宋后已形同囚犯,一举手一投足都在赵光义的监视之中,只因写了《虞美人》《浪淘沙》等词,隐隐约约流露出了怀念故国之情,就惹得赵光义动了杀机。在太平兴国二年(978)七月初七李后主42岁生日时,派弟弟赵廷美赐牵机药酒毒死了他。吴越国王钱俶又是一例。端拱元年(988)八月二十四日，钱俶60岁寿辰，赵光义故伎重演，赐酒时在酒中下了毒，一向没有疾病的钱俶于当晚暴卒。钱俶自归宋之后，一向战战兢兢，恪守臣子之职，尽管如此，赵光义仍然不允许他老死于户牖之下，一定要把他毒死。其忮刻狠毒，可见一斑！

第六，《宋史・马韶传》说，马韶是赵州平棘（今河北赵县）人，幼习天文，谙熟星宿图谶之学。开宝年间赵光义任开封府尹时，严禁私自学习天文，而马韶平日与赵光义的心腹程德玄（即程德元）是莫逆之交，马韶每次去找程德元，程德元都不让他进开封府大门，怕他因私习天文给自己带来麻烦。开宝九年十月十九日夜，马韶忽然到程德元处造访，德元问他来此何干，马韶说，明日乃晋王利见之期，特来相告。“利见”一词见于《易经》一书，书中说“飞龙在天，利见大人”“见龙在田，利见大人”。意思是说，龙飞上了天空，利于出现德高势隆的大人物。程德元将此话禀报给赵光义，赵光义命人看守马韶，免得他到处乱说，惹出祸端。次日清晨，赵光义入宫觐见兄长，果受遗诏践祚。这则记载表明，赵光义为攘夺帝位而制造舆论，不惜使用一切手段，真可谓水银泻地，无孔不入，连胡乱解说天文的马韶都派上了用场。马韶有何本事，能未卜先知，不待蓍龟便料到十月二十日那天赵光义能当上天子，这除了说明马韶、程德元与赵光义沆瀣一气，组成了一个阴谋集团，使用一切卑鄙手段帮助赵光义登基，还能说明什么呢？赵光义顺利当上天子后，不忘论功行赏，登基一个月后，马韶便由一名布衣当上了司天监主簿，真可谓“朝为田舍郎，暮登天子堂”了。程德元也颇受赵光义青睐，只因他性贪，为人所诟病，官职不甚显赫。他每次被人告发，赵光义均释而不问。到了太平兴国年间，程德元已“攀附至近列，上颇信任之，众多趋其门”，从一个寻常人物变成了炙手可热的权贵。想要升官的人都去巴结他，走他的门路，可见他为赵光义谋取帝位立下了汗马功劳。

“烛影斧声”是一桩千古疑案，正史记载阙略不详，稗史小说又多有抵牾之处，人们莫衷一是。其实只要对这些史料剥茧抽丝，细加甄别，便可得出结论：赵光义就是谋杀亲兄的凶手！

愁急天涯去国人

——死于贬所的宰相寇準

曾两度拜相的寇準历仕宋太宗、真宗两朝，他公忠体国，敢作敢为，是调和鼎鼐的宰相，是匡辅社稷的贤臣。但他多次犯颜直谏，面折廷争，惹得天子不快；他正直立朝，出言无忌，又得罪了权奸宵小。那些人合伙陷害他，在真宗崩逝、仁宗新立之际，贬寇準于雷州（今属广东），那年寇準已62岁。次年便一病不起，殂逝贬所。一代贤相如此际遇，令人唏嘘！

太宗赏识的能吏

太平兴国四年（979），19岁的寇準进士及第，开始了他的仕宦生涯。宋太宗喜欢有才干的老成之士，年少者往往罢黜不取。寇準赴试时，有人劝他虚报年龄，才有机会金榜题名。寇準回答："我正欲尽忠朝廷，岂可欺君！"侥幸的是，这次寇準并未受到刁难，一举成名天下知，脱却蓝衫换紫袍，顺利地成了新科进士。释褐后先后任归州巴东（今四川彭水）、大名府成安县（今属河北）知县。这个不到弱冠之年的年轻县令，刚刚走入仕途，便令人刮目相看。当时，其他县征调赋税，摊派劳役，均是先发布文告，然后派人挨家挨户催促。寇準却不发布文告,只把应缴赋税、应摊劳役之人的姓名、乡里书写后,贴在县衙门口的墙壁上,百姓得知后自动前来缴纳赋税、应征服役,无一人违约。从此寇準声名远扬,朝野皆知。公余之暇,寇準在县衙内栽种了两棵柏树,若干年后,柏树长得郁郁葱葱,绿荫婆娑。当地百姓喻之为甘棠,称为“莱公柏”。原来西周武王时,召伯奭巡行东南,曾在甘棠树下憩息,后人思念他的恩德,因作《甘棠诗》,后来收入《诗经》中。百姓把寇準比作召伯,是对他最好的褒奖。

因政绩卓著,不久寇準便奉调回朝,官职也一路升迁。一次太宗下诏百官献言,指陈朝政得失,寇準陈述北方边陲形势,提出应对之策。他条分缕析,丝丝入扣,甚得太宗器重。太宗问宰相:“朕欲擢用寇準,你看当授什么样的官职?”宰相沉思良久说:“臣愚以为授寇準开封府推官为宜。”太宗摇摇头说:“以寇準之才,岂能只做一个推官?”开封府的推官只是一名芥微小官,掌管分日轮流审判案件。宰相说:“那就授他枢密直学士吧。”太宗这才准奏。枢密直学士在宋代简称“枢直”,与观文殿学士并充皇帝侍从,备顾问应对,是个比较体面的职务。一次,寇準上殿奏事,不合太宗之意,寇準仍犯颜直谏,太宗一怒之下欲起身离去,寇準牵太宗之衣,让他无法离开座位。太宗只得听完他的陈述,事件得以圆满解决。太宗不无得意地对人说:“朕得寇準,犹文皇之得魏征也。”淳化二年(991)春,天气干旱,数月不雨,田地龟裂,禾苗皆枯,太宗忧心忡忡,召集群臣问时政得失,其他大臣都说气候变幻无常,非人力可以控制,只能听之任之。寇準却说:“依照《尚书·洪范篇》所言,这场旱灾乃天人感应所致。之所以大旱,是因为刑罚不公平。”太宗以为是寇準借机胡诌,愤然起身回宫去了。大臣们面面相觑,不知所措,只有寇準仍神色自若地鹄立殿上。过了片刻，太宗又召寇準，询问他为什么说刑罚不公。寇準说："请陛下召集二府官员至此，臣才说出原委。"太宗于是下诏令二府官员前来。众大臣毕集后，寇準才侃侃而谈："不久前祖吉、孙淮两人贪赃受贿，赃款数以万计。祖吉获罪被杀，家产籍没，而孙淮因是参知政事孙沔之弟，只受杖责，仍领定远县主簿，用法因人而异，轻重不一，非不平而何！"太宗听了，才恍然大悟，觉得寇準所说有理，召来孙沔斥责一番，说他管教弟弟无方。寇準几次上书抨击孙沔，太宗得知孙沔奸诈，非廊庙之器，遂免去他参知政事之职。孙沔不愿离朝，在太宗面前痛哭流涕，不久便鬓发皆白，亦因此怨恨寇準。

寇準为太宗所赏识，不久又擢升为枢密副使，更招致了他人的嫉妒。再加上他生性耿直，铁面无私，不肯容人之过，又有许多人对他不满。他与知枢密院事张逊素来不和，好几次在太宗面前争辩，弄得不欢而散。一日，寇準与大臣温仲舒一起走出宫禁，归家途中遇见一个狂人，拦住马首，高呼万岁。经寇準呵斥，方才离去。这本是一桩小事，右羽林大将军王宾得知后，却弄出了一场风波。原来他与张逊相厚，又知道张逊与寇準不睦，便想结欢张逊，陷害寇準。他劾奏寇準图谋不轨，怂恿别人称他为万岁。寇準也上殿辩解说："臣与温仲舒同行，路遇狂徒，已被臣斥退，王宾受张逊指使，诬陷无辜，应当治罪。"张逊则说："王宾劾奏寇準，是据实上奏，并非自己指使。"两人愈辩愈激烈，进而互相揭发隐私，在朝堂上吵吵闹闹，不成体统。太宗大怒，将张逊降职，寇準则被贬出朝，知青州（今属山东）去了。

其实，太宗贬谪寇準，不过是一时气愤；等到消了气，又后悔自己孟浪操切，不该贬他出朝；但纶音既出，不便收回成命，只得作罢。过了几天，太宗问身边侍从："寇準在青州快乐吗？"侍从回答："青州乃是善藩，那里物产丰饶，民风淳朴，政事不多，焉能不快乐！"太宗始终挂念着寇準，数日之后，又询问寇準的消息，侍从们揣猜天子有意召寇準回朝，便上奏说："陛下日日思念寇準，闻听人言，寇準天天纵情山水，放浪形骸，恐怕早就把陛下的恩德忘到九霄云外了。"

尽管不断有人进谗言，说寇準的坏话，太宗还是离不了这个特立独行的辅弼之臣，一道诏书把他从青州召回朝中，任命他为参知政事，并对宰相吕蒙正说："朕知寇準为人，临事明敏，亢直敢言，如今擢升官职，想必会更尽心辅弼朕躬。"吕蒙正点头称是。其时，任右谏议大夫的吕端，见太宗信任寇準，请求入朝奏事时位列寇準之下，太宗深知吕端老成持重，可托付大事，改授他为左谏议大夫，位列寇準之上，不久又擢升为宰相。吕端原与寇準同列，骤然升为宰相，恐怕寇準心中不平，便提出宰相与参知政事应分别日期知印、押班。原来太祖赵匡胤在位时，赵普一人当宰相，赵匡胤怕他独断专行，特设参知政事一职以分其权。既有成例在先，吕端便上奏说："臣兄吕余庆任参知政事时，知印、押班全与宰相一样，臣愿效法。"太宗为安抚寇準，毫不犹豫地答应了吕端的请求。

寇準自青州回到京城，第一件大事便是觐见天子。其时，太宗正患足疾，不能行走，见了寇準，喜不自胜，忙褰衣让寇準看，并责问他说："卿为何迟迟不回京？"寇準回答："臣在青州任职，按照惯例，如非朝廷相召，不敢擅离职守，怎敢回到京城？"太宗抚慰一番后，突然问寇準："朕诸子中谁可以立为嗣君？卿试言之。"史书记载，太宗问此话是在至道元年（995），当时他已55岁了。到了桑榆晚景，还未册立太子，朝野疑虑不已。大臣冯拯请求册立太子，惹得太宗大怒，将他贬往岭南。从此后大臣都三缄其口，无人敢再提此事。太宗信任寇準，因此一见面，便提及立太子一事。寇準知道册立谁为嗣君乃帝王家私事，外人不便置喙；不过既然太宗信任，问及此事，便很得体地回答："陛下为天下选择嗣君，既不可询问妇人、宦官，也不可与近臣商量，请陛下选择能够副天下人颙望的人为嗣君。"太宗俯首不语良久，才屏退侍从，问寇準："卿看元侃可以吗？"寇準说："知子莫若父，陛下既然认为可以，请早早决定。"太宗于是以元侃为开封尹，改封寿王，册立为太子。元侃是太宗第三子，也就是真宗赵恒。元侃乘马自东宫赴朝元门外的幄幕(用布搭成的宫室)，被册立为太子后，易服乘马返回东宫，京城之人倾巢而出，啧啧称赞说："真是年少有为的天子呀！"太宗听了，心中甚是不快，对寇準说："人心皆归属太子，欲置朕躬于何地？"寇準回答："陛下万岁千秋之后，由太子执掌天下，百姓拥戴太子，乃是社稷之福，陛下应该高兴才是。"太宗这才转嗔为喜，将寇準的话转告给后宫，皇后妃嫔等皆前来相贺。太宗把寇準召入宫中饮酒，君臣尽欢而罢。

寇準虽得太宗信任，但他处理政务不甚老练，特别是在用人上往往感情用事，自己喜欢的人能够不次升擢，所厌恶的人则抑而不升，大臣们对此啧有怨言。寇準从大名府成安县调入朝中后，一度任吏部东铨。当时他年纪甚轻，掌管考核官员功绩的张洎原是南唐大臣，跟随李后主降宋，也在京城做官，其时他已年纪老迈。他官职在寇準之下，因此对寇準甚为尊重，每天都衣冠整齐地等候寇準出入于吏部衙门，一揖而退，从不交谈。寇準对他颇有好感，几次在太宗面前称许，请求升擢他的官职。太宗知道张洎满腹经纶，准备重用，却又得知此人品行不端，在南唐时多次进谗，诋毁良善，李后主受其蛊惑，杀了忠臣潘佑，导致社稷覆亡。他处心积虑地巴结寇準，就是想通过这一途径升官。寇準不察，果然坠入了张洎彀中。太宗本不欲重用张洎，但寇準不停地为他美言，太宗便擢升张洎为参知政事，与寇準平起平坐了。不分青红皂白地提携品质恶劣之人，是寇準的一大失误。

至道二年(996)七月，太宗南郊祭天归来，心情愉快，打算升擢一批官吏，委托寇準主持其事。寇準"旧病"复发，他所喜欢的人不管能力如何，一律升擢官职；他所厌恶之人，即使政绩优异，也抑而不用。左正言冯拯与寇準平日不睦，寇準贬他为虞部员外郎。太常博士彭惟节平时位居冯拯之下，每逢章奏列衔时也名列冯拯之后，寇準厌恶冯拯，晓谕彭惟节，以后章奏署名时，位列冯拯之前。彭惟节认为无缘无故颠倒列名次序不合情理，不肯更改，寇準一怒之下，贬他为屯田员外郎。冯拯怒火中烧，上疏劾奏寇準擅权，又揭发他在岭南所除拜的官吏不公。岭南东路转运使康戬也上疏说，吕端、张洎、李昌龄畏畏懦懦，皆不敢与寇準争锋相抗，因此寇準得以升贬任情，紊乱朝纲。太宗大怒，召来吕端等三人责问，吕端回奏说，寇準性情刚烈，臣等不愿和他争辩，恐怕有伤国体，既然陛下问及，臣愿请罪。隔了几天，寇準上殿奏事，太宗提及冯拯之事，责怪寇準办事不公。寇準大声争辩，声震屋瓦，全无君臣礼仪。太宗提醒他说："你在殿廷上如此对待朕躬，有失执政大臣体面。"寇準仍力争不已。太宗叹口气说："鼠雀尚知人意，况人乎?"怏怏退朝回宫去了。次日，寇準抱着一摞公文卷宗上殿奏事，一定要和天子论个是非曲直。太宗更加不快，一道诏书贬寇準知邓州(今属河南)。这是寇準在太宗朝第二次遭贬了。

“澶渊之盟”的功臣

真宗赵恒得以继位为天子，寇準有鼎力相助之功，因此他一即位，便投桃报李，把寇準召回朝中任工部侍郎(工部尚书的副手)。咸平初年徙知河阳(今河南孟州)，改知同州(今陕西大荔)，再改知凤翔府(今属陕西)。真宗巡幸大名(今属河北)，召寇準赴行在，垂询治国事宜。君臣相处甚为契合，寇準随即奉调入朝，权知开封府。所谓权，是宋代特有的一种任命官员的方式，即暂时代理某官职务，不是正式官员。京城开封府乃首善之地，真宗让寇準在这里任职，可见对他的重视。不久，又任命他为兵部侍郎、三司使。三司是指盐铁、度支、户部三部，统筹国家财政，其地位仅次于执政，号称计相。三司各设有使局，不相统属，所出文告往往互相矛盾，令人无所适从。矛盾不能解决，便告御状，须真宗亲自裁决，弄得真宗不胜其烦。三司合为一部后，真宗命寇準首任三司使。原本在三司任职数十年的陈恕调知开封府，他赴任前力荐寇準可用。寇準任三司使后，萧规曹随，把陈恕所定的规章制度编成册，在三司衙门晓谕榜帖，并请陈恕过目署名。寇準接手三司后，整顿积弊，制订新规，三司面貌焕然一新。《宋史·寇準传》称：“时合盐铁、度支、户部为一使，真宗命准裁定，遂以六判官分掌之，繁简始适中。”三司使一职充分发挥了寇準的才能。

真宗知道寇準才干过人，打算任命他为宰相，又恐他性格刚直，难以独自承担大任，便想找一个德高望重、资历和年龄都高于寇準的人同时拜相，好使寇準有所畏惧而不敢恣意妄为，于是以兵部侍郎毕士安为吏部侍郎、参知政事。毕士安上殿谢恩，真宗说:“朕之意不是只让你做参知政事,而是要你当调和鼎鼐的宰相,你认为谁可与你同进为宰相?”毕士安回答说:“寇準忠义兼备,能断大事,臣所不如。”真宗故意说:“听说寇準性情刚烈,喜欢意气用事,怎可为相?”毕士安说:“臣见解与陛下不同,寇準公忠体国,疾恶如仇,因此不为流俗之辈喜欢。如今北方契丹正虎视眈眈,企图犯我边境,正需寇準这样的人出谋划策,安邦定国。”是否任命寇準为相,真宗一度犹豫不决,经毕士安力挺,真宗才下定决心,于景德元年(1004)八月,拜寇準、毕士安为相,毕士安位在寇準之前。

其时,北方边陲正是多事之秋,契丹不时派出小股骑兵剽掠深州(今河北深州市南)、祁州(今河北安国),杀人越货,焚毁庐舍,弄得人心惶惶,一夕数惊。刚刚拜相的寇準对真宗说:“契丹此举是试探我朝虚实,愿朝廷练兵选将,分据要害之地,以防不虞。”到了这年九月,宋朝已侦察到契丹将大举南下的消息,真宗打算御驾亲征,询问毕士安、寇準何时进发。毕士安上奏说:“陛下已命将出师,可责其马到成功,必欲御驾亲征,宜驻跸澶渊(今河南濮阳县)。但该县城池不大,驻扎大批人马,恐怕不易协调。如今离冬天尚远,陛下亲征之事,可从容商议。”寇準则说:“重兵在外,须劳圣驾暂幸澶渊,进发日期不可缓。”大臣王继英认为,朝廷禁卫重兵,大多布防在河北,天子应该视察,以壮军威,同时督促诸道进军,但圣驾不可越过澶州。真宗每得边廷奏章,必选送中书商议,他对寇準、毕士安说:“军旅之事,虽归枢密院处置,但中书总管文武大政,朝廷政令均从中书发出,卿等也应详细阅读边陲奏章,共同评定利害,勿以为事属枢密而不管不问。”真宗已经意识到,抵御契丹已是刻不容缓的事了。

景德元年(1004)闰九月,辽圣宗耶律隆绪与太后率兵大举南下，攻城略池，边疆告急文书一夕五至，寇準却不慌不忙，谈笑自如。真宗得知消息，惊骇不已，询问寇準该如何处理。寇準胸有成竹地说："陛下欲了却此事，不过费五天时间而已，但有一点，陛下须幸澶州。"朝中大臣听寇準说要真宗去澶州，一个个战战兢兢，打算退朝，被寇準呵止，命令他们必须和天子一起退朝。真宗虽然说过御驾亲征的话，但那不过是一时激愤之语，并不想冒矢石之险，与辽兵对垒。今见寇準真的要他前往澶州，脸上便露出了为难神色，打算返回宫掖。寇準说："陛下不能回宫，一入宫廷，臣等无法与陛下商议，迁延时日，则大事去矣。"真宗见寇準态度坚决，只得召集群臣，商议亲征事宜。

当时，朝中大臣多是懦弱无能之辈，见契丹势大，便想劝真宗逃跑，以避兵锋。参知政事王钦若是江南人，劝真宗逃往金陵（今江苏南京），佥枢密院事陈尧叟是蜀人，又劝真宗逃往成都。真宗犹豫不决，询问寇準该去哪里。其时，王钦若、陈尧叟都在真宗身旁，寇準已知道了两人劝真宗逃跑的消息，故意装作不知情的样子说："谁为陛下出的馊主意，其罪可斩！如今天子神武，将帅和谐，若陛下车驾亲征，敌寇自会遁逃。我朝兵多将广，还可出奇计挫败敌寇阴谋，坚守壁垒使敌寇兵疲师老。我朝以逸待劳，胜券在握，为何要舍弃宗庙，远遁楚、蜀之地？"真宗听了寇準这一席话，才彻底打消了逃跑的念头，而王钦若、陈尧叟两人则对寇準怨恨不已。王钦若诡计多端，寇準怕他在真宗身旁再进谗言，阻碍大事，想把他调离朝廷。适逢真宗欲选派大臣镇守大名（今属河北），寇準力荐王钦若可当此重任，于是真宗以王钦若为天雄军（今河北大名东）府兼都部署，提举河北转运使，与天雄军守将周莹共议防御之策。

辽兵虽大举南下，但辽圣宗之母萧太后不想继续这场旷日持久且无必胜把握的战争，原是宋将后来降辽的王继忠乘机进谏，言和好之利。萧太后采纳了他的建议，让王继忠写信给真宗，派四名小校送到宋朝莫州（今河北任丘）部署石普处。石普不敢怠慢，马上派人送达朝廷。王继忠信中写道："臣昔年面辞陛下，陛下曾说愿与北朝息民止戈，如今言犹在耳。北朝钦闻陛下圣明，愿修旧好，请陛下俯允。"真宗读完信，对毕士安、寇準说："自古獯鬻为中原强敌，除非用德感化怀柔，或以大兵压境，否则他们的犷悍之性，不会服软改变。王继忠的信虽然表达了辽朝和好的愿望，但未可凭信。"毕士安上奏说："辽兵屡屡受挫，占不到便宜，退兵又觉得没面子，因此借王继忠之口言和，看来并非妄说。"真宗说："若允彼和议，辽方必有邀求，还须谨慎从事。"于是下诏给王继忠，让他探听确实后，再写信托边臣转奏。

景德元年十月，辽兵抵达瀛州（今河北河间）城下，昼夜攻城，鼓鼙声声，震天动地。知州李延渥率众守城，激战十余日，杀伤辽兵甚多。萧太后戎装披挂，亲击桴鼓，指挥攻城，城上矢集如猬，宋方死伤军民三万余人。见瀛州固若金汤，辽兵只得退去。王继忠得到真宗手诏后，通过石普转交给真宗一封信，说是辽兵已围攻瀛州，关南乃辽朝旧地，恐宋兵难以固守，乞早遣使议和。真宗对毕士安、寇準说："瀛州素有防备，城池坚固，不会陷落。辽朝想让我朝先派出使臣，固不损我朝威严，可许之。"于是派阁门祇侯曹利用前往辽朝议和。

真宗一面遣曹利用赴辽议和，一面自京城启程北上。曹利用至天雄，天雄守将孙全照怀疑辽朝不是诚心议和，劝王钦若留曹利用不遣。辽兵攻城不利，又让王继忠传书与宋议和，真宗答复说："已遣曹利用前往，辽方可至天雄军接洽。"王继忠得知曹利用止于天雄，再上奏真宗，请求自澶州派使臣至北朝，免得延误。

辽兵既攻瀛州不克，遂又转攻天雄。天雄听说辽军将至，阖城惶惧，王钦若与诸将商议抓阄分守城门。孙全照说："末将是将门之子，不须抓阄，诸将可自择便利处所，无人愿意去者，末将愿往。"天雄军北门乃辽军最先攻击之地，没人愿往，便分给了孙全照。王钦若选择守南门，孙全照认为王钦若是主帅，应居中调度，指挥全局，可别选人把守南门。孙全照平日训练弓弩手，射人射马能射透盔甲，弓箭所到之处，无不应弦而倒。全照于是大开北门，放下吊桥，等待辽军来攻。辽兵攻东门良久，不能得手，便转往城南，在狄相庙设伏，南攻德清军（河北大名南，与河南交界处）。虽然王钦若、孙全照拼死力战，但德清军仍然陷落于辽军之手。尔后长驱直入，进抵澶州城下。

这年十一月，真宗从京城开封启程，经长垣（今属河南）抵达韦城县（今河南滑县东南）。得知辽军已抵达澶州城下，不禁心慌意乱，忐忑不安。韦城县距澶州近在咫尺，倘辽军乘胜邀击，难免有蒙尘之虞，大臣中又有人建议真宗迁往金陵以避其锋者。真宗举棋不定，召寇準询问。寇準应召而来，来在行在门口，听见里边议论："群臣欲把官家（宋朝人称天子为官家）带往何处？何不速还京师！"寇準佯装不知，进入屋门后，真宗劈头便问："朕打算南巡，卿以为如何？"寇準回答说："群臣怯懦无知，出此下策，无异于乡巴佬、妇人之言。如今敌人骑兵迫近，四方人心不安，陛下只可进尺，不可退寸。河北诸军日夜盼望圣驾来此，士气当高涨百倍。若回辇数步，则万众瓦解，敌寇乘胜追击，陛下想退往金陵也不可得了。"真宗仍犹豫不决。

寇準辞别真宗，在行宫门口遇见了殿前都指挥使高琼，问他："太尉受国家之恩，该如何报答？"高琼回答说："我本是武将，愿为国效死。"寇準又去见真宗，高琼则立于庭下。寇準说："陛下不以臣言为然,可询问高琼。"高琼上奏说:"寇準所言甚是。"又说:"随驾军士父母妻子都在京城,必不肯随陛下退往金陵,中途便会逃亡殆尽。愿陛下圣驾早去澶州,臣等效死力作战,辽军不难破。"寇準催促说:"机不可失,陛下应该马上启程。"适逢侍卫天子的王应昌也在那里,真宗频频看他,想听听他的意见。王应昌说:"陛下奉天命破敌,所向必克,若逗留不进,敌人以为我朝怯懦,气焰会越发嚣张。"真宗见三人异口同声,要同辽军拼个你死我活,遂不再犹豫,决定前往澶州。

十一月下旬,真宗车驾抵达卫南县(今河南滑县东),天气冱寒,侍从拿来貂裘絮帽御寒。真宗说:"士兵们在朔风中御敌,朕怎能独自享受。"却而不用。因车驾已接近澶州,真宗命翰林侍读学士潘慎修先赴澶州,晓谕澶州守将及其他官员不得擅离职守迎驾。在此之前,真宗已许诺王继忠,宋朝可以派遣使臣,王继忠又写信请石普转达真宗,石普自贝州(今河北南宫市东南)派指挥使张皓拿着王继忠的信赴行在。张皓路过辽朝边境时,被辽兵捉去,带到辽圣宗与萧太后车帐前,萧太后慰劳久之,命他赴天雄督促曹利用议和。王钦若怀疑辽方有诈,不敢派曹利用前往。张皓只得单人独骑再返辽营,萧太后甚为高兴,赏赐张皓袍带,提高接待规格,命王继忠再上奏真宗,请自澶州另派使臣,速来辽朝议和。张皓拿着王继忠的奏章呈给真宗,真宗赐王钦若手诏,又命他与参知政事王旦写信,让张皓拿着信赴天雄,督促曹利用一同赴辽方议和。

真宗自卫南县出发时,澶州守将派人告捷,说射杀了一员辽朝大将,又说澶州北城门巷湫隘,居住不便,请天子驻跸南城。真宗也想驻扎南城,以驿舍为行宫。寇準则坚请真宗驻北城,他说:"陛下不过黄河,则人心不稳,辽朝虽折一大将,但元气未伤,胜负未可预卜。如今大将王超领劲兵屯驻中山(今河北定县),扼敌人之咽喉,李继隆、石保吉领雄兵扼辽军左右肘,四方增援之兵源源不断,陛下又何疑而不肯往澶州北门!"高琼也请真宗前往。佥枢密院事冯拯见辽兵势大,心存畏惧,不愿真宗前行,但又不敢批驳寇凖,便大声呵斥高琼无礼。高琼大怒说:"你以文章致位两府,如今敌寇猖獗如此,你何不赋诗退敌!"说毕即指挥卫士启动御辇前行。行至北门浮桥,真宗坐的车逡巡不前,高琼执鞭击打车夫的脊背说:"为何行走如此缓慢?今已至此,你还有何疑虑!"车夫不再犹豫,真宗终于登上了澶州北城门,张开黄龙旗,宋军士兵高呼万岁,声震数十里。真宗视察营垒,抚慰将士,赐诸军酒食缗钱,宋军士兵士气高涨百倍。辽军视之,惊愕不已。

真宗把军旅之事全部交给寇凖处置,寇凖号令明肃,赏罚公允,甚得士兵拥戴。辽兵数千攻城,被宋军歼灭大半,于是狼狈退去。真宗回到行宫,留寇凖在城上指挥,又放心不下,派人观察寇凖在城上如何御敌。只见他正与翰林学士杨亿饮酒作乐,歌谑欢呼。真宗大喜说:"寇凖尚且如此,我还忧愁什么!"两军相持十余日,辽军先锋挞览自恃骁勇,率领几名随从考察澶州地形。宋军威虎军头张瑰箭法娴熟,觑得真切,拈弓搭箭,连射几箭,挞览应弦而倒,辽兵慌忙把他拖入寨中,当晚便一命呜呼了。挞览上通天文,下晓地理,首倡南侵之谋,他既身亡,辽军锐气顿挫,要求与宋朝议和的声音又高涨了起来。

曹利用奉真宗之命赴辽军中,见萧太后与宰相韩德让同坐一车上,其他大臣与辽圣宗另坐一车。那韩德让原是蓟州玉田(今属河北)汉人韩知古之孙,韩知古被辽太祖耶律阿保机所俘,遂仕于辽。韩德让在辽朝颇受倚重,封晋王,隶属皇族横帐,位在亲王之上。辽朝赐名耶律隆运,据传萧太后曾下嫁于他。萧太后车上设一横木，上边放着食物，赏赐曹利用食用，双方共议和好之事。萧太后派大臣韩杞持国书和曹利用一起返回宋朝。真宗颇为重视，命知澶州何承矩郊迎，命翰林学士赵安仁接伴。那韩杞见过真宗，提出把关南故地交还辽朝的要求。原来五代时期后晋的石敬瑭把燕云十六州之地割让给了契丹，后周显德六年(959)，周世宗柴荣从契丹手中收复瓦桥、益津、淤口三关及瀛、莫等州，北宋时因称三关以南之地为关南。这些地方早已归属宋朝管辖，辽方索要关南故地，显然不合情理。真宗对寇準等人说："朕忧虑的正是这一点，今果然如此，奈何？"寇準等回答："关南之地久属朝廷，不可更改，可以每年给予金帛，助其军资，请陛下酌定。"真宗对韩杞说："朕守祖宗基业，如果每年以金帛补偿其损失，也无损于朝廷体面。"他同时表示不再写回书，让韩杞和曹利用口述宋朝的决定。临行时，真宗又交待曹利用，关南之地绝不可交给辽朝，若邀求财货，可以答应。

曹利用与韩杞回到辽军大帐，辽方仍坚持要收回关南故地，曹利用答以土地之事不可再议，若求金帛以助军旅，可以磋商。辽方接伴宋使的官员高正大声说："我朝兴师动众，就是为了收回关南故地，若不能如愿，岂不是空手而归？"曹利用也厉声回答："我奉天子之命议和，若必欲得地，我有死而已。若北朝贪得无厌，恐怕地不可得，干戈亦不易停息。"萧太后、辽圣宗见曹利用态度坚决，知地不可得，遂表示可以接受金帛。曹利用答应每年送给辽方绢二十万匹、银十万两，和议始定。原来曹利用辞行时，曾问真宗赂辽方金帛之数，真宗沉吟良久说："必不得已，百万也可。"曹利用刚出行宫屋门，寇準又问他天子有何嘱咐，曹利用说："天子允诺百万议和。"寇準说："天子虽有旨允许百万，但若超过三十万，我将斩汝。"曹利用不敢违拗，果以三十万成约而还为。归来后欲觐见真宗,真宗正在进膳,不暇接见,只派内侍问所许金帛数目。曹利用卖个关子说:“此乃机密大事,须面奏天子。”真宗又派内侍问他说,姑且说个大概数目,利用仍不肯说,只伸出了三个指头在脸上晃了晃。内侍入报真宗说:“曹利用伸出三个指头,岂不是三百万吗?”真宗不觉失声说:“太多!”停了片刻,又说:“只要能签订和议,三百万也可。”行宫房屋不多,曹利用站在门口。真宗与内侍的对话,他听得清清楚楚。迨到入对时,真宗又问所许金帛之事,曹利用再三称罪说:“臣罪该万死,许辽方金帛过多。”真宗问:“到底多少?”曹利用说:“三十万。”真宗见曹利用不辱使命,特别高兴,赏赐非常优厚。历史上称这次事件为“澶渊之盟”。

宋辽双方化干戈为玉帛,铸刀剑为犁锄,终北宋之世,宋辽未再发生过大的战争,给两国百姓带来了安宁和平。宋军班师回朝时,真宗诗兴大发,写了《回銮诗》,命臣下酬和。寇準在这次事件中立下了不世之功。

贬谪雷州

“澶渊之盟”后,兵革不兴,朝廷无事。寇準颇自矜其功,真宗待他甚为优厚,引起了其他大臣的嫉妒,千方百计诋毁他。第一个跳出来攻讦寇準的是参知政事王钦若。他平日就与寇準不睦,自天雄归朝后,见寇準受天子重用,心中便愤愤不平,上表请求致仕。真宗为了慰留他,特设资政殿学士一职,以王钦若为之,位在翰林学士之下,侍读学士之上。一次真宗会见群臣,寇準有事先退,真宗目送寇準走出殿门,王钦若乘机进谗说:“陛下敬畏寇準,是因为他有功于社稷吗?”真宗愕然问道:“卿说此话何意?”王钦若摇唇鼓舌说:“陛下与辽朝定的是城下之盟,春秋时此类盟约甚多,孔子删定的《春秋》一书以城下之盟为耻。陛下以万乘之贵与辽方签订‘澶渊之盟’,这分明是城下之盟,是陛下的耻辱。”真宗听了,不禁皱起了眉头。王钦若见天子已被他的谗言打动,又接着说:“陛下听说过赌博的事吗?赌徒在钱将要输光,山穷水尽之际,便倾其所有作为赌注,称之为孤注,孤注一掷就是由此而来。恕臣直言,陛下就是寇凖的孤注。”王钦若真是一个斗筲小人,凭他三寸不烂之舌,硬是把“澶渊之盟”的功臣说成了翻云覆雨的阴谋家。令人诧异的是,堂堂天子竟然信以为真。从此,真宗不再重用寇凖了。

寇凖虽然忠心辅国,但作为宰相任用官吏,总是独断专行,不恤人言。太宗在世时他就曾因此而被贬谪,在真宗时积习未改,又触了霉头。寇凖喜欢擢用寒俊之士,每逢御史有缺,他便提携敢言之士。他的同僚认为升擢官员应循序渐进,按阶提升,并命小吏抱着应提升官员的簿册让寇凖看。寇凖生气地说:“宰相的职责就是重用贤能之人,斥退不肖之徒,若提升官员一定要按部就班,提拔起来的人不过是没有才能的小吏而已。我身为宰相,岂能受此约束!”说着便把簿册退了回去,这一举措激起了其他大臣的不满。

继王钦若之后,跳出来攻讦寇凖的是曹利用、丁谓、钱惟演等人。曹利用为枢密副使时,寇凖是枢密使,乃曹利用的上司。寇凖认为曹利用只是一赳赳武夫,没有治国安邦之术,两人议事每有不合,寇凖便说:“君是武夫,怎晓治国之道?”曹利用听了,对寇凖怨恨不已。有一次寇凖在府第举办宴会,曹利用应邀出席,寇凖喜欢用大碗劝酒,曹利用竟不举杯。寇凖说:“某劝太尉酒,何故不饮?”曹利用说:“某素不饮酒,大人休怪!”寇凖大怒说:

“你不过是一匹夫耳，焉敢如此不识抬举！”曹利用也推桌而起说：“我受国恩，擢升为枢密副使，你竟称我为一匹夫！明日当于天子面前辩论清楚。”说罢起身径去，从此两人结怨甚深。

丁谓则是个品质恶劣的小人，他善于见风使舵，讨好上司，因此得以不次升擢。寇準平日与丁谓相善，曾经把他推荐给宰相李沆，李沆不用。寇準问他为何不用，李沆说：“丁谓确实有才华，但人品甚差，怎可让他位居别人之上？”寇準不满意地说：“丁谓既然是个人才，相公能够压抑之使在人下吗？”李沆笑着说：“他日你会相信我的判断不错。”寇準始终不以为然。寇準任宰相后，提携丁谓当了参知政事，也即副宰相。一日，中书按照惯例会餐，中书官员毕集，寇準就餐时羹汤沾满了胡须，丁谓见状，忙过来擦拭。寇準调侃说：“参知政事乃国之大臣，乃为长官擦拭胡须，成何体统！”丁谓在大庭广众之下受到申斥，怀恨在心，发誓要报这一箭之仇，从此两人关系如同水火。

钱惟演乃吴越国王钱俶之子，钱俶皈依赵匡胤，钱惟演跟随其父定居东京。他博学能文，真宗时任翰林学士。他见丁谓权力日盛，便依附于他。钱惟演的胞妹乃马军都虞侯刘美之妻，而刘美是真宗刘皇后之兄。真宗一度患病，说话困难，政事多决于刘皇后，丁谓巴结刘皇后，权力如日中天。刘皇后乃益州华阳（今四川成都）人，她的亲属依仗皇后势力，在蜀地横行不法，抢夺百姓盐井，真宗碍于刘皇后情面，欲舍而不治其罪。寇準则坚持皇亲国戚犯法也应依律治罪，因此得罪了刘皇后。钱惟演是刘皇后姻亲，因此也对寇準不满。

还有一个叫林特的人，时任三司使，当时河北每年都给京城输送绢帛，林特督促甚急。寇準平日厌恶林特，暗中指使河北转运使李士衡不听林特调遣，又说自己在河北时曾进河北绢五万匹而三司不纳，以致京城缺供，应弹劾主吏以下官员。其实，京城每年需绢百万匹，寇凖所进才五万匹，占比例甚小。寇凖虽讨厌林特，但真宗却宠幸有加。这几个人合伙排挤寇凖，真是众口铄金，积毁销骨。加上真宗也讨厌寇凖刚愎自用，遂免了他宰相之职，改为刑部尚书，知陕州，而以王旦为相。王旦上殿谢恩时，真宗说："寇凖以国家爵禄来满足他的虚荣心，没有大臣风度，罢了他的宰相之职，才是保全他名声的最好办法。"寇凖拜相时，知益州（今四川成都）张咏对僚属说："寇公确是奇才，可惜才学不足。"寇凖知陕州，张咏自成都还乡，特来陕州看望寇凖。临别之际，寇凖问他："足下还有何金玉良言留给我的吗？"张咏莞尔一笑说："《汉书·霍光传》不可不读！"寇凖不解此话何意，归来后读《汉书·霍光传》，读到"然光不学亡术，暗于大理"一句时，恍然大悟说："张咏是在说我不学无术啊！"

真宗虽然贬谪了寇凖，但知道他是治国的能臣，仍系念着他。宰相王旦是忠厚之人，了解真宗之意，力荐寇凖为枢密使、同平章事。同平章事就是宰相，不过比首相级别稍低而已。真宗对王旦说："寇凖年事已高，但屡屡凭意气用事。朕以为他知过必改，不料他比昔日更甚。"王旦打圆场说："寇凖喜欢别人记着他的恩惠，又想令人惧怕他的威严，这都是大臣应当回避的，而寇凖却安之若素，这是他的短处。若不是像陛下这样圣明的君王，谁能保全他呢！"真宗这才无话可说。寇凖任枢密使之前，王旦生了一场大病，久治不愈，真宗命人用肩舆把他抬入宫内，慰问一番后，问他："卿今疾病加剧，谁可代替宰相之职？"王旦拜谢说："知臣莫如君，请陛下遴选。"真宗提出张咏、马亮，王旦皆黯然不答。真宗要王旦提出人选。王旦勉强站起来举着朝笏说："依臣愚见，寇凖适合任宰相之职。"真宗沉思良久说："寇凖性格刚直褊狭,卿可别提人选。”王旦摇摇头说:“其他人非臣所知也。”寇準当上枢密使后,中书有公文送枢密院,因公文格式不合规定,寇準便上奏给真宗,真宗责备王旦说,中书办事如此,让地方官员如何效法?”王旦谢罪说:“中书出了这样纰漏,实乃臣等过错。”于是中书的官吏都受到了责罚。过了不久,枢密院送给中书的公文也犯了同样错误。小吏很高兴地呈送给王旦,想以牙还牙,让寇準难堪。谁知王旦雍容大度,没有上奏给真宗,而是把公文退还给了枢密院,这让寇準惭愧不已。王旦每次朝见真宗,都称赞寇準才华盖世,而寇準却多次在真宗面前说王旦的短处。真宗对王旦说:“卿屡说寇準之美,而寇準却多次诋毁你,这是为何?”王旦说:“臣任宰相已久,过失必多,寇準对陛下无所隐瞒,这是为社稷着想,因此臣敬重寇準。”王旦胸无城府,以德报怨,真宗称赞不已。

寇準被罢官知陕州时,曾去找宰相王旦,想讨个使相的职务。宋代亲王、枢密使、留守、节度使兼侍中、中书令、同平章事者皆称使相,是极高的荣誉衔,不过问政事。王旦大惊说:“使相一职岂能由个人求得?”寇準见王旦不肯帮忙,悻悻而去。不久,真宗问王旦:“当与寇準什么样的官职?”王旦回答说:“寇準年未满三十岁,已由先帝升擢为二府,有治国之才,若陛下赐他以使相之职,可为朝廷增添光彩。”真宗未犹豫,很快批准了王旦的建议。当任命的诏书下达时,寇準感激涕零地叩谢真宗说:“非陛下信任,臣岂能得使相之职?”真宗说:“封你为使相是出于王旦的建议。”寇準这才如梦初醒地说:“王旦的器识,远非我寇準所能比拟。”

天禧三年(1079),寇準再次被任命为宰相。其时,宰相王旦已辞世两年。在这之前,寇準曾在地方任职,当过知河南府兼西京(今河南洛阳)留守司事、判永兴军(今陕西西安),他是由判永兴军调回朝中的。寇準刚就任宰相不久,次年六月无意中卷入一场宫廷斗争。这年,52 岁的真宗得了风疾,行走不便,不能视朝,朝中大事多决于刘皇后。真宗与亲信的宦官周怀政商议,提出让皇太子监国、自己倦勤的打算。周怀政当过东宫属官,与太子稔熟,巴不得由太子监国,真宗授意他找宰相寇準商量。寇準不敢怠慢,秘密拜见真宗说:“皇太子颇有人望,天下归心,愿陛下考虑宗社之重,让他登基,以巩固我朝万世基业。丁谓乃奸邪小人,不可以辅佐少年天子,请遴选正直大臣为羽翼。”真宗表示同意。寇準遂密令翰林学士杨亿起草让太子监国的诏书,同时打算让杨亿取代丁谓之职。杨亿恐怕事情泄漏出去,专门在夜间屏退左右,秉烛起草诏书,果然无一人知晓。

不料,这天寇準饮酒,喝得酩酊大醉之际,把真宗欲传位太子之事说了出去。丁谓得知消息,惊惧不已,在真宗面前诋毁寇準,说他擅自废立,扰乱朝纲,应该罢相。真宗疾病未痊,竟忘记了与寇準商量让太子监国的事,见丁谓把事情说得如此严重,便答应丁谓之请,罢免寇準。其时,天色已晚,真宗召知制诰晏殊起草诏书。晏殊推脱说:“臣掌外制,起草这样的诏书非臣职责,请陛下另择别人。”晏殊时任翰林学士,按照宋代规定,凡翰林学士皆加知制诰官衔,为天子起草各种诏令,在天子身边完成,由宫中发出,称内制。其他官员加制诰官衔,起草以上文书者称外制,由中书门下发出,内制比外制重要。晏殊虽有知制诏之衔,但另有官职,因此只能起草外制诏令文告。真宗见晏殊不愿起草内制诏书,便召钱惟演起草。钱惟演本与寇準不睦,乘机进谗,说应罢寇準官职。真宗问:“罢寇準宰相后应授予他何官?”钱惟演说:“授太子太保合适。”太子太保乃东宫属官,没有职掌,没有定员,只用来封赠官阶不到仆射的宰相。真宗说:“太子太保用以封赠闲散之人，不能如此对待寇準。”钱惟演说：“可授为国公，并拿出封赠国公的簿册。”真宗随手指了一个“莱”字，意即授为莱国公。钱惟演又说：“寇準罢相之后，还会交结朝中与地方官员结为朋党，蛊惑圣听以求东山再起，应及早贬他出朝。”真宗问他：“有何迹象证明寇準恋栈？钱惟演说：“臣听说寇準已写好表章请求知河中府（今山永济市西蒲州镇），有人说他能再次拜相，寇準拟好的表章便不呈递给陛下了。”其实，这都是钱惟演编造的谎言，怕真宗回心转意，再重用寇準。当时，中书只有宰相寇準、参知政事李迪两人。寇準既罢相，李迪升任平章事。在钱惟演如簧之舌鼓动下，丁谓也升任平章事，曹利用则升任同平章事，朝政都被丁谓一伙把持了。

丁谓掌权后，排挤宦官周怀政，不让他接近天子，但鉴于他与真宗和太子的关系，没有立即下毒手。周怀政每日忧惧不已，怕有一天招来杀身之祸。思之再三，决定一不做，二不休，杀了丁谓、曹利用等人，恢复寇準宰相之职，奉真宗为太上皇，传位于太子，废黜刘皇后。周怀政召来弟弟礼宾副使周怀信密谋，怀信也无异议。两人又串通客省使杨崇勋、内殿承制杨怀吉、阁门祗侯杨怀玉等商议，约定在天禧四年（1020）七月二十五日起事，杨崇勋等三人拊掌赞同。

杨崇勋等虽然表示与周怀政一起诛杀丁谓，其实是虚与委蛇，稳住周怀政。七月二十四日夜，杨崇勋、杨怀吉便到丁谓处告发此事。丁谓见事态重大，连夜微服乘坐妇人车找曹利用商议。二十五日平明，曹利用入奏真宗于崇政殿，说周怀政等人谋反。其时周怀政就在崇政殿的东走廊上，以备天子不时召唤。真宗即命卫士擒拿，诏宣徽北院使曹玮与杨崇勋在御药院审讯。片刻工夫，周怀政便全部招认。真宗在承明殿又问一次，周怀政涕泣哀求，请求法外施恩，保全性命。真宗命人把周怀政押上囚车，赴京城西郊普安佛寺斩首。

寇凖虽已罢相，但还未离京城，丁谓怕真宗变卦，再起用寇凖，便与刘皇后密谋，上告寇凖曾参与朱能叛乱一事，请予严惩。宦官周怀政在内廷时，权势甚盛，趋炎附势之人颇多，他又酷信妖妄之言。有朱能其人者，本是单州（今山东单县）团练使田敏的家奴，得知周怀政酷信鬼神，便贿赂他的亲信得以接见，大谈鬼怪之事。周怀政大喜，举荐他为御药使，领阶州（今甘肃武都）刺史。朱能便在终南山（今陕西秦岭山脉）修建道观，编造符命，借天神之口说国家休咎吉凶，或臧否大臣。当时，寇凖正以同平章事判永兴军（今陕西西安）。朱能在他麾下任巡检，谎称有天书下降。真宗笃信不疑，为迎接天书降临，花费了不少钱财，老百姓怨声载道。真宗问计于王旦，王旦说："寇凖素来不信天书，若能使寇凖上天书，百姓就无怨言了。"真宗便让周怀政晓谕寇凖。开始寇凖不肯，周怀政又串通寇凖之婿王曙相劝，寇凖这才答应，违心上奏说天书降于乾祐山中。知河阳孙奭上书说："朱能是奸险小人，妄言祥瑞，而陛下却信之不疑，屈天子之尊以迎拜，把天书供奉到秘殿。上自朝廷，下至闾巷百姓，莫不痛心疾首，议论纷纷。上天不会说话，怎能有书下降！天下之人皆知这一出闹剧是朱能炮制，独陛下一人不知，请斩朱能以谢天下。"真宗虽未纳孙奭之言，但也没有治他的罪。寇凖因迎合天子意，说有天书下降，真宗甚为高兴，决定召他回朝。寇凖从永兴军出发时，有人劝他说："相公若至河阳（今河南孟州市）称病不朝，请求在地方做官，此为上策。入京朝见天子后，便承认所发乾祐山中降天书之事有诈，尚可保全平生正直清白之名，此为中策。下策则是再入中书为相。"寇凖不听劝告，径直回到了京城。果然不出那人所料，寇準于天禧三年(1019)五月赴阙,六月间拜相,天禧四年(1020)七月便被罢职,贬为太常卿,知相州(今河南安阳)。这次拜相才一年零一个月。

寇準被贬知相州,还未赴任,丁谓等又告发他与朱能合谋诈造天书一事。刘皇后派人赴永兴军捕捉朱能,朱能自知死罪难免,便杀死使者,率兵叛乱,但不久便被击溃。朱能逃入一片桑林中,自缢毙命。寇準也在劫难逃,从知相州改贬知安州(今湖北安陆)。丁谓等意犹不足,怂恿刘皇后再贬他为道州(今湖南道县)司马。宋代诸州、诸府皆设长史、司马、别驾等官,称上佐官,没有实际职掌,仅是州府长官的幕僚,是最低级的官吏。就这样,寇準从一个调和鼎鼐的宰相降到了不入流的小吏。寇準自罢相,三次遭贬,一次比一次严厉。病中的真宗并不知情,一年以后还问身边的大臣:"朕久不见寇準,何也?"大臣们慑于丁谓的淫威,没人敢回答。寇準既贬,与他亲厚的翰林学士盛度、寇準的女婿王曙、枢密副使周起、签署枢密院事曹玮等皆遭贬谪或降职。真可谓城门失火,殃及池鱼!

丁谓品质恶劣,寇準赤胆忠心辅佐朝廷,京城百姓人人皆知。丁谓拜相,寇準遭贬,京城百姓有谚语说:"欲得天下宁,当拔眼中钉。欲得天下好,莫如召寇老。"寇準遭贬后,在中书掌权的是李迪、丁谓两人,李迪为人正直,丁谓却认为他无能。真宗意欲贬寇準于江、淮之间,丁谓不想寇準居内地,欲徙往远方。真宗命徙寇準小州,丁谓擅改为"奉圣旨,除远小处知州"。李迪争辩说,圣旨中没有"远"字。丁谓厉声斥责说:"你我二人共同面见陛下,你打算擅改圣旨包庇寇準吗?"两人忿争自此开始。

寇準贬往道州,临行之时,亲朋故旧怕丁谓治罪,皆不敢送行。只有右司谏刘烨挺身而出,说:"朋友之义,岂能断绝于今日！”竟设宴为寇準饯行，丁谓也无可奈何。寇準行至襄州（今湖北襄阳市），宿于驿亭，辗转反侧，不成梦寐，遂于驿亭墙壁上题诗一首：

沙堤筑处迎丞相，驿吏催时送逐臣。
到了轮他林下客，无荣无辱自由身。

诗中的林下客三字是泛指，并非专指某人。有个叫胡旦的官员，致仕后居住襄州，见了这首诗，以为“林下客”三字是赞美自己无拘无束，无荣无辱，这纯属自作多情。当他兴致勃勃地向别人炫耀时，听的人无不掩口而笑。《石林诗话》一书记载的这段故事，读来让人捧腹！

寇準一行途经鼎州（今湖南常德）时，宿于官道之侧的甘泉寺，这里便于洗漱，南来北往的行客，皆在此停留憩息。他想起自己的身世，忠而被谤，信而见疑，不禁悲从中来，题词于壁说：“平仲（寇準字平仲）酌泉经此，回望北阙，黯然而行。”在经过零陵（今湖南永州）时，要爬一个大山坡，护送的士兵体力不支，落在了后面，居住在那里的溪洞蛮夷乘机抢走了寇準的行李。蛮夷首长得知此事，厉声斥责说：“寇準是人人皆知的贤良宰相，怎能抢夺他的行李！”派人把寇準的行李如数归还。零陵距道州甚近，道州则在今湖南的最南部，与广西毗邻。寇準在道州每天早上都穿上朝服，如在朝时一样。又出资造了一座小楼，购置经、史、道、释图书，闲暇之时读书自娱，有宾客来访，则欢声笑语，全无贬谪官员的忧愁。

丁谓依然处心积虑地要置寇準于死地。寇準抵达道州才一年半时间，丁谓便于乾兴元年（1022）二月串通刘皇后与宦官雷允恭再贬他为雷州(今属广东)司户参军。雷州距道州有千里之遥,邻着琼州海峡,在今广东省的最南端,渡过琼州海峡,便是海南岛了。司户参军简称司户,管理本州的户籍、赋税、仓库,是个小得不能再小的曹官。其时李迪已被罢相,参知政事王曾提出,雷州乃瘴疠之乡,贬寇準于此地,处分太重。丁谓熟视他良久,说:"你再敢回护,恐你也不免!"王曾遂噤若寒蝉,不敢再说。知制诰宋绶负责起草贬官诏书,他同情寇準,语气稍稍缓和了一点,丁谓怒气冲冲地说:"你整日起草诏诰,怎么写出这等文字!"宋绶只能请丁谓斧削。于是丁谓便捉刀代笔,历数寇準种种"罪状"——那当然都是子虚乌有的罪名了。丁谓写好后,派中使两人赴道州给寇準宣读。中使承丁谓指使,以锦囊贮剑挂在马前,表示将有所诛戮。到了道州,寇準正与州中官员宴饮,驿吏告知朝廷可能为寇準之事差人前来,中使气势汹汹,来者不善。州中大小官吏皆惶惧出迎,中使避而不见,问他为何而来,中使也不回答。众人惶恐不知所为,寇準却神色自若,对中使说:"朝廷若赐我寇準死,请你宣读敕书。"中使不得已,打开了敕书,才知道是贬他为雷州司户参军。所有人才放下心来。按照惯例,官员迎接天子敕书,须着官服,寇準因是贬谪之人,没有官服,只得从其他官员处借来一件绿衫穿上,短才至膝,拜敕于庭下,然后重新宴饮,至暮才罢。几天之后,寇準赴雷州贬所,因道路崎岖,行走不便,所经州县可怜寇準无罪遭贬,都给他准备了竹舆乘坐。寇準相谢说:"我是有罪之人,得乘马幸矣,安敢坐轿!"于是只乘马前往。

也是天有不测风云,人有旦夕祸福。仅仅过了半年,骄横跋扈、不可一世的丁谓也被贬官崖州(今海南省三亚市崖城镇)。寇準贬雷州,还未过琼州海峡,而丁谓的贬谪地却在琼州海峡以南，这真是天道好还！寇、丁两人被贬后，民间多画两人形貌张贴墙壁上，即使屠酤之家也不例外。人们往往口里诉说，指头戳戳点点，皆是骂丁谓而颂寇準，可见丁谓不得人心。丁谓赴崖州，雷州是必经之地，当时寇準就在雷州，有好事者讥讽丁谓："若见雷州寇司户，人生何处不相逢？"丁谓途经雷州，欲见寇準，寇準避而不见。寇準的家人按捺不住气愤，欲当面羞辱丁谓，以报迫害之仇。寇準闭门纵家人赌博，等丁谓走远了，才放家人出来，并派人给丁谓送去了一只蒸羊。这种以德报怨的气量，博得了后世的好评。

寇準贬雷州时已经62岁，过了花甲之年。桑榆晚景，贬谪天涯，对于人心险恶，世态炎凉算是有了深切体味。途中听到杜鹃声声，凄婉哀怨，不禁悲从中来，写了《闻杜宇》一诗：

曾为深冤无处雪，长年江上哭青春。
平林雨歇残阳后，愁杀天涯去国人。

途经公安县（今属湖北）时，寇準剪竹插于神祠之前，祷告说："準之心若负朝廷，此竹必不生。若不负国家，此枯竹当再生。"枯竹果然重发新芽，枝叶葳蕤。《事实类苑》《青琐商议》两书均记载了此事。其实未必真有此事，不过反映了人心向背而已。到了雷州，官吏拿来地图，寇準见州东南门离海只有十里之遥，不禁哑然失笑说："我少年时曾有'到海只十里，过山应万重'的诗句，不料一语成谶，应在了今日！"

初至雷州，人地两生，加上又是贬谪至此，门前冷落，无人嘘寒问暖。寇準思潮起伏，写下了《海康西馆有怀》：

风露凄清西馆静，悄然怀旧一长叹。
海云销尽金波冷，半夜无人独凭栏。

几年来宦海浮沉，四处漂泊、萍踪浪迹的贬谪生涯，使寇準心力交瘁，来雷州前就病了，一直到雷州尚未痊愈。他的《病中书》云：

多病将经岁，逢迎故不能。
书惟看药录，客只待医僧。
壮志销如雪，幽怀冷似冰。
郡斋风雨后，无睡对寒灯。

贬谪在异国他乡，又身染疾病，寇準情绪低沉是很自然的。“不才明主弃，多病故人疏”，唐朝诗人孟浩然这两句诗用来形容此时的寇準，倒是很贴切的。寇準病中只读医药书，接待的客人也只是有医术的僧人。一腔报国的壮志都像冰雪一样消融，一向平静坦荡的胸怀也像冰块一样寒冷了。

但是，寇準就是寇準，拿得起，放得下，一旦疾病病愈，便很快调整了心态，走出了阴影，坦然面对现实，又欢快如初了。他写的《临海驿夏日》云：

岭外突蒸当盛暑，雨余新馆觉微凉。
最怜夏木清阴合，时有莺声似故乡。

到雷州不久，寇準一度住进当地新建的驿馆。驿馆是为过往官员及旅客而建，紧靠海边，环境清幽，院内有数株合抱大树，枝柯扶疏，浓荫匝地。即使在炎炎盛夏，一场大雨之后，也会有些许凉意。最令人惬意的是，树上的黄莺啼声婉转，和故乡的莺啼声一样动听，不禁勾起了贬谪之人思念故乡之情！

寇準在雷州不以去国而丧志，不以位卑而无为。他为莘莘学子口授中原语言，讲解中原文化，又兴修水利，造福雷州，颇受百姓爱戴。

公余之暇，寇準在雷州结交了许多朋友。他谦恭下士，坦诚待人，士庶百姓知他是含冤负屈的宰相，都愿与他交往。他曾到雷州英灵村陈司马家造访，陈司马是颍川（今河南许昌）人，寇準是下邽（今陕西渭南）人，两人都是北方人，因此特别投机。陈司马设宴殷殷招待，席间觥筹交错，谈笑风生。饮酒至夜阑更深时分，寇準正欲告辞，不料忽然彤云密布，暴雨骤至，打得芭蕉叶飒飒作响。寇準不禁诗情坌涌，即席赋《和陈司马》诗一首：

颍川公子重宾僚，花竹开筵远见招。
饮至夜深人欲去，飕飕风雨响芭蕉。

寇準长期居住在雷州天宁寺西馆，离馆不远处有一口因浑浊而被废弃的水井，因离新井较远，寇準只得仍在此井汲水饮用。一次他家的小童前往汲水时，突然井水汩汩翻涌，清澈见底，饮之甘若醇醴，人人啧啧称奇。因为寇準被封为莱国公，当地百姓便称之为"莱公井"。此井至今犹存。游人至此，莫不驻足观看，井上的青石已被脚板磨得光滑如镜。人们在井旁建祠立碑，上书"莱公井"三个字。寇準读书之处被命名为"莱泉书院"，元代更名为"濬元书院"。

雷州西湖公园内有寇準的故居，也是文学家苏轼、苏辙昆仲及词人秦观、北宋末年抗金名将李纲的贬谪之地。西湖原名罗湖，它可与杭州西湖、扬州瘦西湖、惠州（今属广东）西湖相媲美。园中烟波浩渺，一碧万顷，湖水既绿又柔，就像朱自清在《湖上》一诗中所写的那样："绿醉了湖水，柔透了波光。"岸上竹木掩映，古柏森森。长廊迂曲，周遭尽是藤萝；短桥横斜，四面流水淙淙。徜徉园中，使人尘念顿消，宠辱皆忘。

寇準贬谪雷州只一年多时间，天圣元年（1023）九月，63 岁的寇準一病不起，撒手尘寰。当地百姓悲痛欲绝，万人空巷，护送他的灵柩归葬西京（今河南洛阳）。当行至一太平渡口时，突然狂风大作，骤雨滂沱，众人无法行进，只得就地停下，在棺材前插上枯竹，以防棺材被水冲走。次日，雨过天晴，风和日丽，可煞作怪，昨日插的枯竹已经绿叶纷披，长成遮天蔽日的粗竹了。人们为纪念这位含冤致死的宰相，将此渡口命名为"寇竹渡"，至今地名尚存。宋人王辟之的《渑水燕谈录》则说：

> 莱公贬死雷州，丧还，过荆南公安县，民怀公德，以竹插地，挂物而祭，焚之，后生笋成林，以为神，因为公立祠，目其竹为"相公竹"。王乐道为记刊石，李承之有诗曰："已枯断竹钧私被，既没贤公帝念深。仆木偃禾如不起，至今谁识大忠心。"

其实，无论是传说也罢，笔记小说也罢，这些记载都不能当真，不过是反映了人们对寇準的敬仰而已。寇準病故 11 年之后，即景祐元年（1034），仁宗才为寇準平反昭雪，复太子太傅职，赠中书令，赐谥"忠愍"。诏翰林学士孙忭撰神道碑，仁宗亲笔写了"旌忠之碑"四个字镌刻于碑首，因此"寇公祠"又名"旌忠祠"。俎豆千秋，祭祀不绝，寇準魂灵有知，也当含笑九泉了。

潇洒出尘一帝王

——宋仁宗从谏如流

在古代众多帝王中,唐太宗李世民以虚怀纳谏著称。他曾对臣下说:“人臣顺旨者多,犯颜者少。今朕欲自闻其失,诸公其直言无隐。”正因为李世民有容人之量,才有魏征这样的大臣敢于面折廷争,犯颜直谏。一次李世民得到一只鹞鹰,正放在手臂上把玩,不料魏征上殿奏事,只得把它藏于怀中。结果因魏征奏事太久,鹞鹰竟死于怀中。这是一则流传颇广的李世民虚怀纳谏的故事。但是他比起宋仁宗赵祯,似乎还略逊一筹。宋仁宗不仅从善如流,而且在抑制戚畹贵族特权、生活节俭、体恤民情等方面,都是李世民不能企及的。只因这方面的论著太少,致使宋仁宗的许多事迹湮没不彰。今天看来,他的许多举措都还是有借鉴意义的。

释放宫女出宫

封建社会的宫女是一支庞大的队伍,她们在豆蔻年华入宫,远离父母,不得婚嫁,直至抱无涯之戚老死宫掖,都不能与家人团聚。宋仁宗深仁厚泽,多次释放宫女出宫,在历史上传为佳话。

一次,一个叫王德用的官员送入宫中一批绝色女子,供宫廷洒扫之用。事情被谏官王素得知,连忙上疏谏止。仁宗问他:“这是宫廷的事,你是从何处得知的?”王素说:“臣是谏官,打听消息是臣的职责。如果确有此事,请陛下改正;如果没有此事,是外间传闻不实,何必询问消息的来源呢?”仁宗笑着说:“朕是真宗之子,卿是真宗朝宰相王旦之子,自与他人关系不同。王德用进了一批女子,实有其事,就在朕身边服侍,关系也很亲近,就让她们留下如何?”王素说:“为臣进谏的原因,正是恐怕她们与陛下亲近。”仁宗怦然心动,叫来亲近内侍说:“王德用所进女口,每人支钱300贯,马上把她们送出内东门,不可迟误。”说着竟流下了眼泪。王素见仁宗这么快就做出了决定,颇受感动,上奏说:“陛下既然接受了臣的建议,也不须如此匆忙地释放她们出宫,回到宫中再处理也不迟啊!”仁宗摇摇头说:“朕虽然贵为天子,但心情和一般人并无不同,如果朕进了宫掖,她们哭哭啼啼要求留在宫中,朕心肠一软,恐怕就答应了。卿且留在殿上等待消息吧。”王素动情地说:“陛下从谏如流,唐太宗也不可能望陛下项背,天下幸甚,百姓幸甚!”过了片刻,内侍报告说宫女已全部放出宫,仁宗这才动身返回宫掖。

恰恰就在这时,开封有一富民找知府范讽告状,他说:“儿子娶妻刚三天,宫廷中派人让儿媳进宫,如今已有半月,仍杳无音信。恳求大人查明,小民不胜感激。”辇毂之下发生这等事情,不啻是白昼抢掠民女。范讽马上求见仁宗,把那位富民的话复述一遍,然后进谏说:“陛下不好女色,朝野人所共知,京城之内怎会出现这等怪事!何况那位民女已经婚配,又被强行搜入宫中,天下人知之,岂不怨恨陛下!”仁宗如实说:“听皇后说,近来宫中新到一名女子,姿色颇佳,朕还未曾见过。”范讽说:“果真如此,请求把那位女子交付给臣处理,不要被内侍的巧言花语所蒙蔽,让天下人耻笑陛下!臣请求在陛下卧榻之旁交割此女,臣即刻将她交还家人。倘不如此,怨谤之言恐怕会不胫而走,说陛下是昏君了。”仁宗略一沉思,便下旨将那位女子交给范讽,让她回家团聚去了。其实,范讽并非特别出色的官员,只因当时政治清明,仁宗又虚怀纳谏,大小官员争做好事,范讽才敢于犯颜直谏,在史书上留下了一段佳话。

一次,仁宗退朝后回到寝殿,忽然感觉头痒,便唤梳头者来。仁宗喜欢用导引术理发,导引术是道家养生的一种方法,宫人中只有一个姓刘的宫人会用导引术理发,颇得仁宗喜欢,号称梳头夫人。刘宫人给仁宗梳头时,见仁宗怀内有奏疏,便问:“官家怀内是什么文字?”仁宗说是谏官的奏疏。宫女问:“奏疏上说什么事?”仁宗说:“淫雨连绵,是因为阴气太盛,上天给的惩罚。这是宫中嫔御太多的缘故,应该裁减。”梳头宫女说:“宰相、枢密使之家,家家都养有专门从事歌舞的女子。居官之人仕途稍有得意,往往任意增添绝色女子,铜板铁琶,笙歌不绝。官家跟前只剩为数不多的宫女,还说阴气太盛,应当裁减,难道只许他们快活,不许官家消遣吗?”仁宗听了,低头不语。过了一会,宫女又问:“谏官的话,官家准备采纳吗?”仁宗说:“纳谏是天子的美德,谏官的话只要说得对,焉能不听!”梳头的宫女甚为不满,赌气说:“官家如果真要听谏官的话,放宫女出宫,就请以奴婢为首。”她自恃仁宗宠爱,不会让她出宫,因此出言不逊。谁知仁宗马上呼唤老内侍和管理宫籍的女官,让他们去后苑为这位梳头宫女办理脱籍手续,并降旨给把守宫门的人:从即刻起,不准任何人入宫,就是皇后来也不准放入,免得她来求情。自梳头女子以下三十人尽皆放出宫。当时已接近午膳时分,曹皇后亲自处理此事,一点也不敢怠慢。等到这三十名宫女全部出宫，仁宗才进膳。曹皇后坐在一旁，几次欲言又止，不敢发问。饭后进茶，曹皇后才试探着问："那位梳头的女子，技艺非常娴熟，是官家身边不可或缺之人，为何当作第一名放出宫去？"仁宗有点愠怒地说："此人劝我不要纳谏，岂可放在身边！"曹皇后从此密戒嫔妃、宫人不要干预外事，不要说不该说的话："你们不是看见梳头的宫女已被赶出宫了吗？官家不能容忍胡言乱语的人呀！"宫女们从此都小心翼翼，不敢干预外事了。

难能可贵的是，宋仁宗释放宫人并非一时心血来潮之举，而是多次释放宫人。据《续资治通鉴长编》记载，仁宗朝曾三次释放宫人出宫。明道二年(1033)，释放宫女200人。大臣吕夷简上奏说："陛下放宫女出宫，实乃圣朝美事，但民间物价腾贵，或恐有孤苦无依之宫人流离失所，应该有妥善安置之策。"仁宗点头答应，对吕夷简说："过去刘太后垂帘听政时，臣僚及戚畹贵族曾多次进女口入宫，今已悉数遣其还家，与父母团聚去了。"五年之后，宝元二年(1039)四月，再放宫女207人。他对宰相张士逊说："宫女长期在宫掖执役，幽闭不与外人往来，与父母不通音信，其情实可怜悯。释放宫人出宫，不仅使她们省却幽闭之苦，而且亦可减省宫中一大笔开支，何乐而不为！前日有人阻拦车驾，进献双生二女子，愿入宫执役，朕却而不受，非为邀名，盖为江山社稷耳！"张士逊不失时机地奉承说："前代帝王多为女色所惑，以致丢了天下。今陛下不受美女之献，又放宫人出宫，诚前代帝王未有之圣德也。"嘉祐八年(1063)七月，宋仁宗第三次释放宫人236人出宫，加上前两次所释放宫人，总数近650人，宫中执役宫女已所剩无几了。如此大规模地裁减宫人，撙节浮费，减少开支，不但为宋朝所仅见，就是在长达两千多年的封建社会中，恐怕也无出其右！对于宫掖中不遵守法度，恃势凌人的宫人，仁宗深恶痛绝，一经发现，即逐出宫廷。宫人刘氏自民间入宫，她性格乖巧，善伺人主之意，初入宫时为仁宗掌管衣服，她手脚勤快，把衣服洗涤得干干净净，放置得妥妥帖帖，供仁宗随时更换，颇得天子喜欢。不久又掌供御膳，她做的饭菜色味俱佳，堪称海错江瑶，仁宗更为高兴，对她自是格外信任。刘氏自恃天子宠幸，往往欺凌其他宫人，那些宫人敢怒而不敢言。一天，刘氏宫人在延福宫揭掉屏风上的纸，又找来笔墨，自己写了一篇数百字的奏疏，大意是乞求天子发慈悲恻隐之心，多给她一点恩泽。仁宗看了，不禁怦然心动，打算照办。后来询问其他宫人，得知刘氏宫人恃势凌人，不守宫规，不禁勃然大怒，欲把她逐出宫廷。后来又发现其他不法之事，便把她发配到妙发院削发为尼。还有另一名刘氏宫人，在宫掖拜谒请托，结党营私，仁宗并不知情，御史中丞韩绛秘密奏闻。仁宗吃惊地说："不是卿上奏，朕哪里得知？当查明后再作去处。"几天后，查明韩绛所奏是实，便把刘氏与另一名黄姓宫人一起驱逐出宫去了。

抑制戚畹贵族特权

后妃、外戚干政是历史上常见的现象，干政的结果轻则扰乱朝纲，重则倾覆江山社稷。汉元帝皇后王政君干政，把大权交给侄子王莽，导致汉室易祚；晋惠帝皇后贾南风擅权，招来"八王之乱"；唐玄宗任用杨贵妃之兄杨国忠，弄得天子蒙尘，播迁于蜀。此类事例甚多。但在宋朝319年的历史中，虽有几位母后垂帘听政，却无外戚干政之事。《宋史·外戚传》说："宋法待外戚厚，其间有文武才谞，皆擢而用之。怙势犯法，绳以重刑，亦不少贷。

仁、英、哲三朝,母后临朝听政,而终无外戚干政之患,将法度之严,礼统之正,有以防闲其过欤?"说由于法度之严,礼统之正,使那些想弄权的人无所售其奸,故而没有外戚乱政之事,这一分析还是颇有见地的。

仁宗抑制戚畹贵族特权,可能是受了真宗刘皇后的影响。刘皇后虽非仁宗生母,但他降生之后,即由刘皇后哺育,直至继承天子之位,一饮一啄,一颦一笑,无不受其陶冶。耳提面命,亲聆教诲,当然也感染了幼小的仁宗。仁宗即位时只有 12 岁,少不更事,由刘皇后临朝称制。虽然政出宫闱,但号令严明,恩威加于天下,宫中近侍虽天天服侍于左右,但刘皇后从不滥施恩泽。太宗第三个女儿大长公主下嫁左卫将军柴宗庆,第六女万寿长公主下嫁驸马都尉李遵勖。两人入宫朝见刘皇后,因年老发落都戴着假发,刘皇后命左右赐以珠玑帕首。同时谒见的太宗第三子润王元份妻子李氏也已年老发落,请求也赏给自己一个珠玑帕首。刘皇后说,两位公主乃太宗之女,先帝之妹,故赐予帕首,你是赵家老妇,怎能与她两人相比,终于靳而不与。仁宗记忆最深刻的是刘皇后抑制戚畹贵族特权的举措。刘太后垂帘听政时,一日流着眼泪对大臣们说:"国家多灾多难,若非宰执及诸大臣勠力同心,何以能有今日!如今先帝埋葬之事已毕,卿等可开具子孙及内外亲属姓名,当在常例之外赐予其他恩泽。"那些大臣们以为皇恩浩荡,泽及子孙,一个个都详尽地开列了子孙及亲戚姓名呈上。刘皇后命人画成图,一一标上姓名,粘贴到寝宫墙壁上。每逢擢升官员,刘皇后必先看图,不在墙上名单之人方才升擢,使孤寒之士有晋升机会,保证了用人公平。这是刘皇后的过人之处,尚未亲政的宋仁宗,肯定从中受到了启迪。

仁宗后宫嫔妃也有等级,且名目繁多,诸如才人、美人、充媛、修媛、修仪、婉仪、婕妤、淑妃、贵妃等等。若须晋升,也有严格程序。至和、嘉祐年间,后宫嫔御久久未能升迁,都来找仁宗求情。仁宗说:“朕虽贵为天子,但嫔御升迁也须依照规定进行,朕不敢无故封赠。”嫔御们说:“陛下乃当今第一圣人,圣人出口便是圣旨,只要陛下批准,谁敢违拗?”仁宗笑笑说:“尔等不信,朕就降敕试试。”敕命降下之后,中书回奏说:“陛下降敕不合程式,也无成例可援,臣等无法奉行。”于是,嫔御晋升之事便不了了之。不久,又有几人请求仁宗降御笔进官者,仁宗没有推辞,拿出彩笺,吮毫濡墨,上写某人某官特转某官,那几人欢天喜地而去。到了发俸那天,那几个人拿出御笔,请求有司增加俸禄。因仁宗写的是便条,既未加盖玉玺,又未与中书商议,加俸之事有司不敢遵从,一一退了回去。那些嫔御们一起来找仁宗倾诉,撕毁了仁宗的御笔,齐声说:“原来这事使不得!”仁宗但笑而不语,那些嫔御们从此不再提晋升之事了。

终仁宗之世,外戚无擅权干政者。驸马都尉柴宗庆娶太宗之女鲁国长公主为妻,有了这层关系,官职得以扶摇直上。他性极贪鄙,恃势不法。按照惯例,公主家一切用品皆从杂买务处购买,杂买务是专为宫廷设立的采买机构。柴宗庆却派人从外地买炭,不交赋税,到了京城悉数卖给杂买务。又从陕西买木材至京城贩卖,要求免去赋税,受到真宗的申诉,继而又有人弹劾他从市场上买马却不交税,但鉴于他是皇亲国戚,真宗释而不问。仁宗即位,柴宗庆要求授予自己使相一职。在宋代亲王,枢密使、留守、节度使、中书令、同平章事均称使相,不参与政事,不签署朝廷命令,是极高的荣誉衔。除非有功勋于国者,一般不予除授。仁宗询问宰相王曾此事是否可行,王曾回答:“先朝石保吉、魏咸信久历行阵,立功甚多,直到晚年,才得到使相之衔。柴宗庆何德何能,怎可授予此事？何况使相乃是将相之任，岂可由私人请求而得？请陛下三思！”仁宗沉吟片刻说：“卿言甚是，可召柴宗庆晓谕之。”柴宗庆多次提出去地方任职，个中原因是在地方上独当一面，便于搜刮百姓。经他再三要求，仁宗派他判郑州。宋代由高官去做低一级的官职称判某州事，因柴宗庆当过几个地方的节度使，故称判。不过宋代的节度使也是虚衔，并无实权，但俸禄高于宰相。柴宗庆到郑州后，又横行不法，纵容部曲扰民，被人告发，仁宗把他召回京师奉朝请，也即被免去职务的官员可在每月的初一、初五朝见天子。柴宗庆耐不住寂寞，又要求去地方任职，仁宗起初不允，但柴宗庆苦苦哀求，仁宗只得让他出判济州（今山东巨野南）。御史中丞贾昌朝进谏说，柴宗庆是贪鄙之人，不可牧民，倘因是皇亲国戚而用之，则天下怨谤归于陛下矣。仁宗听了，遂留柴宗庆于朝而不遣，停发了他的公使钱。

仁宗在襁褓时就受真宗杨淑妃的护视。正宫刘皇后虽视仁宗如己出，但她总领宫闱，冗事丛脞，就把仁宗交给杨淑妃抚养。杨淑妃倾全力照管扶持，凡起居饮食必与仁宗一起，直至仁宗成人。刘皇后崩逝后，遗诏遵杨淑妃为皇太后。既有抚育之恩，仁宗对杨淑妃的亲属也格外垂青。杨淑妃有个弟弟叫杨景宗，是个无赖，不务正业，因犯罪充军，脸上又被刺了字，就在宫廷执役，其时杨淑妃虽已入宫，但不知弟弟在宫廷服役。一日，真宗驾幸玉清昭应宫，返回宫掖时，六宫嫔妃皆乘车在御道帝迎迓，杨景宗也执役立于御沟之外。杨淑妃在车内认出了弟弟杨景宗，派宫人问其姓氏，杨景宗知道有个姐姐在宫掖，但多年不通音问，未知孰是，便大呼杨淑妃乳名及行第，杨淑妃始知是弟弟，便上奏真宗，即日便被封为茶酒班殿侍。之后不次擢升，仁宗时任建宁军节度观察留后，知潞州（今山西长治），给节度使俸禄。宋代节度使观察留后乃是武将虚衔，只是寄禄官，但享受节度使的薪俸待遇，而节度使的薪俸高于宰相，就这样，一个市井无赖，骤然间成了朝廷衮衮大员。杨景宗自恃是皇亲国戚，不守官箴，在朝中几次贬而复用，用而复贬。后来被任命为汝州（今属河南）部署。此官乃是地位较低的武官，掌管屯戍、攻防，不能与掌控一方的知州、知府相提并论。杨景宗甚为不满，请求纳还部署一职，任某一郡长官。仁宗对辅臣说："景宗，章惠太后之弟，朕岂不念之！然性贪虐，老而益甚，今与郡，则一方之民受祸矣！"不让杨景宗去地方任官，免得他祸害一方百姓，只让他管理宫廷园苑及在京诸司库务，使他没有机会受赇贪赃，这是仁宗的过人之处。

李宸妃是仁宗生母，入宫时年纪尚小，给真宗刘皇后当侍儿，几年后出落得风流玉立、倾国倾城，不啻是巫山神女、洛浦仙姬。真宗召她为司寝，谁知春风一度，珠胎暗结，生下了仁宗。李宸妃因生子而进为才人，后又升为婉仪。仁宗呱呱坠地之时，便被真宗刘皇后抱走养为己子，李宸妃默默处于一般嫔妃之中，直至仁宗即位，还不知生母是李宸妃。等到刘皇后去世，仁宗才得知真相。李宸妃入宫时别无亲眷，只有一弟名叫用和，年方 7 岁。临别时，李宸妃亲手织了一个丝鞶囊交给弟弟，嘱咐他不管如何穷困潦倒，不可丢弃此囊，以后若有出头之日必然相寻，即以此囊为凭证。李用和后来也进了京城，在一家卖纸钱的商人家当佣工，丝鞶囊未尝须臾离身。一次因害痢疾，弄得奄奄一息，被商家丢弃路旁。其时，李宸妃已生仁宗，真宗刘皇后命其兄刘美及张怀德搜访李宸妃的亲属，两人在道路旁遇见了李用和，见他衣服褴褛，胸前悬有丝鞶囊，便把他带入宫中让李宸妃姐弟相认，人称李国舅。仁宗即位，李用和官职扶摇直上，升至宣徽北院使，仍不满意，仁宗再升他为彰信节度使，同平章事，并准许他用宰相、枢密使的仪仗,其他人不得援例。御史中丞王拱辰进谏说,杜审琼乃太祖母亲杜太后之兄,历事太祖、太宗两朝,立功甚多,也未授予宣徽使之职,因此职只授予功勋卓著的勋旧大臣,“用和无功贪骄,而陛下名器听其所欲,恐非所以全安之”。仁宗之女福康公主下嫁李用和次子李玮,李家可谓权势显赫。仁宗封李用和长子李璋为阁门副使,李璋之弟李珣要求任通事舍人之职,仁宗不允。他对辅政大臣说:“前日除李用和子璋为阁门副使;今次子珣求为通事舍人。朕已谕之曰:朝廷爵赏,所与天下共也,倘戚里之家,兄弟补迁,如己所欲,朕何以待诸勋旧乎?”戚里之家想要什么官职,就可得到什么官职,岂不使朝廷大乱!仁宗不以外戚而赐官,自是难能可贵。

天圣年间,程琳知开封府,刘太后的姻亲王蒙正的儿子王齐雄,棰楚一老卒致死,王齐雄威胁死者的妻子、儿子,不准以实情上告。那家慑于王齐雄的权势,谎称老卒因病而死,请求不必验尸。程琳见母子二人面带泪痕,说话吞吞吐吐,知其中必有隐情,遂命仵作仔细勘验,得知老卒是被棰楚而死,要治王齐雄的罪。刘太后召来程琳说:“王齐雄非杀人者,是他的家奴棰楚致死的,王齐雄不应代人受过。”程琳说:“家奴无自专之理,必是奉王齐雄之命而为。况且指使他人作案与自己犯罪相同,尚有何说!”刘太后无话可说,仁宗也认为程琳所说有理,于是将王齐雄除名罢官。只因他是刘太后的姻亲,不久便又复官。大臣蔡齐说:“如此处理还有何法度可言!”次日便上奏说:“王齐雄仗势杀人,不判死,又恢复他的官职,仅因为他是太后的姻亲,便置法律于不顾,臣期期以为不可。”仁宗说:“王齐雄果真有罪,看太后之面,降他一级官职可以吗?”蔡齐说:“因王齐雄是太后姻亲而不顾法律,陛下认为妥当吗?”仁宗无话可说,只得按律治王齐雄的罪。

还有一个外戚吴氏，与丈夫因感情不合而离异，归宁时带走了女儿和丈夫的侄女，丈夫赴开封府投诉，程琳命吴氏归还丈夫侄女，吴氏说已纳入宫中了。程琳于是朝见仁宗，请求放该女出宫。仁宗沉吟未决，程琳说："臣即使不言，陛下不怕谏诤之臣议论吗？"于是仁宗立即下诏释放该女出宫。程琳因直言敢谏升擢为御史中丞。

钱惟演系吴越国王钱俶之子，仁宗时官拜枢密使、崇信节度使、同平章事、判河南府。只因他与真宗刘皇后是姻亲，又为其子钱暖娶真宗郭皇后妹，还打算与真宗李宸妃联姻。刘皇后垂帘听政时，钱惟演权势炙手可热。御史中丞范讽劾奏钱惟演种种不法，请求惩治。仁宗说："刘太后尚未下葬，朕不忍遽治钱惟演之罪。"范讽激动地说："陛下不纳臣言，臣现在奉命修筑刘太后陵墓，钱惟演判河南府，臣恐早晚会遭钱惟演所派刺客行刺，今纳还官诰，不敢再做御史中丞了。"仁宗见范讽如此，只得罢免钱惟演职务，并降钱暖之官，其他儿子也不准留在京师，悉数派往外地州县任职去了。

仁宗后宫虽然佳丽如云，但他最宠爱的是张贵妃。张贵妃系河南永安（今巩义市东南）人，父亲张尧封在天圣年间客居南都（今商丘），依大姓曹氏生活。曹姓见他朴实淳厚，遂以女妻之。尧封苦读诗书，满腹经纶，终于进士及第，朝廷授他石州（今山西离石）军事推官。不料，就在他兴高采烈打点行装赴任之际，突染沉疴，一病不起。尧封之兄尧佐将要到蜀地做官，曹氏请求携带她们母女同行，尧佐以道路辽远，往来不便为由，拒而不纳。曹氏母女孤苦无依，生活困顿，无米可炊。也是天无绝人之路，张尧佐之母钱氏乃吴越王钱俶孙女，钱氏与真宗章惠皇后稔熟，便把年方 8 岁的张贵妃送入宫中。成人之后，张氏不仅丰韵婀娜，柔花多姿，而且聪敏便巧，善伺人主之意，仁宗甚为宠爱，待遇在诸嫔妃之上，由清河郡晋升为才人，再由才人晋升为修媛。庆历年间，张氏突然染疾，仁宗前来探视，张氏说："妾妃之所以得病，是因为资历太浅而宠遇太厚，愿贬秩为美人，庶几可以消除灾难。"仁宗当即恩准。其实，张氏要改封美人是以退为进的权诈之举，目的是博取仁宗的好感。仁宗果然入于彀中，几年之后晋升张氏为贵妃，宠冠后宫。张贵妃一日想借曹皇后銮驾出游，仁宗让她自己去与曹皇后商议，曹皇后知她正受天子宠幸，慷慨答应。张贵妃高兴地告诉了仁宗。仁宗说："国家文物仪章早有规定，汝非皇后而使用皇后銮驾，一定会受到谏臣的弹劾。"张贵妃只得悻悻然作罢。张贵妃 31 岁时薨逝，仁宗甚为悲伤，赐谥温成皇后。她虽然倍受宠幸，但仁宗从不让她干预朝政。《续资治通鉴长编》一书称："上守法度，事无大小悉付外廷议，凡宫禁干请，虽已赐可，或辄中辍。妃嬖幸少比，然终不得紊政。"这是切中肯綮的评价！

虚怀纳谏

一次，仁宗问御史何郯："古之谏臣曾经有为进谏碰头而死者，卿能如此吗？"何郯巧妙地回答说："古代帝王不纳臣子之谏，故大臣有碰头至死进谏者，陛下从谏如流，大臣何至于以死进谏！若果有此事，则美名必归臣下而过错在陛下也。"仁宗听了，甚为高兴。在宋代帝王中，察纳忠言，虚怀从谏，恐无人能出仁宗之右。难能可贵的是，有些大臣进谏时慷慨激昂，唾沫四溅，直击仁宗隐私，完全没有君臣之仪，仁宗竟也能容忍。做到这点，委实不易！

张尧佐是张贵妃伯父，张贵妃受宠，张尧佐官职也一路升迁，扶摇直上。他虽然也是进士及第，却才干平庸，治绩平平，不几年便升为三司使，三司使主管全国财政，号称计相，地位仅次于宰相、枢密使。谏官包拯等上奏说："张尧佐并无才能，只因是外戚，便骤升要职，权势煊赫。自任用以来，物议沸腾，陛下何以庇护一张尧佐而上违天意，下拂人情！"又说："历代后妃之家，即使有才干也未尝委以财政大权，何况不才如张尧佐者乎？伏望宸断，授以他职，三司使一职别求才杰之士委任之。"仁宗似乎也觉察到了让张尧佐任三司使不妥，于是改任他为宣徽南院使、淮康节度使、景灵宫使、群牧制置使。这四个职务都在同一天任命，使朝野惊骇不已。宣徽使虽非要害职务，但通常用即将致仕的勋旧大臣充任，张尧佐显然不在此列。节度使乃武官最高级虚衔，虽无实际职掌，但俸禄高于宰相，并给仪仗，称为旌节，张尧佐没有这种资格。景灵宫使是宫观职务，真宗时始设，员数甚少，多以宰执大臣充任，张尧佐也不应有此待遇。群牧制置使乃群牧司长官，掌管全国饲养国马任务，制置使一职多由枢密使或副使兼任，张尧佐从未在军旅任职，任命他为群牧制置使也毫无缘由。

不仅如此，仁宗还在同一天赐张尧佐两个儿子进士出身。这一不正常的封赐引起了朝野不满。谏官包拯因张尧佐之事已两次上疏，这次又第三次上疏，《包拯集》一书中都有详尽记载。他说："陛下让张尧佐一日之间并领要职，'求之前代则无例，访以人情则不安，臣实忧危，罔知所措……今尧佐何者，而兼是四职乎？'执政大臣曲徇陛下之意，铸成过错，使天下人窃窃私议，'谓陛下私于后宫，不独于圣德有损，抑又事体不可之至甚者也'。"这段话虽击中了仁宗的痛处，但说得含蓄委婉。《宋史·张尧佐传》引用包拯的话，完全是为仁宗辩护，说："仁宗如此优宠张尧佐，过错不在仁宗，而在于女谒。执政大臣为讨好陛下，‘致陷陛下于私昵后宫之过’。‘陛下应追回诏命，必不得已，宣徽使与节度使只能择其一授予，如此则合天意，顺人情矣。御史中丞王举正请留百官廷议，讨论给张尧佐所授官职是否妥当。’”仁宗自知理亏，下诏不许，并为自己找借口说：“近日台谏官要求罢张尧佐三司使之职，又说不可用他为执政大臣，应该给他待遇优渥而没有实权的官，朕采纳了这一建议，才授予此四个官职。今又以为不可，前后反复，令朕无所适从。”稍停片刻又说：“朕赐张尧佐节度使一职，众议纷纭，其实节度使乃一粗官耳，何必苦苦谏诤！”时任御史里行的唐介，因官职低微而立于众臣之后，听仁宗如此说，便越次进言说：“太祖、太宗都当过节度使，陛下岂能说节度使是粗官？”仁宗一时无话可说。张尧佐见众怒难犯，请求辞去景灵宫使、宣徽使两职，仁宗当即批准。

宋人朱弁的笔记小说《曲洧旧闻》一书记载包拯刚直立朝，谏诤仁宗罢去张尧佐宣徽使的一段故事，远比正史生动有趣，读来令人捧腹：

> 张尧佐除宣徽使，以廷论未谐，遂止。久之，上以温成故，欲申前命。一日将御朝，温成送至殿门，抚背曰：“官家今日不要忘了宣徽使。”上曰：“得得。”既降旨，包拯乞对，大陈其不可，反复数百言，音吐愤激，唾溅帝面，帝卒为罢之。温成遣小黄门次第探伺，知拯犯颜切直，迎拜谢过。帝举袖拭面曰：“殿丞向前说话，直唾我面。汝只管要宣徽使，宣徽使，岂不知包拯为御史乎？

包拯言辞激烈，唾沫溅到仁宗脸上。仁宗耐着性子听完，回到后宫才对着张贵妃拭去脸上的唾沫。一个是敢于犯颜直谏的大臣,一个是虚怀纳谏的帝王。一段朴实无华的叙述,两人形象跃然纸上,使人大快朵颐!

殿中侍御史唐介也是一个敢冒斧钺之诛,挺身而出进谏的人物。就在张尧佐被迫辞去景灵宫使与宣徽使不久,又重新被任命为宣徽使、知河阳(今河南孟州市)。许多大臣认为,宣徽使是虚职,只是表示天子对大臣的优渥,张尧佐已到地方任职,不值得再去进谏了。而唐介则认为,宣徽使虽是荣誉衔,但级别仅低于宰相和枢密使,张尧佐可去地方任职,但不应授予宣徽使一职,遂独自上殿力争。仁宗晓谕他说:“任命张尧佐为宣徽使是中书的建议,并非朕躬的决定。”唐介回答:“陛下如此说来,责任在于执政,臣请召来全部执政大臣议论此事。”仁宗不准,唐介自请贬官,仁宗又不准。唐介于是上疏弹劾宰相文彦博,说他“知益州(今四川成都)时,织造一种叫间金绮锦的布匹献给宫掖,因此得以擢升为执政。又在恩州(今河北清河县)平贼,侥幸成功,晋升宰相。昨日授张尧佐节度使、宣徽使,臣反复论奏,陛下说名单乃是中书进拟,以此知授张尧佐宣徽使非出自陛下本意”。文彦博曲意奉迎,重用尧佐,暗中交结贵妃,外陷陛下有徇私后宫之名,实为谋自身利益之计。又弹劾文彦博独专大政,任命官员,徇私不公,朝廷要职,皆出其门。威福出于己,使人不敢议其恶。请罢文彦博之职,以富弼代之。仁宗甚为生气,掷下唐介的奏章不读,说要贬窜唐介。唐介说:“臣忠义愤激,虽刀山油锅也不避,岂怕贬窜!”仁宗在御座上即刻召来二府官员,拿出唐介的奏疏说:“唐介言他事朕能容忍,说文彦博因讨好贵妃才升为执政大臣,这是什么话!至于进用宰相之事,唐介岂能干预,举荐富弼,实在狂妄!”其时,文彦博就在仁宗身边侍立,唐介认为文彦博应扪心自问，如果确有巴结贵妃之事，不可隐瞒。文彦博既未反驳，也未为自己辩护，只是拜谢不已。仁宗愠怒更甚，枢密副使梁适呵斥唐介下殿，仁宗下令将唐介送往御史台弹劾。文彦博上奏说："唐介是谏官，弹劾大臣是职责所在，愿不加罪。"仁宗盛怒不许，召那天值班的起草诏告的舍人在金殿上起草责罚唐介的诏令。仁宗怒形于色，群臣都不敢进谏，只有右正言蔡襄上奏说："唐介其人虽然狂妄，但为人耿直，容许臣下讲话，乃帝王盛德，请陛下深长思之。"御史中丞王举正上疏说："对唐介责罚太重。"仁宗后悔不已，随即改唐介为英州（今广东英德）别驾，派人护送至贬所，并下诏不能让唐介死于途中。知制诰胡宿上奏说："臣闻唐介因言事贬谪，谏官被贬，我朝无此体制。一旦唐介患病死于道路，将使朝廷负谤于天下，说朝廷不能容人谏诤。即使唐介安全抵达贬所，也不可为后世效法，还请陛下收回成命，以全朝廷体面。"殿中侍御史梁蒨也上奏说："陛下爱护唐介，故派人护送，如果唐介不幸因疾而死，天下后世能不怀疑陛下因谏诤而杀人吗？"仁宗说："当时气冲牛斗，的确没有考虑后果，诚朕之失误。"于是派人追回已经启程的唐介。从此，唐介正直之名闻于天下。文彦博不久贬官，知许州（今河南许昌）。

张尧佐因张贵妃的关系频频升迁，内侍省官员王守忠因侍奉宫禁而被宠信，参知政事缺员。张尧佐得知消息，朝暮待命，希冀得到此职，王守忠也要求任命自己为节度使。侍御史彭思永打算上殿谏诤，同僚劝阻他说："任命张尧佐、王守忠之事只是传闻，等真有任命下达再去进谏不迟。"彭思永说："宁可事先言事得罪，等任命状下来，生米煮成熟饭，便无法补救了。"遂单独上奏说："陛下滥施恩赏，说是为孤寒士人着想，但只给张尧佐、王守忠晋爵加官，以此来取悦众人，臣以为不可取。自古以来，外戚秉政，宦官揽权，皆非宗庙社稷之福！”仁宗听了，当即震怒不已，大声诘问彭思永：“你这消息是从何处得来？”彭思永还未及回答，谏官吴奎说：“御史可以风闻言事，纵然所奏不实，朝廷也应容忍。若不能容忍，可治他的罪，何必穷追消息来源！”中丞郭也劝说不应治彭思永之罪。仁宗知道吴奎、郭劝所言有理，遂不再追究彭思永谏诤一事，张尧佐、王守忠升迁之事也辍而不行。

苏辙自嘉祐年间服母丧期满还朝后，被任命为渑池县（今属河南）主簿。还未上任，适逢制科考试，苏辙积极应试，他写的《御试制科策》对仁宗进行了猛烈抨击。他说仁宗荒怠政事，虽有“忧惧之言”，但“未有忧惧之诚”，言之凿凿，却未见实际行动。抨击仁宗赋敛苛重，弄得民穷财尽。抨击仁宗“惑于虚名而不知为政之纲”；抨击仁宗宴安逸豫，沉溺于声色犬马之乐，自“近岁以来，宫中贵姬至以千数，歌舞饮酒，优笑无度，坐朝不闻咨谟，便殿无所顾问”。夏、商、周三代之亡，汉、唐末年，女宠乱政害国。女宠之害若不制止，百种弊端将由此而生。内则伤和伐性，外则私谒所造成的混乱，足以败坏政事。不要以为在宫掖中好色，不会给政事带来危害。“今海内穷困，生民愁苦，而宫中好赐不为限极，所欲则给，不问有无。司会不敢争，大臣不敢谏，执契执敕，迅若兵火。”天下百姓穷困，民不聊生，而宫中赏赐却没有限制，想要什么就给什么，不管有或是没有。主管财物的官员不敢争，大臣们不敢进谏，受赏赐的宫人拿着仁宗的手谕索要财物，犹如大兵压境，火灾突发一样。现在国内有养兵、养士的费用，外有防御契丹、西夏的支出，而仁宗又淫乐，赏赐无度，也是一个消耗财物的陷阱。长此以往，恐将招致怨谤，民心不归。

苏辙年少气盛，这一篇制策写得痛快淋漓。仁宗的天子颜面荡然无存，在朝廷上引起了轩然大波。考官司马光认为苏辙言论切直，应该放在第三等；范镇认为语言太过尖刻，应放在第四等；另一考官胡宿认为，苏辙出言不逊，对天子大不敬，应黜退不用。其实，苏辙只顾一时痛快，所说有不少言过其实之处，但仁宗雍容大度，毫不计较。他对大臣说："吾以直言求士，士以直言告我，今而黜之，天下其谓我何！"宰相见仁宗如此表态，不再持异议，把苏辙录取在下等，授他为商州（今陕西商县）军事推官。仁宗的容人之量，真是可圈可点！苏辙《遗老斋记》也说："年二十有三，朝廷方求直言，有以予应诏者。予采道路之言，论宫掖之秘，自谓必以此获罪，而有司果以为不逊。上独不许曰：吾以直言求士，士以直言告我，今而黜之，天下其谓我何！宰相不得已，置之下第。"苏辙自己承认制策中的话是"采道路之言，论宫掖之秘"，用道听途说之言抨击仁宗，仁宗竟然没有生气，其他帝王未必能够做到。

庆历四年（1044）六月，东京城内的开宝寺塔失火，有人在塔基旁发掘出往日埋藏在此处的舍利，送入宫廷传观，说是有光怪出现。内宫传观已毕，送还本寺，天子下诏让士庶烧香瞻礼，并打算斥资重修开宝寺塔。谏官余靖进谏说："今天下自西陲用兵以来，国库空虚，民间十室九空，陛下若勤劳罪己，忧人之忧，则四方之民皆蒙其福；如果不体恤百姓疾苦，花费大量钱财奉佛求福，岂是百姓所望！割百姓之不足，去资助庸俗僧人之有余，且斥巨资装饰开宝寺塔，这难道是帝王应做之事吗？如今百姓皆怨赋役繁重，生活困窘，无米可炊，至有父子、夫妇携手赴井而死者。陛下若怜悯百姓生活艰辛，何不取后宫无用之物，拿出嫔妃们花不完的钱当作边庭军费，蠲免中等收入人家一年的田租，并明降诏书宣告中外。如此则能顺应天下百姓之心，虽造百座开宝寺塔也不及办这件事意义重大。若说舍利能出光怪，必有神灵依附，乃是一派胡言，朽木腐草都会有光，水精和圆形的珍珠，夜晚也会发光。何况舍利乃胡人中怪异之物，有光也非自今日始。请求陛下辍止营缮开宝寺塔，上可昭示陛下是不受蛊惑之明君，下可表明国家殷殷爱民之意。”余靖喋喋不休，越说越激动，唾沫直溅仁宗脸上。仁宗耐心听完，答应不再修缮开宝寺塔。时值六月，正值溽暑天气，余靖平素不修边幅，衣服不常浣濯，又不经常沐浴，上殿奏事时汗臭薰灼，仁宗直欲呕吐，但并未打断余靖谏诤，表现出了容人谏诤的雅量。回到后宫，他对嫔妃们说，适才在殿上“被一汗臭汉薰杀，喷唾在吾面上”。嫔妃们传以为笑。

宰相杜衍为人正直，敢作敢为，他当政时多次裁抑那些靠内降而侥幸升官者。所谓内降，就是天子不经过执政大臣而批条子让某人升官者。每逢仁宗绕过宰相而内降的诏旨，杜衍都拒不执行，等到积攒够十多道诏旨时，杜衍又一一交还给仁宗。仁宗自知理亏，也不责怪杜衍。一次，欧阳修上殿奏事，仁宗对他说：“外人很少有人知道杜衍封还内降的事。凡有人要求升迁，朕每次都对他说，即使朕答应你了，到了杜衍那里仍旧抑而不办，朕亦无可奈何，那些求官的人便无可奈何地走了。朕遇到的这些人，比杜衍封还的内降多得多了。”杜衍敢于封还仁宗的诏旨，是因为遇到了勇于纳谏的明主，倘若遇到像殷纣王这样的暴君，恐怕杜衍早就粉身碎骨，命丧无常了。

谏官滕宗谅因仁宗体弱多疾而上疏说：“陛下日居深宫，流连荒宴，临朝则多羸形倦色，决事如不挂圣怀。”抨击仁宗天天居住深宫之内，淫欲无度，以致在金殿上召见群臣时疲惫不堪没有精神，议论朝政时心不在焉，魂不守舍，好色怠政，莫此为甚！这一批评一针见血。当然，滕宗谅之言，并非凿空妄说，《续资治通鉴长编》一书就说，自郭皇后被废黜后，“尚、杨二美人益有宠，每夕侍上寝，上体为之瘽，或累日不进食，中外忧惧，皆归罪二美人。杨太后亟以为言，上未能去”。滕宗谅说这番话是在景祐元年（1034）。仁宗于乾兴元年（1022）即位时才 13 岁，由刘太后垂帘听政，明道二年（1033）刘太后病逝，仁宗始亲政，这年他 23 岁。年轻天子留恋床笫之欢，弄得羸弱多病，有时一连几天不进食，无怪乎滕宗谅如此说他了。若是一般帝王，见臣下如此不留情面地揭发他的隐私，必然发雷霆之怒，而仁宗虽不高兴，但滕宗谅所言是实，仅是不允他在朝饶舌，让他去知信州（今江西上饶）去了。

难能可贵的是，刘皇后垂帘听政时，仁宗因尚未亲政，不能处理朝政大事，刘皇后处理错了的事，他亲政后仍予以改正。知相州（今河南安阳）刘从德乃真宗刘皇后之兄刘美之子，42 岁时病故。因他是刘皇后之侄，故刘从德家人、姻亲、门人及童仆八十余人均加官晋爵。侍御史曹修古等人上疏谏诤，刘太后大怒，命中书大臣贬曹修古知衢州（今属浙江），刘太后余怒未息，认为贬谪太轻，中书于是再贬曹修古知兴化军（今福建莆田）。兴化军当时尚未大规模开发，还是蛮荒之地，曹修古不久便死在那里，他家贫窭，无钱归葬。曹修古贬谪时，仁宗尚未亲政，他虽不赞成刘太后对曹修古的处置，但无权置喙，只能徒叹奈何。及曹修古病逝，刘太后也已魂归道山，仁宗始得亲政。他知道曹修古是正直之臣，赐其家钱 20 万缗，修古无子，录用他的女婿为试将作监主簿。这也算是对曹修古的平反吧。

仁宗性格平恕，从不记人之过，即使臣卜小有过错，也从轻发落。一次，谏官韩绛面奏仁宗说：“大臣刘献可让他儿子送来一封书信，上面记载的尽是中外大臣过失，臣不敢不上奏陛下。”仁宗莞尔一笑说：“朕不想留别人过失于心中，这些书信朕就不看了，卿拿回去焚烧了吧。”韩绛又上奏说：“天子之权，不可下移，一切军国大事须出自宸断。”仁宗说：“朕心中有数，深恐有些事情考虑不周。若有司奉行，必将害己害人，因此每每征求大臣意见后再施行，庶几没有疏漏。”侍中曹利用之侄曹汭是个泼皮无赖，多次犯法被捕入狱，那些与曹利用有过节的人想乘机整治曹利用，传讯了四十余个与曹利用关系密切的人，打算治罪。事为仁宗得知，忙下手诏说：“其文武臣僚，内有先曾与曹利用交结往还，曾被荐举及尝亲昵之人，并不得节外根问。其中虽有涉汭之事者，恐或诖误，亦不得深行锻炼。”结果这四十余人得以无罪释放，未受株连。有一举子累举不第，写了一首怨诗寄给成都府，其中两句是“把断剑门烧栈道，西川别是一乾坤”。把守剑门关，烧毁栈道，西川不归宋朝管辖，又别是一个天地了。这分明是两句谋反诗，成都知府捉到那个书生，并把反诗呈给仁宗。仁宗说这是老秀才急于为官未能如愿，才写出此诗，不能治其罪，就给他个司户参军吧。此类事例甚多，不再一一列举。

生活俭朴

在宋代帝王中，开国之君赵匡胤出身寒微，即位之后，仍然生活俭朴，常穿洗得褪了色的衣服，乘坐的轿子只用没有染色的丝绸围起来，寝宫用的是青布窗帘，帐幕上也不饰纹彩，一切几乎和平常百姓一样。仁宗继承了乃祖的节俭之风，衣服用的是一般缣缯，多年不曾更换，洗涤得褪了颜色，仍然舍不得丢掉，连宫人见了都偷偷发笑。他自己就说：“朕日膳不欲事珍美，衣服多以缣缯为之，至屡经浣濯，而宫人或以为笑。”仁宗在位 42 年，这种节俭之风一以贯之，不曾改易。嘉祐八年（1063），也即他去世的这一年，中书、枢密院的官员在富宁殿西阁奏事，见仁宗所用的“幄帟裀褥皆质素暗敝，久而不易”。仁宗对宰相韩琦说：“朕居宫中自己定的规矩，就是如此，那些价值昂贵的东西都是百姓的膏血，岂可奢侈浪费！”大臣郑獬称赞仁宗“节俭爱民出于天性，无珠玉绮丽之好，无犬马游观之乐，服御至以浣濯，器玩极于朴陋，此天下之共知也”。仁宗升遐之前立下遗诏说，安葬的陵墓一定要俭约，“皇堂上宫除明器之外，金玉珍宝，一切屏去”。一次，仁宗用了一条镶有玉的腰带，美轮美奂，光彩夺目，引得侍臣们皆注目观看。仁宗早朝罢回到宫掖，问内侍：“侍臣们为何老是盯着玉带看？”内侍回答说：“陛下穿戴一向俭朴，今日忽见陛下佩戴如此精美的玉带，感到新奇，故此注目不已。”仁宗说：“朕想把这条玉带送给辽国或西夏的国王。”仁宗左右内侍都说：“这条玉带是天下至宝，赏赐给外夷之人岂不可惜！”仁宗说：“中国以人安为宝，此何足惜！”臣下皆呼万岁。宋人王明清《挥麈录》中这一段记载，让我们看到了一个重人不重物的帝王形象。

仁宗自己节俭，也约束身边的人生活俭朴。一次，仁宗来到他所宠幸的张贵妃住处，见到屋子里摆放有定州（今河北定县）产的红瓷器，甚为诧异，问张贵妃此物从何处得来，张贵妃说是大臣王拱辰所献。定州瓷器胎质细腻，器薄而轻，造型美观，巧夺天工，是北宋时期最负盛名的瓷器之一。当时张贵妃正受仁宗宠幸，曾经任过三司使的王拱辰，给张贵妃送珍贵的瓷器，无非是想通过这一途径升迁。仁宗登时勃然大怒，严厉斥责张贵妃说：“朕尝告诫你不得接受臣子的馈赠，你为何不听？”说着拿起柱斧将瓷器砸得粉碎，吓得张贵妃花容失色，连忙谢罪。仁宗余怒未息，一道诏令把王拱辰贬往外地去了。有一年上元节，张贵妃在端门陪伴仁宗宴请大臣，她身穿一件雍容华贵的灯笼锦，仁宗问她从何处得来这种衣服，张贵妃说大臣文彦博见陛下宠幸妾，特地送来。仁宗不怿者累日。文彦博后来拜相,谏官唐介弹劾他交结张贵妃,又论及灯笼锦事,文彦博罢相出知许州(今河南许昌)等地。庆历年间,广州有一贩卖珍珠的商人犯法,珍珠被籍没入官,仁宗与后宫一起前往观看,张贵妃爱不释手,请求赏赐,仁宗允如所请,把珍珠赐给了她。其他嫔妃见张贵妃受赐,也纷纷讨要,仁宗命人往集市购买。因后宫嫔妃众多,需求量大,导致珍珠价格贵了好多倍,仁宗始料不及,后悔不迭。一日,宫廷内观赏牡丹,张贵妃最后到来,以仁宗所赐白色珍珠为首饰,想以此夸耀同辈嫔妃。仁宗见她珠围翠绕,满头皆白,忙以袖掩面说:“满头白纷纷,更没一些忌讳。”张贵妃甚为惭怍,连忙卸下了头上的珍珠,换成其他装饰,仁宗这才高兴,下令所有嫔妃各簪牡丹一朵。自此,后宫嫔妃不再戴珍珠为首饰,珠价大减。京城南郊的愍贤寺,是曾经厝放张贵妃尸骨的地方,寺中有张贵妃在宫中的遗物。“素朱漆床,黄绢缘席,黄隔织褥。帝御飞白书温成影帐牌,才二尺许,朱漆金字而已。”

仁宗衣着、居住简朴,膳食也从不奢侈。他多次举行私人宴会,届时后宫嫔妃们都会进献熟食。有一年秋天,有人进献蛤蜊,蛤蜊也称海鲜,生于东南海中,白壳紫唇,大者二三寸,肉质鲜嫩可口,戚畹贵族之家都喜欢食用此物。仁宗指着蛤蜊问:“每枚售价几何?”内侍回答说:“每枚一千钱,一次进献二十八枚。”仁宗皱着眉头说:“我常常训诫尔等不要侈靡,如今一下筷子便要花钱二十八千,我不忍心下筷。”任凭内侍如何劝说,仁宗还是没有食用蛤蜊。一天早晨,仁宗告诉内侍,昨夜因睡不着觉而饥肠辘辘,很想吃烧羊。内侍说:“陛下何不降旨索要?”仁宗说:“听说宫廷内每有索要,朝廷上便会形成制度,诚恐如此一来,民间会大量宰杀羔羊,这岂不成了百姓一大灾难!”左右皆呼万岁。还有一年春天，百花盛开，姹紫嫣红，仁宗退朝后在宫苑内赏花，不时回头顾盼，侍臣不解何意。回到宫内，仁宗对嫔妃说："渴甚，可速进茶水。"嫔妃说："官家适才在宫苑内何不索要茶水，而致长时间口渴？"仁宗说："我频频回头张望，也不见有端茶水的内侍前来。若要询问，必有人因此而受责，是以忍渴而归。"担心有人因未准备茶水而受责罚，便忍渴而归，展现了仁宗平民化的心态，这也是其他帝王无法企及的。

仁宗当政时期，时和岁丰，百姓安乐，四夷宾服，天下无事。宋人邵伯温在《邵氏闻见录》一书中所说："盖帝知为治之要：任宰辅，用台谏，畏天爱民，守祖宗法度。"这几句评骘虽不无溢美之嫌，但大体合乎事实。仁宗死时，许多人失声痛哭。邵伯温就说："仁宗皇帝嘉祐八年三月二十九日升遐，遗诏到洛，伯温时七岁，尚记城中军民以至妇人孺子，朝夕东向号泣，纸烟蔽空，天日无光。"《宋人轶事汇编》一书中也说，仁宗逝世的消息传到契丹，"燕境之人，无远近皆聚哭"。一个皇帝死去，引来这么多百姓怀念，说明在古代众多帝王中，宋仁宗是比较出色的一位。

忠信平生心自许

——范仲淹在京城三次遭贬

毛泽东青年时代在《讲堂录》中说:“中国历史上不乏建功立业之人,也不乏思想品行影响后世之人。前者如诸葛亮、范仲淹,后者如孔、孟等人。但两者兼有,即办事兼传教之人,历史上只有两位,即宋代的范仲淹和清代的曾国藩。”范仲淹品德高洁,丹心辅国,从未受过后人訾议,在朝廷却三次遭到贬谪,令人愤懑不平!

第一次遭贬

宋仁宗天圣三年(1025),范仲淹刚到楚州(今江苏淮安)监粮料院。母亲谢氏忽然一病不起,乘鹤西去。按照官员丁忧的惯例,他须辞官守孝。考虑到南京应天府(今河南商丘)是他曾经求学之地,又是他岳父家居住地,于是便举家迁往南京。适逢在朝任枢密副使的晏殊因论事触怒了刘太后,被贬为南京留守,也即应天府的长官。晏殊是北宋著名诗人,他重视教育,千方百计陶铸人才。他刚至南京,便得知范仲淹在这里丁母忧,于是便聘请他执掌应天府教席。天圣六年(1028)晏殊由应天府调回朝中任御史中丞，有一次他要推荐一人在馆阁任职，大臣王曾说：“何不推荐范仲淹呢？”晏殊欣然同意。这样，范仲淹在母丧期满后，便顺利地调入朝中，任秘阁校理之职，掌管秘阁的图书校理。

范仲淹由地方调入京城开封任职后，他才知道一向风平浪静、水波不兴的朝廷也潜伏着危机。还是在天禧年间，真宗病重，不能视朝，军国大事都由刘皇后处理。刘皇后不能生育，宫人李氏原是刘皇后的婢仆，庄重寡言，真宗见她温柔贤淑，便召她侍寝，不久便珠胎暗结，生下一子，就是仁宗。刘皇后倚势把孩子抱来，据为己有。李氏自儿子被夺走后，便默默处于一般妃嫔之中，从不争辩。宫人和大臣们虽然知道其中隐情，但惧怕皇后威严，都三缄其口，不敢道一字。而刘皇后也视仁宗如己出，呵护备至。仁宗执政多年，还不知道自己的生母是李氏。李氏病笃之际，仁宗才下诏进位为宸妃。真宗崩逝，遗诏尊刘皇后为皇太后，军国大事兼权取皇太后处分。在宋代，“权”是暂时代理某一官职而非正式官职，大臣丁谓想讨好太后，主张去掉“权”字。大臣王曾反对说：“皇帝年幼，由皇太后主持军国大事，这种不正常情况已是国家的不幸，称‘权’还可说得过去，何况先帝崩逝前言犹在耳，怎能遽然改变？”丁谓这才无话可说。

天圣七年(1029)冬至这天，仁宗率文武百官在会庆殿为皇太后祝寿，下诏起草上寿仪式。朝中大臣面面相觑，相顾失色，天子乃九五至尊，给别人叩首拜寿，不合礼仪，但是他们只敢窃窃私语，没人敢当面议论，怕触怒天子，性命不保。秘阁校理范仲淹却不顾安危，挺身而出上疏说：“天子有侍奉长辈的礼仪，但没有降尊纡贵，以天子当臣子的道理；有坐北朝南接见群臣的威仪，没有自己面向北面做臣子的道理。若是在宫廷之内行家人礼，这无可厚非，若是率群臣一起向皇太后跪拜祝寿，有损天子体面，不可为后世效法。”奏疏递了上去。大概是仁宗皇帝也觉得此事不妥，便取消了上寿仪式，但刘太后却愠怒不已。时任资政殿学士的晏殊得知此事，不禁惶惧不安。范仲淹是他荐举入朝的，范仲淹若出了问题，他这个举荐人是要承担责任的。思前想后，他把范仲淹召来训斥说：“天子为皇太后祝寿之事，满朝文武尽人皆知，但是那么多位高权重的大臣都三缄其口，不敢面折廷争。你位卑言轻，却敢口无遮拦，放肆大谈。你如此沽名钓誉，胆大妄为，纵然不为自己考虑，可也得知道，我会受到连累呀！”范仲淹正色回答说：“承蒙您的推荐，我才得以入朝为官。平日我总是兢兢业业，不敢稍有懈怠，恐怕稍有差池，玷污了您的名声，没有料到因为正直敢言而得罪您！”这一席话堂堂正正，掷地有声。晏殊听了，怔怔地立在那里，无言以对。

一番简单的对话，范仲淹觉得意犹未尽，于是又展笔濡墨，给晏殊写了一封《上资政晏侍郎书》，继续申述自己上疏的原因。他说：“上天诞生芸芸众生，他们都要自食其力。只有士人德才兼备，上可以辅佐君王，下可以造福百姓，因此朝廷才养了一批士人，如果他们无才无德，朝廷为何还要养活他们？我官小俸薄，每年的俸禄收入 30 万文钱，以农夫的中等田地计算，每亩收粮一斛，一斛可卖 300 文钱，1000 亩才卖 30 万钱。如果遇到天灾，收成就会骤减，丰歉相抵，大概 2000 亩田地的收入才值 30 万文钱。我这样的官职，一年的俸禄所得，可以抵得上 2000 亩的收获。农夫一年四季播种耕耘，秋收冬藏，一年到头忙忙碌碌，少有闲暇，何其辛劳！如果我尸位素餐，只拿俸禄，不为朝廷献言，岂不成了专门毁坏禾苗、蔬菜的害虫！我生性正直，不会拐弯抹角，不会为了荣华富贵而屈身投靠权贵，也不会因为贫贱而改变对朝廷的忠心。如果朝廷重用我，我提的建议可能比今天还要尖锐，这样才不辜负您对我的荐举。如果明哲保身,不敢向朝廷献言,这样的人天下多得很,您又何必举荐我呢? 天下的士有两种,一种是危言危行,即言论和行动都正直无私,另一种是逊言逊行,即言论和行动都奸邪不正。前一种士直言贾祸,因言获罪,但最终可以使天子避免过错。如此一来,逊言逊行之人将不战而胜,歪风邪气充满朝廷,这岂是国家之福! 如果朝中大臣、全国缙绅之人都能做到危言危行,使君王无过,使百姓无怨,政治清明,祸患不生,天下太平,这才是国家之福!”

范仲淹还算幸运,那篇奏疏虽然惹得皇太后不快,但也没给他处分,只是没有回音而已。其时,仁宗已到弱冠之年,可以单独处理朝政了,但皇太后恋栈,不肯交出权力。范仲淹忍不住又上了一疏,请求太后“卷收大权,还上真主”,让“春秋已盛”的仁宗亲政。奏疏递了上去,皇太后留中不发,没有消息。范仲淹失望之余,请求离开朝廷,到地方任职。皇太后巴不得他离朝,很快便批准他到河中府(今山西省永济市)出任通判。这是范仲淹第一次遭到贬谪。

再贬睦州

明道二年(1033),刘太后驾鹤西去。病笃之际,下懿旨尊杨太妃为皇太后,垂帘听政,与天子同议军国事。御史中丞蔡齐对执政大臣说:“皇上春秋已长,熟悉国家情况。如今刚刚亲政,怎能让女后相继垂帘听政?”执政无言以对。当年刘太后从李宸妃手中夺走仁宗后,便交给杨太妃抚养,杨太妃尽心呵护,仁宗才得以健康成长。刘太后为报当年之情,才在弥留之际说出升杨太妃为皇太后并垂帘听政的话。因事情重大,执政大臣不敢更改刘太后遗命。

仁宗是北宋较有作为的皇帝，他亲政之初，便斥逐那些靠阿谀奉承升为高官的奸邪之人，朝野上下一片颂扬之声。他知道范仲淹是公忠体国之人，把他调回了朝中任右司谏。其时，范仲淹已由河中府通判改任陈州（今河南淮阳）通判，接到诏令，交割停当，便携妇将雏赶回了汴京。宋朝初年设置左、右补阙与左、右拾遗，后来改左、右补阙为左、右司谏，职掌是凡朝政缺失，大臣百官任用不当，均可进谏。有一个叫林献可的官员，因上疏请求皇太后还政于仁宗，皇太后大怒，把他贬往岭南瘴疠之乡，仁宗既亲政，又把他调回朝中官复原职。原来被刘太后压抑的官员也陆续返回朝中，有的还升了官职。不少人不满意刘太后垂帘听政时的措施，想翻当时旧案，于是群起诋毁刘太后。范仲淹认为不妥，上疏仁宗说："太后受先帝遗诏，庇护陛下十余年，纵然小有过错，也应保全她的名声，不能因一眚而掩大德。"仁宗大为感动，下诏说："皇太后庇护朕躬十有二年，恩莫大焉，望群臣务识大体，顾全大局，不要过多指责一时之事，以慰朕孝心。"范仲淹此举为稳定政局作出了贡献。

范仲淹对杨太妃进位皇太后并同仁宗同议军国事提出异议，认为此举不妥。他上疏说："历史上没有因给太子当保姆而成为皇太后者，如今一个太后刚刚崩逝，又立一个太后，给天下人的印象是陛下永远不能自立，时刻都要有母后庇护。皇太后称制极不妥当，此例一开，恐怕后世有效尤者。"仁宗沉吟良久，知道范仲淹的话有道理，下诏给掌管礼仪的太常礼院。起草表文时，删掉遗诰中"同议军国事"五个字，只保留皇太后称号。这样，仁宗才实际亲政，成了名副其实的天子。此时，范仲淹和仁宗的君臣关系是和谐的。

可惜的是好景不长，景祐元年(1034)正月，时任右司谏的范仲淹因谏止废黜郭皇后，触怒龙颜，被仁宗贬往睦州(今浙江建德)。一封朝奏九重天，夕贬睦州路三千。这已是范仲淹仕宦生涯中第二次遭到贬谪了。

郭皇后因何被废？原来宋仁宗在未立皇后之前，喜欢的是冰肌玉骨、绰约多姿的张美人，欲立她为皇后，但刘太后嫌她出身寒微，不能母仪天下，逼他立平卢军节度使郭崇之女为皇后。仁宗虽不敢违拗太后之命，心中却存有芥蒂，“后既立，而颇见疏”。宫中的尚美人、杨美人见天子冷落郭皇后，也跟着排挤她。一日，尚美人公然在仁宗面前诋毁郭皇后，郭皇后不胜恚忿，伸手便批尚美人之颊，不料仁宗上前救护，郭皇后误拍在了仁宗脸上。仁宗当下便勃然大怒，充任入内副都知的宦官阎文应推波助澜，“乘隙，遂与谋废后，且劝以爪痕示执政”。宰相吕夷简曾要求仁宗屏斥刘太后信任的张耆、夏竦等大臣，郭皇后提出异议说：“夷简独不附太后邪？但多机巧，善应变耳。”吕夷简也因此被罢职，一年之后才复相。今见郭皇后落难，欲报当年一箭之仇，也力主废黜郭皇后。仁宗犹豫不决，夷简进谗说：“汉光武帝也是一代明主，郭皇后因怨怼就被废掉，何况如今的郭皇后伤陛下颈乎？”仁宗废后之意遂决。吕夷简欲杜人之口，“先敕有司不得受台谏章奏，乃诏称皇后愿入道，封净妃玉京冲妙仙师，居长宁宫。台谏章奏果不得入”。时任右司谏的范仲淹与权御史中丞孔道辅等十人到垂拱殿伏奏说：“皇后乃天下之母，不应轻易废黜，愿赐对以尽所言。”但殿门却紧闭不开。孔道辅扣环大呼说：“皇后被废，奈何不听台谏之言！”仁宗命宰相吕夷简晓谕范仲淹等以皇后当废之状，孔道辅反驳说：“人臣之于帝后，比如子女侍奉父母。父母不和，可以劝说，不应顺从父亲之意休弃母亲。”吕夷简诡辩说："废黜皇后并非始于今日，古代即有成例。"范仲淹、孔道辅说："宰相不过是援引汉光武帝故事而已，他废郭皇后乃失德之举，何足效法！"吕夷简语塞，让范仲淹等见天子面折廷争，却又悄悄上奏仁宗："台谏伏阁请对，非太平时期美事，应逐出朝廷。"

第二天，范仲淹"将留百官揖宰相廷争，方至待漏院，有诏出知睦州"。孔道辅被贬往泰州（今属江苏），其他人罚铜20斤，又派人押范仲淹、孔道辅出城。诏书来得如此突兀，范仲淹还未来得及伏阙谏诤，便被逐出了朝廷。这年他46岁。

乍看起来，威震八纮的天子废黜一个皇后，不过是区区小事，但事关国体，又不合乎情理，作为谏官的范仲淹自不能缄默不言。"宁鸣而死，不默而生"是他性格使然，即使遭到贬谪，他也无怨无悔。范仲淹忠而被谤，信而见疑，朝中不少大臣为他鸣不平。谏官马绛上疏说："皇后母仪万方，非有大过而动摇则风教陵夷，况闻入道降妃之议出自臣下！且后妃有罪，出则告宗庙，废则为庶人，安有不示之于天下，不告之以祖宗，而阴行臣下之议乎？且皇后以小过降为妃，则臣下之妇有小过者亦当降为妾矣。比抗章请对，不蒙赐召，岂非奸邪之人离间陛下乎？"马绛认为郭皇后没有大过，不该不告祖宗，私下里与臣子商议废黜。天子不允许抗章请对，显然是奸邪之人离间的结果，这个奸邪之人指的就是吕夷简。将作监丞富弼上疏，言辞尤为激烈："郭后自居中宫，不闻有过，陛下忽然废斥，物议腾涌。自太祖、太宗、真宗，三后抚国凡七十年，未尝有此。陛下为人子孙，不能守祖宗之训，而有废皇后之事，治家尚不以道，奈天下何！范仲淹为谏官，所极谋者，乃其职也，陛下何故罪之？假使所谏不当，犹须含忍，以招谏诤，况仲淹所谏，大惬亿万人之心，陛下纵私念，不顾公议，取笑四方，臣甚为陛下不取也。”奏疏递了上去，仁宗留中不发，不予理会。郭皇后自然逃不脱被废黜的厄运。仁宗封她为净妃、玉京冲妙仙师，赐名清悟，居长乐宫，后又迁瑶华宫，赐号金庭教主、冲静元师。郭皇后从此晨钟暮鼓，黄卷青灯，开始了以泪洗面的悲惨生涯。后来，仁宗几次遣使存问，意欲召她回宫。宦官阎文应怕她复出报仇，用药把她毒死。范仲淹虽然没有像郭皇后那样死于非命，但颠沛流离的贬谪生活也非一般人所能忍受。

范仲淹豁达乐观，忧国忧民，常将生死置之度外，他在进谏之初就已料到伴君如伴虎，“臣非不知逆龙鳞者掇齑粉之患，忤天威者负雷霆之诛”，但是作为谏臣，进谏乃臣子的职责所在，缄默不言，不是范仲淹的性格。“理或当言，死无所避”，只要真理在手，何惧斧钺之诛！“既竭一心，岂逃三黜？”连死都不怕，还怕贬谪吗？天圣七年（1029），范仲淹因为谏止仁宗率百官为章献太后上寿而被贬往河中府，那是他第一次被贬；第二次被贬出朝廷，范仲淹已是安之若素，处变不惊了。

睦州又称桐庐郡，离京城汴梁山水迢递，有三千里之遥。范仲淹在《新定感兴五首》中说：“去国三千里，风波岂不赊？”新定就是睦州，历史上睦州曾称新定郡。范仲淹受命之后，携妇将雏，由汴梁先到项城（今河南沈丘县魏家集），然后弃车登舟，沿颍河、淮河、钱塘江、富春江南下。他记述：“伏自春初至项城，因使人回，草草上谢。由颍、淮而下，越兹重江，四月几望，至于桐庐。”古代每月十五日为望，望后一日为既望，几望即既望。景祐元年（1034）正月，范仲淹从京城出发，直至四月十六日才抵达桐庐，旅途长达三个月。

宋朝官员遭到贬谪，轻者称送某州居住，稍重者称安置，更重者称编管。范仲淹虽是贬谪，毕竟还是睦州的地方官，在睦州这块土地上还可以发号施令，比起苏东坡贬惠州，再贬昌化军（今海南省儋州西北）、寇準贬为雷州（今属广东）司户参军幸运多了。但忠心匡辅社稷竟落个贬谪的结局，仍使范仲淹感慨系之，他在《谪守睦州作》一诗中说："一心回主意，十口向天涯。"他只是想谏止天子不要废黜郭皇后，谁知却付出了全家老小十口被贬谪天涯的厄运！不过尽管是贬谪，他并不颓唐，也不怨天尤人，而是自我安慰："铜虎恩犹厚，鲈鱼味复佳。"这两句诗是说，天子皇恩浩荡，自己虽遭贬谪，仍被授予了铜虎符，担任知州之职，而睦州又盛产鲈鱼，可以一饱口福，在这里当地方官，未必是一件坏事。古代被贬谪的官员多是心情悒郁，长吁短叹，像范仲淹这样洒脱者尚不多见。

长达三个多月的羁旅生活，有天高云淡、风和日丽之时，也有浊浪排空，舟楫险遭倾覆的困境，《赴桐庐郡淮上遇风三首》便是他旅途生活的写照。"舟楫颠危甚，蛟鼋出没多。""一棹危于叶，傍观亦损神。"一叶扁舟在惊涛骇浪中航行，时而被抛上浪巅，时而又跌入谷底，不知何时就会舟覆人亡，让人提心吊胆。仲淹被贬，妻子也跟着受到连累，浪迹天涯，生死未卜，未免唠唠叨叨，啧有怨言。仲淹安慰她说："商人岂有罪，同我在风波。"即如果我有罪愆，该遭此等灾难，而船上的商人并无罪过，不是也一样饱尝风狂浪恶之苦吗？妻子这才无话可说。所幸小船有惊无险，终于驶出急流险滩，顺利航行。"斜阳幸无事，沽酒听渔歌。"一旦风平浪静，便又饮酒听歌，欢忭如初了

范仲淹赴睦州途中，正是江南三月，莺飞草长的季节。他诗情坌涌，笔走龙蛇，一口气写成了《出守桐庐道中十绝》，表达了忧国忧民之情。"雷霆日有犯，始可报君亲。"作为谏臣，虽触君王雷霆之怒，但谏诤才是报答君王的最好方法。"君恩泰山重，

尔命鸿毛轻。一意惧千古,敢怀妻子荣。”君恩如山,个人性命轻如鸿毛,该进谏时一定进谏,决不畏首畏尾,至于妻子的荣辱,只能置之度外了。“妻子屦牵衣,出门投祸机。宁知白日照,犹得虎符归。”因谏诤被贬,妻子牵衣而啼,谁知福祸倚伏,又得到了知睦州的虎符。“万钟谁不慕,意气满堂金。必若枉此道,伤哉非素心。”万钟指俸禄优厚,谁不羡慕高官厚禄?但如果枉道求取,岂不伤了我这一颗清白之心!读这几句诗,一个狷介耿直的廉吏形象跃然纸上!

三贬饶州

范仲淹在睦州时间不长,只有半年时间,但却办了两件大事:一是兴建龙山书院,敦聘著名学者李觏前来讲学;二是修建严子陵祠堂。严子陵即西汉末会稽余姚人严光,他与光武帝刘秀有同窗之谊,刘秀登基后,知他有经天纬地之才,把他召入朝中,欲授以官职,而严子陵却淡泊名利,不愿为官,垂钓富春江畔,与烟波钓徒为伍。后世推崇严子陵洁身自好的品格,在唐代就修了严子陵祠,到了宋代已经颓圮破败,范仲淹到达睦州后,便把祠堂修葺一新,以表达对严子陵的仰慕之情。

半年之后,范仲淹奉调苏州。他在苏州治理水患,兴办学校,成绩斐然,名播遐迩,很快便传到了朝廷,仁宗一道诏书把他调回了京城,任礼部员外郎、天章阁待制、判国子监。经过几番挫折后,范仲淹又一次回到了京城。宋朝的官制复杂,官职与实际任职并不统一。尚书礼部员外郎是他的官阶,没有职掌,只是用来表示发放俸禄的标准,按照宋代制度规定,月俸为三十千,天章阁待制则是授给文职官员的一种馆阁职名,品级是从四品。待制以上的官员是朝廷侍从,可备顾问,参议朝廷大政。天章阁是收藏宋真宗御书、御制文集、典籍图画之地,天章阁待制也是馆职。范仲淹有了“待制”这个头衔,意味着他已进入高级官员行列。范仲淹的实际职务是判国子监,即管理全国的最高学府。只有七品以上官员的子弟才可入学。

范仲淹调回京城是在景祐(1035)三月,十一月便发生了已被废黜的郭皇后猝死事件。原来,郭皇后被废黜后,尚、杨两位美人颇受仁宗宠爱,但淫乐过度,弄得身体羸弱,饮食大减,朝中大臣皆归罪于两位美人。杨太后也持此说,但仁宗不想驱逐二人出宫,迟迟没有下文。宦官阎文应早晚都侍从仁宗,言之不已,仁宗不胜其烦,答应把两位美人逐出宫掖。阎文应便用毡车载两人出宫,两人涕泪满面,不肯上车。阎文应恼羞成怒,狂抽两人耳光,大骂说:“你二人不过是宫中奴婢,今日还有何话说!”强迫两人登车而去。郭后既废,中宫不可久虚,有人建议立寿州(今安徽凤台)茶商陈氏女为后,遭到大臣们一致反对。后来,立开国元勋曹彬孙女曹氏为后。其实,郭皇后被废乃仁宗一时之愤,加上宦官阎文应的挑唆,仁宗才下了废后之诏,不久便感到后悔,但木已成舟,覆水难收,不便收回成命,只得如此。郭后被废后,居住瑶华宫,仁宗多次派人慰问,并写了《乐府辞》送给他,郭后也有诗赓和,写得凄凉哀婉,催人泪下。阎文应得知这一情况后,大为惊慌,倘仁宗与郭后和好,自己必死无疑,于是便寻找机会置郭后于死地。不久,郭后偶然患病,阎文应奉命召太医诊治,郭后所患不过是疥癣之疾,本无大病,但数天之后,突然呜呼哀哉,撒手尘寰。中外朝臣都怀疑阎文应下毒,但没有证据。仁宗悲痛之余,下诏以皇后之礼安葬。

阎文应平日目无大臣,飞扬跋扈,甚至假传圣旨,连执政大臣都唯唯诺诺，不敢违抗，朝中公卿对阎文应恨之入骨，却又无可奈何。范仲淹挺身而出，上疏历数阎文应之罪。他知道阎文应是仁宗宠爱之人，此人又与宰相吕夷简过从甚密，要扳倒他须冒极大风险，弄不好会丢掉性命。范仲淹上疏之后，便不再饮食，并嘱咐长子："我此次上疏弹劾阎文应，是要清君侧，去掉奸佞小人，如果天子不纳忠言，我必死无疑。我死之后，尔等不必再做官，在我的坟墓旁结庐度日吧。"几个儿子都含泪应命。仁宗看了范仲淹的疏文，不禁抚膺长叹，心潮难平。他和郭皇后本无太大龃龉，当年逐她出宫，实在是孟浪操切，如今又不明不白死去，阎文应难辞其咎。他也风闻阎文应平日狐假虎威，作恶多端，如不惩处，难以服众，于是一道诏书把阎文应贬谪出朝。至于阎文应的下落，有的说他被贬岭南，死于途中；有的说他被贬往相州（今河南安阳），后来悄然死在那里。总之，此人罪有应得，死有余辜。

范仲淹胸无城府，遇事敢言的性格，使宰相吕夷简忐忑不安。他与阎文应沆瀣一气，废黜郭皇后。阎文应虽死，安知范仲淹会不会寻根究底，旧事重提，把自己也牵连进去？于是派人暗示范仲淹说："你现在的身份是待制，是天子的侍从大臣。上疏弹劾别人，不是你的职责，请你谨言慎行，不要越职言事。"范仲淹说："辅弼朝廷是我的职责所在，知无不言是我的本分，我怎敢不尽职尽责！"吕夷简拉拢利诱不成，便心生一计，命他权知开封府。开封是京师所在，也是政务最繁忙的州郡，吕夷简想以此束缚住范仲淹的手脚，使他无暇旁顾。一旦有了疏漏，再把他免职，范仲淹就不可能再来饶舌了。范仲淹知道开封多达官显贵，皇亲国戚，他们倚仗权势，恣行不法，知开封府亦无可奈何。但范仲淹却刚正不阿，依法行事，兴利除弊，铁面无私，一些蝇营狗苟之徒想乘范仲淹刚刚上任之际为非作歹，都被绳之以法，其他人也都受到震慑,不敢再兴风作浪了。范仲淹上任只一个月,偌大的京城便"肃然称治",秩序井然了。京城里有民谣说:"朝廷无忧有范君,京城无事有希文。"一时范仲淹名声鹊起。也有不逞之徒与范仲淹作对,开封府一个纠察刑狱的官员,名叫胥偃,弹劾范仲淹不遵法度,断案不公,比如他判一个叫阿朱的人,所定罪名就不妥当。仁宗下诏给范仲淹,要他对犯罪情节轻的人不要重判,但并未指责他断案不公。胥偃也是一个鸿儒,算是喜欢读书之人,他见欧阳修勤奋读书,便把他罗致门下,并把女儿许配他为妻。欧阳修知道范仲淹是公忠体国之人,对他甚为敬重,而岳丈胥偃几次弹劾范仲淹不遵法度,都是吹毛求疵,便对岳丈有了反感。久而久之,便翁婿反目,不相往来了。

龙图阁直学士孔道辅喜欢标新立异,突然上书朝廷,请求迁都洛阳。一时在朝野引起了骚动,赞同者有之,反对者有之。范仲淹得知此事,上书说:"孔道辅建议迁都洛阳,臣未见其可,如今国家太平,并无战乱,岂有迁都之理?洛阳诚然有山河之固,如果边陲不宁,干戈四起,可退守此处。但洛阳空虚已久,没有粮食储备,危难之时如何应对?臣以为应早做准备,陕西粮食有余,可东运洛阳,东路有余粮,也可西运到彼,如此数年,洛阳便有充裕粮食了。太平时期都城应设在东京这样四通八达之地,以便利天下;急难之时则迁往洛阳,便于守卫中原。"但是仁宗还是听从了吕夷简的建议,修缮大名城(今属河北),建为北京。

宰相吕夷简当政,进用官员多是其党羽,谄媚奸邪之人竞相奔走门下,凡忠心为国又有才能者皆屏斥不用,弄得怨声载道。范仲淹提出,官员的升迁应按规定进行,天子应该过问,不宜全委托给宰相。他还怕说得不够详尽,又绘成一幅《百官图》呈递给仁宗,指出哪些官员是按次序升迁的,哪些是靠裙带或是私人关系升迁的，如何升迁为公，如何升迁是徇私。提醒仁宗官员的任用，关乎国家治乱兴衰，不可不慎。这本是金玉良言，吕夷简却认为是对他发难，拆他的台，心中甚为不悦。正要伺机报复，凑巧仁宗就范仲淹关于迁都的见解征询他的意见，便把对范仲淹的不满全都发泄了出来。他诋毁范仲淹说："此人做事不稳重，也不切合实际，好高骛远，喜欢扬名，言论迂阔，不可大用。"范仲淹得知此事，接连上了四疏，分别是《帝王好尚论》《选贤任能论》《近名论》《推委臣下论》，内容多是讥指时政，抨击吕夷简用人不公之言。又说："西汉成帝时，皇后王氏一门作威作福，专擅朝政，满朝文武早就愤懑不平，便借日食、地震等自然灾害纷纷上书，指责王氏干政。成帝疑信参半，询问大臣张禹。张禹说日食、地震是天灾，天意难测，与王皇后家族何干？乞陛下勿轻信谣传。成帝于是不再怀疑王皇后家族，最终酿成王莽之乱，篡夺了刘氏江山。前车之鉴，不可不防。臣恐怕今日朝廷中也有像张禹这样的人，坏了陛下家法，给社稷带来灾难，应早作打算，此乃当务之急。"范仲淹所说的朝中大臣，就是影射大权在握、结党营私的宰相吕夷简。吕夷简被人戳着痛处，不禁气急败坏，暴躁如雷，污蔑范仲淹"越职言事，荐引朋党，离间君臣"三大"罪状"。越职言事是说超越自己的职权说不该说的事，这个罪名还轻；荐引朋党是说呼朋引类，专门举荐和自己同流合污的人当官，罪名已经不小。这本是范仲淹弹劾吕夷简的，吕夷简又把这顶帽子扣到了范仲淹头上。而离间朝廷和大臣的关系，那便是不赦之罪了。范仲淹当然据理驳斥，为自己辩诬，双方唇枪舌剑，斗争激烈。吕夷简是权倾朝野的宰相，身边自然有许多阿谀奉承的人，范仲淹则显得势单力孤。仁宗听信谗言，站在了吕夷简一边，范仲淹的悲剧命运便不可避免了。景祐三年（1036）五月，范仲淹被褫夺了权知开封府的职务，逐出京城，贬知饶州（今江西波阳），这是他第三次遭到贬谪了。侍御史韩渎为巴结讨好吕夷简，要求治范仲淹“朋党”之罪，并张榜朝堂，以惩戒越职言事的官员，仁宗当即准奏。

范仲淹虽三次被贬出朝，但他无怨无悔，从不颓唐沮丧，表示“持一节以自信，历三黜而无悔”，戏称三次贬谪为“三光”（三次光荣）。他在《郡斋即事》一诗中说：“三出专城（地方长官称专城）鬓似丝，斋中潇洒胜禅师……世间荣辱何足道，塞上衰翁也自知。”当时，朝廷究治朋党甚急，大臣们明知范仲淹有冤，却畏惧吕夷简权势，多数人不敢为他送行。也有少数人不畏权势，甘冒斧钺之诛的官员，前来给范仲淹送行。天章阁待制李纮、集贤校理王质不顾安危，携带醇酒为范仲淹饯行，又独留几日，相谈甚欢。朋友提醒王质说：“你可要小心，假若有人诬告你和范仲淹是朋党，就可能给你带来灭顶之灾！”王质笑笑说：“范仲淹是光明磊落之人，能够和他成为朋党，那便是三生有幸了。”秘书丞校理余靖上疏说：“范仲淹以前上疏，调停陛下母子、夫妇间的有关系，合乎礼制，曾蒙陛下褒奖。今日因为讥刺大臣，便被贬谪出朝，似乎不妥。倘若范仲淹所言不合圣意，可屏而不纳，为何要加以重罪？陛下自亲政以来，已经三次斥逐敢于言事的大臣，陛下不应该在太平时期如此对待大臣，请陛下收回成命。”仁宗看了奏疏，下诏免了余靖官职，贬谪出朝，让他去监管筠州（今江西高安）酒税去了。馆阁校勘尹洙上疏说：“臣平日就认为范仲淹生性耿直，忠贞报国，我与他义兼师友。自从他获罪以来，朝中大臣说我也受过他的荐举，此事属实。如今范仲淹既以朋党得罪，我也应当连坐。虽然皇恩浩荡，没有点我的名字，我扪心自问，不能侥幸免掉罪责，请求朝廷贬谪，以正国法。”仁宗没有料到，还有自投罗网，为范仲淹辩护之人，当下怒不可遏，把尹洙贬往郢州

(今湖北钟祥)监理酒税去了。馆阁校勘欧阳修致书右司谏高若讷说,范仲淹无罪被贬出朝,身为谏臣本应该谏止天子,却缄口不言。既在其位,当谋其政,在位而不言事便应当离职,让敢言之人担任司谏之职。尸位素餐,以谏臣的身份出入朝堂,“是足下不复知人间有羞耻事尔!”高若讷大怒,把这封书信交给了仁宗,结果欧阳修被贬为夷陵(今湖北宜昌)令。馆阁校勘蔡襄写《四贤一不肖诗》,四贤指范仲淹、余靖、尹洙、欧阳修,一不肖指高若讷。此诗一出,京城人争相传抄,翻印此诗的书商获利甚多。契丹使臣当时也在京城,重金买到此诗,张贴于幽州(今北京市西南)大街小巷,范仲淹正直之名远播辽朝。光禄寺主簿苏舜钦上疏说:“臣近日读诏书,戒越职言事,并播告四方,甚为惊恐,想来非出陛下本意。陛下即位以来,屡下诏书,求百官直言极谏,并设立了直言极谏科。今日诏书与以前迥异,岂非执政大臣蒙蔽陛下聪明,杜塞忠良之口!此举乃自取灭亡之道。采纳好的建议,任用贤能之臣,乃是宰相职责,蒙蔽君王,胡作非为,必定亡国。如今谏官、御史全部出自宰相门下,只要巴结奉迎,便能升官,正直之士,不能进一言,陛下何以尽知天下事?孔道辅、范仲淹两人刚正不阿,位列台谏,忠直敢言,虽改他官,也不忘献言献策,难能可贵。此二人如果缄口不言,随波逐流,便可成为公卿大臣。但二人不敢有负朝廷,忠贞报国,却落得个贬谪的结局。以后谁还敢谈论国事!”仁宗看了,自知理亏,留中不发,没有治苏舜钦之罪。苏舜钦写诗为四人鸣不平:

伊人秉直节,许国有深谋。
大议摇岩石,危言犯采旒。
苍黄出京府,憔悴谪南州。

意思是说，那四人忠诚耿直，胸中有报国韬略，侃侃而谈议论国是，欲扳倒奸相吕夷简，但谠言正论却惹恼了天子，于是匆匆忙忙被贬出京城，以憔悴疲惫之身到南方州郡去了。建德（今浙江建德东北）县令梅尧臣也有《啄木》诗云：

中园啄尽蠹，未肯出林飞。
不识黄金弹，双翎坠落晖。

诗中把范仲淹比作啄尽树林中蛀虫的啄木鸟，一直兢兢业业捕捉蛀虫，但好心不得好报，触怒了主人，被主人的黄金弹射落在夕阳的余晖中了。

尽管屡受贬谪，坎坷缠身，但范仲淹丹心报国，忠贞不贰。他的气节襟抱，崇高人格成为后世学习的典范，宋代以来，好评如潮。和范仲淹共同主持历史新政的韩琦称赞范仲淹"高文奇谋，大忠伟节，充塞宇宙，照耀日月，前不愧古人，后可师于来者"；理学家张载说他"才气老成"；王安石称他为"一世之师"；朱熹说他"天地间气，第一流人物"，又说"本朝忠义之风是自范文正作成起来也"；文学家黄庭坚说他是"当代文武第一人"；金朝人元好问说"文正范公，在布衣为名士，在州县为能吏，在边境为名将，其材其量其忠，一身而备数器……求之千百年间盖不一二见，非但为一代宗臣而已"；清朝乾隆皇帝称他是"济时良相"；清人纪晓岚在《四库全书总目》中为范仲淹所撰《文正集》写提要时说："仲淹人品事业卓绝一时，本不借文章以传……盖行求无愧于圣贤，求学有济于天下。古之所谓大儒者，有体有用，不过如此。"

滩惊浪打风兼雨　独立亭亭意愈闲

——欧阳修的宦海沉浮

唐宋八大家之一的欧阳修不但文章了得，而且官运亨通，做到了调和鼎鼐的参知政事，使后世莘莘士子歆羡不已。他因亢直敢言，不避强御，为当权者所忌恨，因而命途多舛，屡遭贬谪，颠沛流离，不遑宁居，致使一代大文豪66岁时客死颍州（今安徽阜阳）。如此际遇，使人怅怅！

初贬夷陵

欧阳修24岁时进士及第，走入仕途，初任西京（今河南洛阳）留守推官，其时钱惟演为西京留守，欧阳修是他的幕僚。文学家尹洙、梅尧臣也在幕府，他们三人迭相师友，提倡古文，以诗歌相酬和，“遂以文章名冠天下”。景祐元年（1034），28岁的欧阳修调入京师，任馆阁校勘。职掌是负责馆阁所藏图书的编校，是一名微不足道的小官。尽管如此，欧阳修毕竟来到了宋朝的政治、经济、文化中心，有了接近龙颜的机会。

就在欧阳修调入京城的次年，即景祐二年（1035）年初，御史台的长官杜衍荐举一个叫石介的人为御史台主簿（负责收发登记文簿，是低级办事人员）。这年十二月，仁宗郊祀圜丘（祭天时的圆形高坛），大赦天下，录用五代及诸国后嗣为官。其时石介尚未到御史台莅职，上书反对此事，因此触怒仁宗，当即被罢职。朝中大臣一致认为，石介职位卑微，上书谏阻天子已行之事，被罢职是自贻伊戚，罪有应得。而欧阳修却认为御史台的职责，就是议论朝政的得失，即使言论不妥，也不应受到惩罚，更不应该只看天子的眼色行事。于是，他给杜衍写了一封《上杜中丞论举官书》，为石介打抱不平。他说，石介为人刚正而有气节，折节读书，能明辨是非，中丞因此才推荐他。众人都说中丞有知人之明，如今石介因为对天子已行之令提出异议，认为不当给朱温、刘知远的后裔爵位而遭到罢斥，“若至此一事，则介不为过也，然又不知执事以介为是为非也，若随以为非，是大不可也”。他又说：“如今罢免了石介，必定再选择贤能的人代替石介，若这个人又因进谏不合上意，是不是还要更换？如此不停地更换，直到换上一个唯唯诺诺的人才算罢休吗？”欧阳修这封信虽然措辞激烈，但杜衍既未采纳，也没有怪罪他。

杜衍没有责怪欧阳修多事，使初入仕途、涉世未深的欧阳修受到了鼓舞。他以为只要忠贞爱国、不谋私利，对朝廷大事就可以直言无忌，至多是不被采纳，不会带来其他牵累。他太天真了，不久便尝到了苦果。景祐三年（1036），权知开封府范仲淹弹劾宰相吕夷简党同伐异，任用私人，汲汲仕进者多出其门下。又绘《百官图》说哪些人是按次序升迁，哪些人是任意升迁，如何算公，如何算私。提醒仁宗官员的任用关乎国家兴衰，不可任由宰相操纵。吕夷简得知后甚为愠怒。适逢仁宗就范仲淹关于迁都一事征询吕夷简的意见，吕夷简借机对范仲淹发难，说他迂阔，务名无实。范仲淹也不干受谤，接连上了四疏，分别是《帝王好尚》

《选贤任能》《近名》《推委》，内容多是讥刺时政，抨击吕夷简用人不公之言。吕夷简被戳着痛处，勃然大怒，在仁宗面前诬蔑范仲淹"越职言事，荐引朋党，离间君臣"三大罪状，范仲淹也慷慨激昂地抗争。真理虽然在范仲淹一边，但吕夷简是权倾朝野的宰相，拍马溜须的人自然不少，范仲淹则显得势单力薄。吕夷简授意侍御史韩缜上书朝廷，说范仲淹树立朋党，请求榜示朝堂，为越职言事者戒。仁宗竟然偏听偏信，剥夺了范仲淹权知开封府的职务，贬知饶州（今江西波阳）。当时治朋党正严，士大夫慑于吕夷简的权势，不敢给范仲淹送行。谏官、御史台官员也都三缄其口，怕招来横祸。只有天章阁待制李纮、集贤校理王质冒着风险携酒饯行。也仗义执言，为范仲淹鸣不平，这两人均遭到了贬谪。

欧阳修当时仍是人微言轻的馆阁校勘，范仲淹一案与他了不相干，大可不必侧身其中，但是疾恶如仇的欧阳修看不惯那些明哲保身、攀附权贵、落井下石之人。范仲淹忠而被谤，信而见疑，因直言极谏被贬官，这本是一桩冤案，高若讷身为谏官，本应挺身而出，为范仲淹洗刷冤枉，但他却在余靖处诋毁范仲淹，是个十足的卑鄙小人。欧阳修得知后，怒不可遏，立即给高讷写了一封信斥责他，这就是著名的《与高司谏书》。信中说："我十七岁时得知足下进士及第，但不知足下之为人。十一年后我来到京师，足下已在御史台任职，但无颜识荆。听朋友尹师鲁说，足下正直有学问，我疑信参半。自足下任谏官以来，才得以相识。足下论朝中大事，历历可听，褒贬是非，无一谬论，倘能一以贯之，谁不说足下是真君子！我从得知足下之名及相识已十四年，曾三次怀疑足下非真君子，今日对照你的言论与行动，确信足下不是君子而是小人。前日范仲淹贬官后，足下在余靖家诋毁范仲淹的为人，我还以为是戏言，及至见了尹洙，他也证实了足下说过范仲淹的坏话。范仲淹为人刚正不阿，博通古今，磊磊落落立于朝纲，为天下所共知。今日以言事得罪宰相。足下既不能为他辩诬，又怕当权者责备你态度不明，于是便诋毁范仲淹，因贪恋利禄而不敢说真话，这是庸俗人的常情，不过是一个不称职的谏官而已，即使朝廷和大臣也会考虑你的处境，原谅足下闭口不言，不会强迫你一定仗义执言。今日却是如此，你昂然自得，了无愧色，公然诋毁范仲淹应当被贬，以此来掩饰自己身为谏官不表态的过失，令人齿冷！没有能力辨别是非而不言，是愚昧之人水平不够，用巧言令色掩饰自己的错误，则是君子中的败类，足下就是这样的人！”欧阳修怒火中烧，斥责高若讷无耻：

> 昨日安道(余靖)贬官、师鲁(尹洙)待罪，足下犹能以面目见士大夫，出入朝中称谏官，是足下不复知人间有羞耻事尔！所可惜者，圣朝有事，谏官不言，而使他人言之。书在史册，他日为朝廷羞者，足下也。

欧阳修敢作敢为。在这封信中，他告诉高若讷，可携带此信上告朝廷治他的罪，即使杀头他也无所畏惧。

高若讷果然拿着这封信告了御状。他说：“范仲淹被贬之后，遵奉敕令，百官不敢妄有营救。今欧阳修写信诋毁为臣，说范仲淹平生刚正，博通古今，朝中无人能及，责臣不能为他洗冤，犹能安然自得而见士大夫，出入朝中称谏官，是不知人间有羞耻事。又说天子宰相贬谪不合己意的贤人，臣应当力争。臣认为所谓贤人者，乃国家所依赖的治国之人，若因拂陛下之意而逐出朝廷，臣应当进谏；若拂了宰相之意而被逐，臣应据理力争。范仲淹因论事敢言而获进用，今日因口出狂言而被贬谪出朝，岂能说是无辜！

恐朝野之人闻之，纷纷议论天子因不合己意贬谪贤人，给朝廷带来的损害就无法估量了。请陛下令有司戒训欧阳修，免得他邪言惑众。”高若讷真是巧舌如簧，一番话说得仁宗愠怒不已，下诏贬欧阳修为夷陵（今湖北宜昌）县令。如此处置直言敢谏之人，正直士人虽不敢非议天子，但唾弃高若讷的为人。时任西京（今河南洛阳）留守推官的蔡襄，写了一首《四贤一不肖诗》，四贤是指范仲淹、余靖、尹洙、欧阳修，一不肖是指高若讷，此诗很快传遍朝野，高若讷奸邪之名不胫而走。几年之后，范仲淹被起用为环庆路（治所为甘肃庆阳）统帅，负责抵御西夏，征召欧阳修为掌书记，掌管文案奏牍。欧阳修辞而不就，回答说：“昔者之举，岂以为己利哉，同其退不同其进可也。”当年为范仲淹鸣冤，并非沽名钓誉，为一己之利，我愿与你同退，不想与你同进。这是何等磊落的胸怀！

欧阳修于景祐三年（1036）五月间离开京城南下，本拟走陆路，但正值酷暑，又无马可乘，只得改走水路，乘船前往。小船先是沿着汴河行驶，然后穿过淮河，再进入长江，全程五千余里，走了将近四个月，于十月二十六日始抵达贬所。夷陵当时还是未经开发的蛮荒之地，地僻民贫，人称“蛮荆”。欧阳修在《夷陵县至喜堂记》一文中说：“故为吏者多不欲远来，而居者往往不得代，至岁满或自罢去。”没有人愿到夷陵做官，当了夷陵县令的人到任满时也无人接替，只能自动离去。欧阳修自然也有惆怅苦闷，他在《戏答元珍》一诗中说：“春风疑不到天涯，二月山城未见花。”元珍是他的故旧之交丁宝臣的字，当时任峡州判官，峡州的治所就在夷陵。二月春风骀荡，在中原地区已是姹紫嫣红，百花竞放的季节了，而这里还未曾见到绽放的花朵，是不是春风还未吹到远在天涯的夷陵呢？他感叹“夜闻归雁生乡思，病入新年感物华”。夜里听到大雁北归的啾啾声，不禁触动了乡愁，想起了倚门而望的母亲。身体染恙，从旧年到新的一年尚未痊愈，面对自然界的风光，使人感慨万端！在另一首《春日西湖寄答谢法曹歌》中又写道：“少年把酒逢春色，今日逢春头已白。异乡物态与人殊，惟有东风旧相识。”这首诗写于欧阳修被贬夷陵的次年，即景祐四年(1037)二月，谢法曹是他的朋友，其时任许昌法曹参军的谢伯初，西湖即今日许昌市的小西湖，乃游览胜地。诗中说年轻人在烂漫的春色中饮酒，自然是非常惬意的事，今日又逢春天，但我头发已经白了。异国他乡的风光与家乡不同，惟有东风还是旧时相识。这四句诗写得如此凄婉，表明欧阳修心中郁闷不平。这年他才31岁，刚过而立之年，头发哪里会白？说白不过是借吟咏春色抒发自己的感喟而已。“愁人莫与愁人说，引得愁人辗转愁。”贬谪在异国他乡的欧阳修，此刻如同一只离群索居的孤雁，思潮难平是很自然的。他在《与乐秀才书》中说：“修见恶于时，弃身此邑，不敢自齿于人，人所共弃。”天涯孤旅，苦闷彷徨，这就是欧阳修初到夷陵时的心情。

但是欧阳修并未因此而沉沦。贬官夷陵时，他的母亲郑氏言笑自若，并未因此而惊恐不安。她说：“汝家故贫贱也，吾处之有素矣；汝能安之，吾亦安矣。”勉励他不必戚戚于贫贱，汲汲于富贵。若干年后，欧阳修在《泷冈阡表》一文中对母亲的这几句话仍记忆犹新，并以此砥砺自己忠贞报国。来夷陵不久，他就适应了这里的生活：

夷陵风俗朴野，少盗争，而令之日食有稻与鱼，又有橘柚茶笋四时之味；江山美秀，而邑居缮完，无不可爱。是非惟有罪者可以忘其忧，而凡为吏者莫不始来而不乐，既至而后喜也。

夷陵风俗淳厚，少有盗贼，盛产稻鱼，又有橘柚茶笋，加上山明水秀，环境优美，使得那些官吏来时不乐，既来之后又流连忘返了。欧阳修所说或许有夸张之处，但由此可以得知，他已经心虔志诚地做夷陵县令了。

夷陵偏在南方一隅，天高皇帝远，来此当县令者大多敷衍塞责，办事不认真，造成大批冤案错案。欧阳修公余之暇翻阅往日旧案，见错判枉判者比比皆是，非常吃惊，下决心清廉为官，恪守官箴，做到弊绝风清。《宋史·欧阳修传》说他：

方贬夷陵时，无以自遣，因取旧案反复观之，见其枉直乖错不可胜数，于是仰天叹曰："以荒远小邑尚且如此，天下固可知。"自尔，遇事不敢忽也。

欧阳修在夷陵任职时间甚短，但他为政清廉，关心民瘼，他的轶事，至今还为当地人津津乐道。

再贬滁州

景祐四年（1037）十二月，欧阳修调任光化（今湖北光化县西北，治所在乾德县）县令，次年三月赴任。宝元二年（1039）六月，又调任为权武成军（今河南滑县）判官。宋代被贬谪官员多是去南方偏远荒僻之地，若从南方迁往北方城市任职，称为量移，这意味着有朝一日还会被起用。欧阳修果然在康定元年（1040）被召回朝中，仍任馆阁校勘，奉命参与《崇文总目》，书成之后，晋升为集贤校理。集贤院掌收藏、校勘典籍，与史馆、昭文馆合称三馆，集贤校理是集贤院学士的属官，职掌是校理经籍。翰林学士王尧臣主持修《崇文总目》，共 60 卷，收录三馆、秘阁藏书 30669 卷。欧阳修用力甚勤，给仁宗留下了良好印象。庆历年间，朝廷对西夏用兵不尽如人意，京东、京西盗贼四起，宰相吕夷简又因执政无方被罢，仁宗欲更改天下弊端，决定增设谏官，欧阳修有幸被选中，由集贤校理升为知谏院，谏院掌管规谏讽喻，知院官由司谏、正言充任，以他官入谏院供职者称知谏院。和欧阳修一起入谏院的还有王素、余靖。仁宗赐王素三品服，余靖、欧阳修五品服，并勉励三人说："卿等皆朕所自择，数论事无所避，故有是赐。"由天子亲自拔擢欧阳修为谏官，又褒扬他"论事无所避"，可见仁宗求治之切，对欧阳修期望之殷！

欧阳修不负天子颙颙之望。庆历三年（1043）三月他被任命为知谏院时，正以同知太常礼院（掌讨论礼制）身份通判滑州（今河南滑县东旧滑县城），四月份始抵达京城，五月份便给仁宗上疏了。原来韩琦、范仲淹两人是抵御西夏的统兵将领，同时调入朝中任枢密副使，表面上是升了官，但因是枢密使的副手，公事不多，每日只是与两府人员一起随例上殿，呈奏寻常公事，仁宗也从未召见垂询西夏事宜。欧阳修认为西夏之事尚未办妥，边陲必有紧急之事发生，"乞陛下因无事之时，出御便殿，特召琦等从容访问，使尽陈西边事宜合如何处置"。当时任参知政事的王举正懦弱无能，尸位素餐，无所建树，欧阳修与余靖、蔡襄等上书天子，请求以范仲淹取代王举正。王举正也颇有自知之明，请求辞去参知政事之职。仁宗准如所请，命他为礼部侍郎、知许州（今河南许昌），范仲淹则由枢密副使改任参知政事。范仲淹认为参知政事乃是执政大臣，不能因谏官举荐而获此职位，辞而不受，几个月后才接受了这一任命。

欧阳修黾勉王事,知无不言。沂州(今山东临沂)士兵王伦反叛,所过劫掠一空。欧阳修上书说:“近日四方盗贼渐多,是因为国家素无御备之策,官吏赏罚不公所至。今王伦等连陷楚(今江苏淮安)、泰(今属江苏)等州,如入无人之境,巡检、县尉不思如何守御城池,反而开门揖盗,送贼衣甲、器械。请自今日起,有此等行为的巡检、县尉应除名,勒令从军自效。西夏国主元昊派使臣至京师,态度傲慢,称男而不称臣。”又说:“西夏派来的使臣倨傲不逊,必须挫其骄慢之气,接待如果过于优厚,彼必以为我朝怯懦可欺,事事要挟,请降低接待规格。听说朝中有人不惜委曲求全,急欲与西夏求和,这些人多是不忠于社稷、无知无识之人。陕西因与西夏接壤,百姓也急于求和,应派宣抚使告以朝廷非不欲求和,但西夏不肯驯服,目前尚未达成协议。然后训诫陕西地方官,减轻当地百姓的徭役负担。其他小人的不当言论,请陛下不要听信。”仁宗看了,未置可否。

就朝廷大事发表议论,虽是谏官的职责所在,但欧阳修指责时弊的言论,却使执政者不快。他弹劾那些不称职官吏的言论,更令执政者愠怒不已,必欲驱逐他出朝而后快了。庆历三年(1043)六月,京城霖雨不止,翰林学士苏绅上奏说,之所以大雨不止,是因为谏官多事,惹得苍天震怒所致,矛头直指欧阳修、王素等谏官。苏绅的话分明是一派胡言,欧阳修自然要反击。适逢太常博士马端升官为监察御使,而该人乃苏绅所荐。马端品行不正,竟然告发母亲隐私,致其母受杖脊之刑。欧阳修上书说:“马端枉为人子,不能防患于未然,陷其母于过恶之中,又不能容忍,使得亲生母亲受刑,这种人根本不配做官,岂可当天下法官!苏绅与这种小人气味相投,因此才举荐马端为监察御史。”仁宗览奏，命人核查，得知欧阳修所言是实，于是贬苏绅知河阳（今河南孟州市），马端也被贬出朝。大臣滕宗谅知泾州（今甘肃泾川西北泾河北岸）时，因使用公使钱本是合法支出，被人诬告，朝廷派燕度勘鞫此事。燕度扩大事态，枝蔓勾追，牵连无辜，致使监狱人满为患，弄得人人自危。欧阳修挺身而出，为滕宗谅鸣不平，上书仁宗说不应该如此枝蔓勾追，边臣今后用钱只要不入私囊，可任从支出，不须畏避，这样可使地方官员安心用命立功。又说边臣张亢也因公使钱问题在陕西受到追究，大将狄青也被牵连其中。他本是武将，不懂法律，即使用过公使钱，也不是故意违法，不过失于检点而已，请求免于勘问。结果滕宗谅降一级，狄青也得以从轻发落。

端明殿学士李淑升为翰林学士，他正兴高采烈之时，欧阳修却上书弹劾他是奸邪小人。端明殿学士与翰林学士虽然都出入侍从天子，以备顾问，但翰林学士为天子讲解经史，位在端明学士之上。欧阳修在延和殿奏事时，当着李淑的面，说他是品质恶劣的小人。退朝后又上书说："李淑投靠宰相吕夷简，卑鄙无耻，和臭味相同的人同恶相济，被正直之人称为三尸五鬼，此等人应该贬出朝廷，在外地给一差遣。"几天之后，李淑被贬知寿州（今安徽凤台），但李淑并未赴任，仍赖在京师不走。欧阳修又上书说："李淑之所以不肯赴任，是因为中书长官说，须得李淑自己提出去外地供职，才能下调令。此举分明是大臣怕结怨于人，不肯认真办事，请陛下处分这些蝇营狗苟之人，以彰显圣明之德。"结果李淑被贬知郑州。澧州（今河南澧县）献给朝廷一棵瑞木，即一棵表示祥瑞的树，树上有"太平之道"四字。欧阳修知得后上书说："知州冯载本是武人，不识大体，献祥瑞以讨好朝廷。如今西夏元昊反叛，北方契丹对我朝虎视眈眈，西方边陲泸戎，南方湖南路、岭南等地,无一处无事。内地则百姓困弊,盗贼纵横,依臣看来,实未见太平之象。在此之前,太平州(今安徽当涂)曾献芝草,今又进瑞木,窃恐四方仿效,争造妖妄。冯载所进瑞木,伏乞陛下不要让大臣传看,并下诏天下,凡有奇兽、草木之类,一律不准进献。”欧阳修如此激浊扬清,抨击邪恶,使那些奸邪之人无所施其技,自然对他怀恨在心。《宋史·欧阳修传》说:“修论事切直,人视之如仇,帝独奖其敢言。”这真是切中肯綮的评价!

那些奸邪小人终于按捺不住,跳出来向欧阳修发难了。第一个跳出来的是夏竦。此人自私贪婪,才干平庸,在仕途上几次大起大落。吕夷简罢相后,夏竦于庆历三年(1043)拜枢密使,但受到台谏官员的猛烈抨击,被贬知亳州(今属安徽),取代他的是杜衍。范仲淹、韩琦、富弼等正直大臣掌控二府,欧阳修、王素等为谏官,朝廷上气象一新。有个叫石介的官员,作《庆历圣德诗》,说进贤臣退奸人不是容易的事。贤人指范仲淹、杜衍、欧阳修等,奸人则指夏竦。夏竦读了后暴跳如雷,勾结同伙制造舆论,说杜衍、范仲淹、欧阳修结朋树党,应称之为党人。一时之间,朋党之说甚嚣尘上,连仁宗皇帝也受到了迷惑。他问范仲淹:“自古小人多为朋党,有没有君子之党?”范仲淹回答说:“臣在陕西统兵抗御西夏时,见勇于杀敌者结为一党,贪生怕死怯战者也结为一党,在朝廷上也有正、邪两党。如果结为同党匡扶社稷,这对国家岂不是有益无害!”欧阳修得知后,写了一篇《朋党论》上呈仁宗,以恢宏的气势、缜密的论述,驳斥了夏竦等人的谰言。他说:

臣谓小人无朋,惟君子则有之,其何故哉?小人所好者禄利也,所贪者财货也。当其同利之时,暂相党引以为朋者,伪也;及其见利而争先,或利尽而交疏,则反相贼害,虽其兄弟亲戚不能相保。故臣谓小人无朋,其暂为朋友者,伪也。君子则不然,所守者道义,所行者忠信,所惜者名节;以之修身,则同道而相益,以之事国,则同心而共济,始终如一。此君子之朋也。故为人君者,但当退小人之伪朋,用君子之真朋,则天下治矣。

这番议论义正辞严,掷地有声,正人君子读了荡气回肠,奸邪宵小之人读了则恨得咬牙切齿。夏竦的党羽摘取文中若干句子,断章取义,深文周纳,怂恿内侍蓝元震上书天子:“范仲淹、欧阳修、尹洙、余靖四人,蔡襄称之为四贤。他们被逐出朝廷不久,又陆续回到京师。四人得志后,援引蔡襄为同党。他们把国家爵禄当成私人的恩惠,树朋立党,互相提携,不过两三年时间,便布满了朝廷的重要岗位。如此误导朝廷,扰乱国家,以后谁还敢进谏!”仁宗深知欧阳修的为人,不相信这番鬼话,对身边的大臣说:“如欧阳修者,何处得来?”即像欧阳修这样忠贞为国的人,到哪里去寻找呢?于是,任命他为同修起居注、知制诰。按照惯例,知制诰一职因接近龙颜,要求特别严格,必须考试合格才能任命。仁宗下诏欧阳修作为特例,不须考试,直接授给官职。北宋一朝不试而授知制诰者只有陈尧佐、梁周翰、杨亿、欧阳修四人。

庆历四年(1044)四月,有人上书说自对西夏用兵,河东(今山西一带)粮饷不继,请废掉麟州(今陕西神木)以节省粮饷。欧阳修奉命出使河东,提出麟州不可废,但赋敛过重,百姓不堪负担,应当减免。从河东归来,征尘未洗,适逢保州(今河北保定)又发生了士兵骚乱事件,仁宗命欧阳修以龙图阁直学士、右正言、知制诰的身份出任河北都转运使。宋朝初年设转运使,掌供应军需之事;太宗以后,转运使成为一路行政长官,掌管财赋,监察各州官吏，都转运使则兼管数路，权力更大。由此可知仁宗对他的倚重。陛辞之日，仁宗对欧阳修说："命卿出使河北，只是权宜之计，不会让你久留于彼。若想奏事，可大胆直言。"欧阳修回答："臣任谏臣时，即使风闻之事也可上奏，那是职责所在。如今在地方任职，越职言事，乃是罪过，臣斗胆不敢。"仁宗莞尔一笑说："卿有事只管上奏，不必区分朝内朝外。"兵变平定之后，大将李昭亮、通判冯博文私自掠取叛军家属中有姿色的妇女，欧阳修大怒，逮捕冯博文入狱。李昭亮见势不妙，也把掠取的妇女放了出来。原来，朝廷许诺参加骚乱的士兵如果停止叛乱就可以免死，但都被处死了。有胁从两千人，怕他们日后生事，也准备处决。欧阳修在返程路过内黄（今属河南）时，遇到了前来处理此事的宣抚使富弼，劝告他杀死已降之人贻患无穷，何况是胁从！富弼觉得此话有理，这些胁从才保全了性命。他们对欧阳修感激不已。

欧阳修离朝才几个月，朝廷上却有了很大变化。主持庆历新政的参知政事范仲淹因触动了那些戚畹贵族的利益而被贬出朝，宰相杜衍、枢密副使富弼、韩琦也相继去职。一时忠良蒙难，奸邪之人则弹冠相庆。欧阳修愤愤不平，慨然上书说："杜衍、韩琦、范仲淹、富弼等人，天下人皆知是可以倚以重任的贤臣，不闻有可以罢免之罪。臣虽不在朝任职，不知事情原委，但臣知自古小人谗害忠良，总得找个借口。欲陷害一批正直良善之人，便指他们是朋党，要动摇某个大臣，便污蔑他专权。为何这样说？因为排挤走一个正直的大臣，其他正直大臣还在朝中，奸邪小人仍不能售其奸。欲悉数排挤走正直大臣，那些人正直立朝，又没有把柄可抓，只有指责他们是朋党，才可一网打尽。至于大臣已被朝廷熟知而蒙信任者，难以其他事情中伤之，只有拿天子最厌恶的专权说才能让他身败名裂。正直大臣在朝,使那些奸邪小人忌惮不已,忠心耿耿匡扶社稷的人弃而不用,只能给敌国带来好处。如今范仲淹等四人均被罢职,必然使奸邪小人拍手相贺于国内,而四夷敌寇相贺于国外,臣为朝廷感到痛惜。”奏疏递了上去,仁宗留中不发,没有下文。

那些奸邪小人好不容易排挤走了范仲淹等四人,正在兴高采烈、得意忘形之时,忽然斜刺里杀出一个欧阳修,为范仲淹等鸣不平,不禁恼羞成怒,要把他逐出朝廷。然而欧阳修正直立朝,无可中伤,那些奸邪小人便用莫须有的暧昧之事诬陷他,使他声名狼藉,无颜立于朝廷。欧阳修有一个妹妹,嫁给张龟正为妻,谁知红颜薄命,结缡未久张龟正便撒手而去。欧阳氏膝下无子,有一女儿乃张龟正前妻所生,年方 4 岁。欧阳修之妹孤苦伶仃,无法度日,只得带着 4 岁的女孩投奔娘家。到了及笄之年,这个女孩出落得亭亭玉立,风流靡曼,由欧阳修做主,嫁给了他的侄子欧阳晟。欧阳晟任虔州(今江西赣州)司户时携妻张氏赴任,任满归来时与仆人陈谏同行。张氏帷薄不修,竟与陈谏通奸,奸情败露后,两人被拘于开封府。其时知开封府事的人叫杨日严,他任益州(今四川成都)太守时贪赃受贿,欧阳修曾弹劾他贪婪奸邪,因此怀恨在心,寻觅机会报当年的一箭之仇。张氏乃欧阳修甥女,杨日严便命狱吏想方设法把欧阳修牵连进去。张氏急于洗刷自己,竟按照狱吏的指使,说自己未嫁时欧阳修对她如何如何,多是暧昧不可告人之语。奉命审理此案的军巡判官孙揆是正直之人,不信张氏的胡言乱语,审问张氏与陈谏通奸事,不涉及欧阳修。杨日严对此甚为不满,又怂恿谏官钱明逸上书弹劾欧阳修与甥女张氏有奸情,且敛其财。宰相陈执中才干平庸,执政期间乏善可陈,被苏东坡称为俗吏。他也不喜欢欧阳修亢直敢言,想借此事株连他，几次在仁宗处进谗言。仁宗于是命太常博士苏安世审理此案，苏安世欲秉公处理，宰相陈执中却示意他锻炼周纳、罗织罪名。苏安世正在为难之际，仁宗又派内供奉官王昭明监勘此案。王昭明见了案卷，大吃一惊说："我天天在官家（宋朝称天子为官家）左右，官家隔不了三天便提起欧阳修。如今你所拼凑的案卷，乃是迎合宰相的意见，给欧阳修加了许多不实之词，他日官家若知道真相，你我恐怕就性命不保了。"苏安世听了，惶惧不已，但仍按陈摸所勘定的意见上奏，只弹劾欧阳修用张氏钱购置田产一事。张氏乃欧阳修甥女，虽无血缘关系，也是妹妹的养女，舅舅即使用了甥女的钱置买田产，也算不得什么大事，但陈执中、杨日严等还是不依不饶。于是，欧阳修被贬出朝知滁州（今属安徽）。这是他第二次被贬谪了。仗义执言的苏安世被贬为监泰州（今属江苏）盐税，王昭明监寿春县（今安徽寿县）酒税。两人虽然被贬，但在朝野间颇获好评。

庆历五年（1045）八月，欧阳修被贬，十月二十日抵达滁州。滁州介于江、淮之间，舟车商贾来此地者甚少，百姓淳朴，安于畎亩。欧阳修政事之暇，悠游山水，滁州的许多地方都留下了他的屐痕。他在《丰乐亭记》中说："修之来此，乐其地僻而事简，又爱其俗之安闲。既得斯泉于山谷之间，乃日与滁人仰而望山，俯而听泉。"又在《丰乐亭游春》诗中说：

红树青山日欲斜，长郊草色绿无涯。
游人不管春将老，来往亭前踏落花。

他似乎把在朝中所受诬陷带来的烦恼都丢到脑后了。那篇脍炙人口的《醉翁亭记》即写于此时，当时他40岁。但是无端受人中伤，又使他愤懑不已。在《画眉鸟》一诗中说，画眉鸟百啭千鸣，在红花紫树之间尽情啼叫，如果把它锁在笼子里，就没有这样的自由自在了：“始知锁向金笼听，不及林间自在啼。”宛转地表达了对朝廷禁锢正言说论的不满，对自己受到压制表示抗议。在《鸣鸟》一诗中借鸟啼声愤怒地说：“我遭谗口身落此，每闻巧舌宜可憎。”又在《鹭鸶》一诗中说鹭鸶在惊涛骇浪中亭亭独立，意态悠闲时说“滩惊浪打风兼雨，独立亭亭意愈闲”，实际上是表示自己在复杂的政治斗争中坚定不移、勇往直前的品格。他的挚友石介生性耿直，多次上疏抨击邪恶，庆历新政失败，他也被列为党人，贬为通判濮州（今山东鄄城北），未及赴任便卒于家中。著有《徂徕集》。欧阳修在《重读徂徕集》一诗中说：

谗诬不须辨，亦止百年间。
百年后来者，憎爱不相缘。
公议然后出，自然见媸妍。
孔孟困一生，毁逐遭百端。
后世苟不公，至今无圣贤。
所以忠义士，恃此死不难。

这段话是说石介，也是说自己。不管受多少诬陷，都不须辩驳，百年后水落石出，谁好谁坏，自有公论。孔、孟生前也遭到谗毁，后世还了他们两人公道，尊之为圣贤。忠义之士只要有此信念，至死也不会动摇。说得何等好啊！

以上这些诗文，都写于被贬滁州期间。透过这些诗文，我们看到了一个凛然正气，不屈不挠的欧阳修。

三贬亳州

仁宗至和元年(1054)五月,欧阳修回到了睽违将近10年的京城开封。在这将近10年的时间里,他由知滁州改任知扬州(今属江苏)、知颍州(今属安徽阜阳)、知应天府兼南京留守。应天府即宋代的陪都南京,也就是今日河南的商丘。陪都均设留守,处理军政要务,其地位比一般的州郡要高。欧阳修能担任留守一职,意味着他的处境比以前稍稍有了好转。但是他不能施经纶、展抱负,英雄无用武之地,未免郁郁不乐。仕途上磕磕绊绊,家庭生活也屡遭变故。他27岁时原配夫人胥氏病故,胥氏当时只有17岁;28岁再娶谏议大夫杨大雅之女,不幸的是,次年杨氏又香消玉殒,年仅18岁。这两位夫人都是在花样年华即撒手而去,对欧阳修是个不小的打击。31岁时娶资政殿学士薛奎之女为妻。39岁时欧阳修贬官滁州,刚刚到任,女儿欧阳师便短命夭亡。他在《白发丧女师作》一诗中说:“吾年未四十,三断哭子肠。子割痛莫忍,屡痛谁能当!割肠痛连心,心碎骨亦伤。”接二连三的打击,使得尚不到不惑之年的欧阳修已是两鬓苍苍,生有白发了:“自然须与鬓,未老先苍苍。”欧阳修46岁时,母亲郑氏驾鹤西去,享年72岁。欧阳修丁忧归颍州,次年葬母亲于吉州(今江西吉安)沙溪泷冈,写了一篇情真意切的《泷冈阡表》。丁忧期满才调回朝中,这年他48岁。

欧阳修赴京城后照例觐见天子,仁宗见他鬓有白发,不禁恻然,问他在外几年,今年几岁。欧阳修回答之后,仁宗甚为高兴,当即任命他判吏部流内铨。流内铨一职归吏部管辖,掌文官自初仕至幕职州县官的铨选注拟及磨勘功过等事。那些奸邪小人恐怕欧阳修被朝廷重用，便模仿他的笔迹，以他的名义伪造了一封奏表，请求淘汰内侍中倚仗天子势力为非作歹者。宫廷中内侍不明真相，以为果真是欧阳修上的奏章，纷纷攻讦中伤他。适逢选人张俅、胡宗尧按照惯例该由幕职州县官改为京城中的官吏，胡宗尧在常州任推官时，知州把官船借给私人，事发之后，知州受到了处分，胡宗尧也被牵连其中。等到仁宗询问张俅、胡宗宿该不该转为京官时，欧阳修回答："胡宗宿所犯错误甚轻，况且已被免除了官职，此次应当入选京官。管理这一级别官员正是欧阳修的职权范围，而他说的又是实情，但是那些进谗言的小人却节外生枝，胡说胡宗尧乃翰林学士胡宿之子，胡宿与欧阳修是故旧之交，故刻意包庇他，此举是夺天子之权，罪莫大焉！"仁宗最恨的是臣下跋扈，目无天子，那些小人的挑拨正好击中了仁宗的痛处，于是不等欧阳修分辩，便免了他判吏部流内铨之职，改为知同州（今陕西大荔）。欧阳修上任还不到10天，这意味着他从外地赴京席不暇暖，又一次被贬谪出朝。判吏部南曹吴充、冯京都因替胡宗尧说话而改任他职，吴充又单独上书为欧阳修辩护，仁宗不予理睬。正当欧阳修收拾行囊，准备到同州赴任之际，知谏院范镇便挺身而出，为欧阳修辩冤了。他说："欧阳修担任的是铨曹之职，铨选官吏是其职责所在，他们所铨选的官员也都是遵循宫禁中的批旨办理的，有疑问时再上奏定夺，多年来都是如此，并无过错。如今小人说欧阳修夺了天子之权，如此下去，恐怕天子与臣下互相怀疑，当臣子的心怀畏惧，谁还敢上书言事，辩论是非！请陛下惩治那些进谗言之人，恢复欧阳修的官职。"仁宗看了，沉默不语。范镇几次上书为欧阳修缓颊，宰相刘沆也帮忙说情，仁宗这才怒气全消，下诏让欧阳修留居京城撰写《唐书》。五代时，后晋宰相刘昫曾修有《旧唐书》，欧阳修与宋祁共同主持修撰的是225

卷的《新唐书》。欧阳修这次得以化险为夷，全靠了吴充、范镇、刘沆等人的帮助，可见人心不泯！

欧阳修在朝中度过了一段波澜不惊的安定生活，仁宗对他也甚为青睐。其间，他奉命出使契丹，不辱使命而还；主持礼部会试，痛批士子所写险怪奇涩的文字，凡有此等文字者，一律黜而不取，从此文风大变；继包拯之后知开封府，为政宽简，不扰百姓，京城秩序井然，弊绝风清；黄河在商胡（指商胡埽，在今河南濮阳）决口，如何治理，朝中议论纷纭，欧阳修也积极向朝廷献言献策。欧阳修还兼任管理全国马匹牧养、训练、使用的群牧使，尽心尽责，颇有成效。他的官职也不断擢升，先是任翰林学士，加龙图阁学士，《新唐书》修成后，又拜礼部尚书兼翰林侍读学士。翰林学士可为天子起草诏告，已是令人歆羡的官职，而翰林侍读学士除了为天子起草诏书外，还为仁宗一辈子讲解经史，有更多的机会接近龙颜。倘不是天子信任的人，是不可能得到这一职位的。仁宗嘉祐五年（1060）拜枢密副使，次年任参知政事。参知政事是副宰相，这离宰相之位就只有一步之遥了。

如果欧阳修墨守成规，四平八稳，他肯定能成为与吕蒙正、韩琦、司马光一样的名相！但是“江山易改，禀性难移”，欧阳修刚正不阿的性格，给他招来了不少怨怼。他不懂水至清则无鱼，人至察则无徒的道理。办事认真，固然是忠于朝廷的好事，得罪的人却越来越多。那些奸邪小人群起而攻之，弄得欧阳修身心俱疲，承受了很大压力。仁宗至和年间，宰相陈执中家捶挞婢女迎儿致死，招致朝中大臣猛烈抨击，要求朝廷罢其宰相之职，仁宗不纳。殿中侍御使赵抃弹劾陈执中不学无术、措置颠倒、引用奸邪、延请术士、私仇必报、排斥良善、刚愎任情、家声狼藉八件事，请求正陈执中之罪，仁宗未采纳。于是，赵抃联合其他谏官一同上殿进谏，但被阻挡在了殿外。知谏院范镇上书说：“御史台官员全部请求上殿，陛下为何不见？听听他们对陈执中的意见是否合理，判明是非，可行则行，不可行也当明白晓谕，使他们知道错在哪里。今陛下拒而不见，与陛下倡导的广开言路岂不背道而驰！”仁宗这才延见赵抃等人。这些人一致认为应罢免陈执中，仁宗仍然不置可否。时任翰林学士的欧阳修也按捺不住愤怒，给仁宗上书了。本来弹劾权臣不是翰林学士的职责所在，他大可缄口不言；但欧阳修疾恶如仇，骨鲠在喉，不吐不快，上书言辞激烈，直击仁宗痛处。他说：

> 执中不学无识，憎爱挟情，除改差谬，取笑中外，家私秽恶，流闻道路，阿意顺旨，专事逢君，此乃谗上傲下愎戾之臣也。陛下爱之重之，不忍去之。陛下睿智聪明，群臣善恶，无不照见，不应倒置如此，直由言事者太切，而激成陛下之疑惑耳！

欧阳修在抨击陈执中的同时，又指责仁宗对陈执中的罪恶不应视而不见，如此善恶颠倒。别的大臣进谏，都说得婉转，怕逆了龙鳞，惹出麻烦；欧阳修却全然不计后果，痛快淋漓地直抒胸臆。这一段鞭辟入里的文字，使仁宗大受震动，他知道众怒难犯，不得已罢了陈执中宰相之职，改为判亳州（今属安徽）。这个“判”字大有讲究，欧阳修贬为夷陵县令、知滁州，都未用“判”字。宋代以二品以上京官或带有中书省、枢密院的职衔担任官职较低的知州、知府时才叫“判”。陈执中判亳州，意味着仁宗还有意庇护他。赵抃等人再次弹劾陈执中之恶，说让他判亳州是罪大责轻，仁宗这才免了陈执中的所有职务。欧阳修直言无忌，仁宗甚为不悦。欧阳修知道自己不宜在朝，提出想去蔡州（今河南汝南），仁宗顺水推舟，允如所请，下诏让他知蔡州。殿中侍御史赵抃得知消息，再次仗义执言："窃见近日以来，朝中正人贤士纷纷离朝，如吕溱知徐州（今属江苏）、蔡襄知泉州（今属福建）等。听说欧阳修请求知蔡州，贾黯请求知荆南府（治所在今湖南长沙），还有其他请求离朝者。陛下的侍从之臣忠贞贤良如欧阳修者甚少，坚决请求离朝去地方任职者，没有别的原因，是因为不能阿谀奉承权贵，天天都担惊受怕受到中伤，都打算效法吕溱、蔡襄而去。陛下又接受他们的请求，调他们去地方任职，万一朝中有缓急之事，陛下还能找何人咨询，把事情办好呢？伏望陛下不要让欧阳修离朝，留下来当朝廷的羽翼，辅佐陛下。"知制诰刘敞也上书附和赵抃。仁宗思虑再三，决定收回成命，仍让欧阳修在朝供职。欧阳修有惊无险，又一次渡过了难关。

有过两次被贬经历的欧阳修还是不改倔犟本色，即使再次碰得头破血流，铩羽而归，他也不改初衷。与他同时的范仲淹说过"宁鸣而死，不默而生"，欧阳修也是如此。遇到他认为不平之事，决不会钳口结舌，一言不发。嘉祐元年（1056）判大名府（今河北大名江）贾昌朝调回朝任枢密使，欧阳修上书说："贾昌朝乃奸邪小人，深谙做官之道，能花言巧语掩饰自己之奸，善于玩弄阴谋诡计陷害忠良之士，身边麇集了不少无耻小人，那些人都乐为其用。似贾昌朝这类人不宜回朝，应还其旧任，仍在大名府任职。仁宗不听，三年后才令贾昌朝去职。"贾昌朝因此对欧阳修恨入骨髓。嘉祐四年（1059），包拯被任命为三司使，欧阳修认为不可，上书弹劾包拯说："包拯在御史台任职时指责三司使张方平过失，张方平引咎辞职，朝廷以宋祁代之。包拯又弹劾宋祁过失，宋祁也被罢职。因包拯弹劾而有两人免职，他自己却当上了三司使，这岂非蹊田夺牛，践踏坏了别人的田地，又夺走了人家的耕牛，岂能无过！”

奏疏递上了上去，包拯不敢就职，在家避嫌，过了很久才上任。其实，他弹劾张方平、宋祁，桩桩件件，皆有所本，并非无中生有、栽赃陷害，上书的本意只是为朝廷着想，并非想取而代之，为自己谋取三司使的官位。欧阳修还没弄清事情原委，便上书弹劾包拯，自然招致了包拯的不满。现在看来，欧阳修的确有点孟浪操切。《四库全书提要》在评价《包孝肃奏议》一书时说：“拯之刚正，岂逐人而觊其位者，修虽有此奏，特宋人好为议论之习。”说得完全不错。嘉祐六年（1061），右谏议大夫陈旭擢升为枢密副使，朝中有人传言他结交宦官史志聪、王世宁等，由宦官在天子面前为他美言，才得以不次擢升。知谏院唐介于是弹劾陈旭阿附权贵，为人所不齿；知开封府时，以低价强买富民之马，又把外兄纳于府舍，派他交结权贵，应予惩处。仁宗把奏章交给陈旭看，陈旭当场上奏，说唐介所言不实。说毕即居家不出，请求罢职。仁宗用人心切，下诏让陈旭莅职。唐介却在宫殿门口待罪，几次三番被人劝回，不久又回到了宫殿门口，要求惩办陈旭。惹得仁宗大怒，贬陈旭知定州（今河北定县），贬唐介知洪州（今江西南昌）。欧阳修上书请召唐介还朝，以激励守节敢言之人。仁宗怪欧阳修多事，没有答复。唐介固然感激欧阳修，但陈旭却对他怨恨不已。

英宗赵曙即位之初染疾未愈，不能上朝视事，由曹太后垂帘听政。曹太后虽然也涉猎经史，但无从政经验，不得不依赖二三大臣处理朝政，身为参知政事的欧阳修正是她依赖的大臣之一。此时的欧阳修意气风发，满腔豪情，每次在帘前奏事，或是执政大臣商议朝中事务，凡是和自己见解不同者，他都竭力争辩，直到符合己意为止。台谏官员到政事堂议事，他们的意见刚刚出口，便遭到欧阳修严厉申斥。士大夫在朝廷上所提建议及所请求要办之事，以前的执政大臣处世圆滑，往往嫜婴不决，不明确表态支持或是反对，而欧阳修却办事认真，必一一剖析明白，说此事可行，彼事不可行，因此怨诽者甚多。英宗曾称赞欧阳修说："性直，不避众怨。"欧阳修也引用前宰相王曾的话说，如果把好处都归自己，又有谁去承受怨言呢！《宋史·欧阳修传》也说："及执政，士大夫有所干请，则面谕可否，虽台谏官论事，亦必以是非诘之，以是怨诽益众。"

宋英宗赵曙即位后的第二年，也即治平二年（1065），三司使蔡襄突然被贬知杭州，在朝廷上引起了一场轩然大波。欧阳修竭力周旋，想使英宗收回成命，没有成功。原来英宗并非仁宗之子，他的生父乃是濮安懿王赵允让，允让乃太宗之孙，商王元份之子，死后追封濮王。仁宗无子，以允让第十三子宗实为皇子，即位后即英宗。他因身体欠佳，须用药物疗疾，便由皇太后垂帘听政。宦官、宫中妃妾散布流言，说近臣中有对英宗即位有疑议者，有人说蔡襄就有议论，但具体言论不详。这话传到英宗耳中，他甚为不快，几次问身边大臣，蔡襄是何等样人。一日，蔡襄因家中有事请假，英宗对执政大臣说："三司使掌天下钱谷，事务繁忙，而蔡襄十日中四五天不在岗位，何不换成别人？"宰相韩琦上奏说："蔡襄任三司使没有过错，罢免他名不正言不顺，何况也找不出一个才识名望超过蔡襄者。"欧阳修也上奏说："蔡襄之母八十有余，体弱多病，蔡襄所请只是早朝之假，未问候陛下起居而已。太阳升高后即赴三司视事，从未耽误过。"英宗沉默不语。后来，英宗每逢谈及三司之事，脸上便现出不快神色。后来西夏国主谅诈攻掠泾原（今甘肃平凉）时，英宗晓谕中书说："边庭将要发生战争，筹备军需是紧急之务，三司使一职当及早择人。”此时的三司使就是蔡襄，英宗提出当及早择人，明显是要撤他之职。韩琦、曾公亮几次为蔡襄辩冤，英宗仍坚持己见，认为蔡襄散布过他的坏话。蔡襄无奈，只得请辞。欧阳修当即觐见英宗说：“陛下认为蔡襄果真有对天子不恭的言论吗？”英宗说：“虽然没有见诸文字，但也不能确保其无有。”欧阳修说：“这种道听途说的诽谤之言，不仅无迹可寻，就是迹状分明，还须辨别真伪。仁宗朝时，夏竦想陷害富弼，让他的婢女仿效石介的字体，久而久之模仿得可以以假乱真，便伪造了以富弼之名撰写的废立诏书，企图置富弼于死地。幸赖仁宗圣明，识破了夏竦奸计，富弼才得以保全。我在至和初年服丧期满回到京城，奸邪小人有忌恨为臣者，伪造我撰写的请求淘汰宦官的奏稿，传布中外，宦官们无不恨得咬牙切齿，幸赖仁宗保全至今。从这两件事看，蔡襄即使有文字，也须分辨真伪，何况是道听途说之言呢！”英宗执拗地说：“制造谣言的人为何不说是其他人，偏偏说蔡襄？他岂能逃脱干系！”任凭欧阳修说得唇焦舌敝，英宗仍然不纳，坚持把蔡襄贬出朝中。而欧阳修也在这位年轻天子心中留下了不良印象。

如果说欧阳修亢直敢言、不留余地已使很多人不快，那么关于“濮议”的争论，则使他受到了更大訾议。濮议是宋英宗时朝中大臣对英宗生父濮安懿王赵允让应奉典礼的争议。治平二年（1065），英宗下诏议崇奉濮王典礼。大臣司马光认为：“过继给别人当儿子的人，不能只顾自己的亲生父母。濮安懿王虽是陛下亲生之父，但陛下之所以能位居九五之尊，子孙万世相承者，皆先帝仁宗所赐也。臣窃以为应尊濮王为高官大国，濮王正妻王氏、继妻韩氏及英宗生母任氏并封太夫人，考之古今，实为允当。”翰林学士王珪同意此说，即以司马光之议上报。中书上奏说："王珪等所议未见详定，濮王当称天子何亲，该不该有父子的名分？"王珪等议定，按照辈分濮王是仁宗之兄，因此英宗应称他为皇伯，但不能有父子名分。时任参知政事的欧阳修反对这一意见，他引用《仪礼·丧服记》说，过继给别人当儿子的人，为亲生父母服丧时，应服丧三年，在丧礼的规格上可降低一等，但应当保留父子名分。这就是说丧礼规格可降低一等，而父子名分不应当废除。如果改称亲生父亲为皇伯，查遍前代历史，皆无典可据。进封为大国也不妥，没有儿子为父亲加爵的道理。朝廷上明显分为两派，吕诲、司马光这一派人多势众，欧阳修这一派未免势单力薄。吕诲说欧阳修"首开邪议，以枉道说人主，以近利负先帝，陷陛下于过举"。司马光等斥欧阳修濮议之说为邪说，攻讦他"豺狼当路，奸邪在朝"。欧阳修反唇相讥，指斥吕诲等"急于卖直取名，肆其诬罔"。吕诲等以天子不纳忠言为由，辞职居家待罪，请求罢免韩琦、欧阳修等人。欧阳修也提出辞呈，请求离朝。英宗犹豫再三，决定贬谪吕诲、范纯仁、吕大方、吕公著等大臣，欧阳修则安然无恙。于是，他又一次招致众人怨恨，成为众矢之的。

厄运再次降临到欧阳修头上。他的政敌们使尽了吹毛求疵、洗垢索瘢的解数，想从他身上捋扯出不忠于朝廷的证据，好置他于死地，但是欧阳修循规蹈矩，恪守官箴，黾勉从公，竟是无隙可寻。政敌们一计不成，又生一计。治平四年（1067）正月，英宗崩逝，神宗即位，身为参知政事的欧阳修入福宁殿奏事时，一时疏忽，在衰服里边穿了一件紫衣，被监察御使刘庠看见，便弹劾他对先帝不敬。神宗压下了刘庠的奏章，令欧阳修重新更换衣服，没有处分他。那些奸邪小人见从政治上整不倒欧阳修，便故技重演，制造绯闻使他身败名裂。有个叫薛良孺的人，是欧阳修第三任妻子薛氏的堂兄弟,因举荐官吏不当受到弹劾。他找到欧阳修,让他在神宗面前美言几句,不再追究此事。欧阳修却公事公办,上奏神宗说:“臣与薛良孺虽有葭莩之亲,但朝廷自有法律,不可以因臣故枉法,仍请按朝廷之法处理。”薛良孺本想借欧阳修之力,得以从轻发落,不料竟落得如此结局,自然对欧阳修恨之入骨。欧阳修的长子欧阳发娶盐铁副使吴充之女为妻,薛良孺造谣说欧阳修为老不尊,与长媳吴氏有染,吴氏帷薄不修,与公爹有奸情。集贤校理刘瑾与欧阳修有隙,得知此消息,不问真假,便到处散布。御史台的首领御史中丞彭思永得知后,又传给他的下属殿中侍御史里行蒋之奇。蒋之奇是品行不端的小人,朝廷上为濮议而争论时,支持欧阳修意见者甚少,他毫不犹豫地站在欧阳修一边。欧阳修颇爱其才,特地荐他为御史。后来,欧阳修遭到抨击,不少人也对蒋之奇指责不已,说他是奸邪之徒。蒋之奇为洗刷自己,表示不是欧阳修的党羽,便上殿弹劾欧阳修与儿媳有暧昧之事,请求公诸朝野。神宗怀疑此事莫须有,蒋之奇引彭思永所说为证,坚持让天子惩治欧阳修。蒋之奇弹劾欧阳修时乃一时冲动,并未与同伙商议,几天后才把奏章给彭思永看,让彭思永当后盾。彭思永认为,欧阳修与长媳吴氏之事乃帷薄之私,外人何以知之?他首建濮议,违背典礼之制而犯众怒,不宜在政府担任参知政事一职。神宗把蒋之奇、彭思永的奏章交付枢密院,欧阳修也上奏章为自己辩护,洗刷冤枉。

神宗本欲重惩欧阳修,为示慎重,又秘密下手诏询问天章阁待制孙思恭。孙思恭乃正直官员,说:“欧阳修乃正直官员,一身正气,两袖清风,岂会做出苟且之事!此必有人想陷害他,请陛下三思!”神宗这才恍然大悟,从枢密院取回蒋之奇、彭思永的奏章,连同欧阳修的辩护书一并交付中书,令彭思永、蒋之奇找出散布欧阳修有风流韵事之人的姓名。蒋之奇说这一消息得自于彭思永，彭思永则说得自传闻。又说欧阳修身为大臣，树朋结党，专权自恣，非朝廷之福。欧阳修一连三次上书说："臣忝列政府，枉遭诬陷，只有依靠朝廷推究虚实真伪，追究造谣生事者之罪。"他的亲家吴充也上书请求朝廷将此案审理清楚，还自己女儿清白，庶几不使门户枉受污辱。神宗览奏，又下诏给中书，令彭思永等必须交待出造谣者姓名及谣言之依据。彭思永是从刘瑾处得来，因与刘瑾是同乡，便想替他开脱。便上奏说："臣待罪御史台，掌管弹劾是臣职责所在，凡有所闻，应该与僚属商议，因此才对蒋之奇合计。欧阳修与长媳吴氏之事暧昧无实，臣曾告诫蒋之奇不要上奏，蒋之奇不听，如今覆水难收，臣愿领罪。"蒋之奇也上奏说："此事臣得之于彭思永，随即上奏。陛下如认为臣子不应当用传闻之言上奏大臣之事，臣甘愿与彭思永同受贬谪。"彭、蒋二人身为大臣，无端造谣中伤，污人清白，不受惩处便难以服众，故神宗贬彭思永知黄州（今湖北黄冈），贬蒋之奇监道州（今湖南道县）酒税。朝野莫不拍手称快。

弥天大雾终于消散，欧阳修费尽了九牛二虎之力，证明了自己的清白。神宗两次下诏让他入朝视事，手诏的措辞甚为亲切。据《独醒杂志》记载，第一次的手诏是：

春寒安否？前事朕已累次亲批出，诘问因依从来，要卿知。

第二次手诏是：

春暖久不相见，安否？数日来以言者污卿以大恶，朕晓夕在怀,未尝舒释。故累次批出,再三诘问其从来事状,迄无以报。前日见卿文字要辨明,遂自引过。今日已令降出,仍出榜朝堂,使内外知为虚妄。事理既明,人言亦塞,卿直起视事如初,毋恤前言。

这两道手诏语气温和,如家人围炉絮语,全无天子居高临下的威严,使欧阳修在精神上得到了些许安慰,但是面对突如其来的横祸,他感受到了众口铄金,积毁销骨的可怕。此时欧阳修已61岁,年过花甲,为证清白,折腾得心力交瘁。看来朝廷乃是非之地,不离开这里,恐怕灾难便无消除之日。于是,欧阳修三次上书,请求离开朝廷。神宗知他去意已决,便不再慰留,命他以观文殿学士、刑部尚书的身份知亳州(今属安徽)。这是欧阳修第三次遭到贬谪了。

治平四年(1067)五月末,欧阳修抵达亳州,此后再也没有回过朝廷。几十年的仕宦生涯,他到亳州后才总结出了多次颠踬的原因。因为不会随波逐流,取媚世俗,所以弄得茕茕孑立,形单影只。这年九月,他的随笔《归田录》杀青,在序言中,他不无激愤地说:"既不能因时奋身,遇事发愤,有所建明,以为补益,又不能依阿取容,以徇世俗。使怨嫉谤怒,丛于一身,以受侮于群小。"他把书取名为"归田",意味着想归隐林泉,与烟波钓徒为伍,不想再混迹于官场了。在亳州,他一连上书五次请求致仕,神宗不允。一年以后又转为兵部尚书,知青州(今属山东)。欧阳修三次上札子求免,神宗却下诏催他赴任,没奈何只得赴任。他早已无心仕途,到青州未久,便在颍州(今安徽阜阳)修建居室,作归田颐养天年之计。

熙宁三年(1070),64岁的欧阳修已是一个步履蹒跚的老翁了。朝廷皇恩浩荡，赏赐了他一大堆头衔：检校太保宣徽南院使、判太原府、河东路经略安抚使兼并（今山西太原）、代（今山西代县）、泽（今山西晋城）、潞（今山西长治）、麟（今陕西神木）、府（今陕西府谷）、岚（今山西岚县北）、石（今山西离石）路兵马都总管。欧阳修已是心如止水、淡于功名，坚辞不受。这年五月，他因擅自停止散秋料青苗钱受到朝廷责问，同时上书论青苗法于民不便，又致信王安石，说他变法扰民。这封信激怒了王安石，他怂恿神宗把欧阳修改知蔡州（今河南汝南），这样，欧阳修又以带病之身风尘仆仆赶到了蔡州。

饱经风霜忧患的欧阳修再次上表要求归隐林泉，他于熙宁三年九月七日在蔡州写成的《六一居士传》中说："吾自乞其身于朝者三年矣，一日天子恻然哀之，赐其骸骨，使得与此五物偕返于田庐，庶几偿其夙愿矣。"有书可读，有金石遗文可供研究，有琴可弹，有棋可弈，有酒可饮，有此五物，再加上一个诗翁，于是欧阳修成了"六一居士"。他连续三年请求致仕，希望朝廷有恻隐之心，成全他的夙愿。又说自己有三个因素必须挂冠而去："夫士少而仕，老而休，盖有不待七十者矣。吾素慕之，宜去一也。吾尝用于时矣，讫无称焉，宜去二也。壮犹如此，今既老且病矣，乃以难强之筋骸，贪过分之荣禄，是将违其素志而自食其言，宜去三也。"读书人年轻时出仕做官，到老年退休，有些人不到70岁便告老还乡，使欧阳修羡慕不已。欧阳修谦逊地说，他曾努力辅佐朝廷，但没有建树，应当引退。何况如今老而多病，更不可以羸弱之身贪图荣禄。晚年的欧阳修不再有"老骥伏枥，志在千里"的雄心壮志，他想的是如何安度晚年，含饴弄孙。朝廷终于批准了他的请求，欧阳修回到了颍州私第。

熙宁五年（1072）闰七月二十三日，一代文豪、政治家欧阳修溘然长逝，享年 66 岁。《宋史・欧阳修传》评价他："天资刚劲，见义勇为，虽机阱在前，触发之不顾，放逐流离，至于再三，志气自若也。"这真是切中肯綮的评价，是不刊之论！

一蓑烟雨任平生

——苏东坡的贬谪生涯

宋代大文豪苏东坡胸无城府，亢直敢言，屡忤权贵，几度遭到贬谪，66岁时殁于常州。宦海浮沉，际遇坎坷，千载之下，犹使人扼腕不平！

被王安石排挤出朝

苏东坡自嘉祐五年（1060）出仕以来，便怀有"致君尧舜上，再使风俗淳"的抱负，那年他25岁。他先后任过福昌县（今河南洛阳市宜阳县）主簿、凤翔府（今陕西宝鸡市凤翔县）判官，虽然官职低微，但他兢兢业业，办事认真，颇获时人好评。治平二年（1065）刚满而立之年的苏东坡调入京师，入判登闻鼓院。尽管登闻鼓院只是掌收文武官员及士民章奏表疏的机关，不是要害部门，但是能够来到辇毂之下，已兀自不易。只这一点，就令人歆羡不已了。

宋英宗赵曙在藩邸当太子时就知道苏东坡才华盖世，打算把他召入翰林院，授以知制诰之职。翰林院乃人文荟萃之地，若能当上翰林学士，便是三品高官，如再加上知制诰头衔，就能成为专为天子起草文诰的秘书，荣耀无比了。宰相韩琦提出异议："若论苏东坡的才能，他前程远大，日后自当为天下所用。可如今苏东坡官职颇低，年纪又轻，骤然擢用为知制诰，恐人心不服。"英宗说："授他知制诰之职不妥，让他去修起居注可以吗？"韩琦说："起居注的职掌是记录天子的言行，此职与知制诰相近，也不可除授。当官应循序渐进，臣愚以为可在馆阁中挑选一个职务，以此发挥苏东坡的才干，但须经过考试方可。"英宗摇摇头说："不知其人才干如何，进入馆阁时当然要考试，如苏东坡这样的人，还要考试吗？"韩琦说："祖宗成宪不可废弃。"英宗这才无话可说。满腹经纶的苏东坡毫不费力地通过了考试，受命在史馆任职。史馆乃宋初三馆之一，那里藏书丰富，苏轼坐拥百城，朝观暮览，学问大进。

天有不测风云。就在这一年，他的妻子王弗突然染疾，不久便撒手人寰，时年 26 岁。苏东坡悲痛欲绝，10 年之后，他在密州（今山东诸城）任职时写的《江城子》一词凄楚悲怆，成为千古绝唱：

> 十年生死两茫茫，不思量，自难忘。千里孤坟，无处话凄凉。纵使相逢应不识，尘满面，鬓如霜。　　夜来幽梦忽还乡，小轩窗，正梳妆。相顾无言，惟有泪千行。料得年年肠断处，明月夜，短松冈。

福无双至，祸不单行。王弗病故的次年，苏轼的父亲苏洵也驾鹤西去，终年 58 岁。苏洵有兄早亡，子孙孤苦无依，有妹嫁给杜姓，如今也染疾而逝，尚未埋葬。苏轼与弟弟苏辙丁忧归蜀守丧，直到熙宁元年（1068）除丧后，又安葬姑母，并为伯父的曾孙争取到了恩典。此时苏轼33岁，妻子既逝，中馈不可久虚，于是经人说合，他又娶了王弗的堂妹为妻。这年冬天，他携妇将雏，离开蜀地，返回京城。蜀地离京城山水迢递，苏轼一行抵达京城时，已是熙宁二年(1069)春天了。

这时朝廷上发生了很大变化。王安石在这一年升任参知政事，准备变法。苏轼与王安石素来不和，王安石厌恶他不附和自己，两人基本上不相往来。熙宁四年(1071)，王安石打算变更科举考试旧法，苏轼认为旧法行之已久，未见弊端，不必变更，变法乃庸人自扰。他说："贡举之法，行之百年，国家的治乱兴衰，皆由此而来。今日主张变更科举之人，所行之法不过几点：或主张重视德行而忽略文章，或主张专取策论而取消诗赋，或主张仿效唐朝故事，看其人声望如何，考试时不再密封卷子，把二者放在一起考察，或主张不用帖墨而考经书大意。从文章本身而言，策论有用，诗赋无益；若论文章对当前政治的作用，诗赋、策论均无裨益。但自本朝立国以来，科举之制从未废除，朝廷搜求人才，皆是通过这个途径。从唐朝至今，因考试诗赋得中而成为名臣者不可胜数，怎能废除！"奏疏递了上去，神宗皇帝说："我也怀疑变革科举制度是否妥当，今日看了苏轼的议论，可以释然于怀了。"当天便召见苏轼，询问政令得失。苏轼说："恕臣直言，愚以为陛下有三失，'求治太急，听言太广，进人太锐'。"神宗说："你批评朕治理天下太急于求成，采纳臣下建言未加选择，选用人才泥沙俱下，不加甄别，朕当熟思之。卿在馆阁，有何良策治理天下，可一一奏来，不要隐瞒。"苏轼把神宗这番话说给同僚，大家都很高兴，王安石却大大不悦。神宗打算起用苏轼修订中书条例，王安石阻挠说："臣与苏轼所学及对朝政的看法不同，可另外安排职务。"实际上，他是怕苏轼在天子面前饶舌，阻碍变法。隔了两天，苏轼被任命为开封府推官。推官是开封府的下属官员，掌管审判案件。京城开封人烟浩繁，案件也多，王安石有意让苏轼忙于判案，无暇他顾，不再对变法提出异议。苏轼并不计较官职的大小，他判案精审准确，从无冤狱。苏轼之名不胫而走，远近皆知。

熙宁二年(1069)冬，朝廷下令给开封府，上元节临近，要减价从浙江购进四千余盏灯笼，以备观灯之用。苏轼上奏说："陛下留心政事，效法尧、舜，怎么连购灯的小事也要过问？臣推测陛下不过是想讨皇太后、皇后的喜欢而已，但老百姓不这样看，他们认为买灯是不急之务，花费的却是民脂民膏。事情虽小，关系重大，请陛下收回成命。"神宗沉思片刻，知道苏轼之言有理，遂罢购灯之事。苏轼乘机又上了一道奏折，极论朝政得失。那篇奏折洋洋洒洒，凡七千余言，请求朝廷结人心，厚风俗，存纪纲。他说："朝廷治理天下靠的是人心，自古及今未有朝野和谐而百姓不安者，也没有朝廷刚愎自用而天下不危者。祖宗以来都是由三司管理财政，今陛下又创制三司条例同，指派六七个年少之人探讨富国之术，又命四十余人为利而四处奔走。陛下以万乘之尊而言利，王安石以宰相之职而治财，君臣昼夜辛劳几近一年，而富国的效果如同追捕大风，只白白花掉了国库数百万两银钱，给五千僧人发放了度牒，以这种方法治国，岂不是戛戛其难！昔年汉武帝因财政拮据，采用桑弘羊之说，贱买贵卖，谓之均输，弄得商贾不通，盗贼遍地，几乎亡国。臣愿陛下引为鉴戒，厚结人心。国家之存亡，在于道德之深浅，不在于强与弱；国祚之长短，在于风俗之厚薄，不在于贫与富。陛下应崇道德而厚风俗，不应急功近利而贪富强。近年来，老实朴拙之人愈来愈少，巧言令色之徒越来越多，臣请陛下以简易为法，以清净为心，庶几可民德归厚。祖宗设置台谏以来，没有处治过一个台谏官员，即使小有惩罚，也是旋即升职，允许他进谏。所说之事涉及天子，天子会立即改正；涉及国家大事，宰相必须待罪受罚，进谏之人未必都是贤臣，所言也未必句句准确，但执政者应有容人雅量。如果一味惟权臣之马首是瞻，臣恐自此以往，习惯成风，献言者尽是执政私人，以致天子孤立，纪纲废弛，什么事情都可能发生，这就是为臣请求陛下存纪纲的原因。”苏轼所说的这三点都是针对王安石变法而发，王安石对苏轼深恶痛绝，便伺机报复。

一天，神宗皇帝突然心血来潮，想起了苏轼所说科举考试不应变更的言论，询问王安石苏轼之议是否妥当。王安石说：“苏轼之说不妥。如今治国人才缺乏，他们的学术见解五花八门，之所以如此，是因为他们的道德水准参差不齐。要想提高道德水准，必须修建学校，要建学校，科举考试之法也必须变更。学子少壮时当讲求治理天下的方略，但他们却闭门学作诗赋。等到他们科举及第做了官，却不会处理政务，弄得民怨沸腾，这都是科举考试带来的弊端，臣以为此法不可泥古不变。”王安石伶牙俐齿，神宗信之不疑，对苏轼慢慢就疏远了。

神宗信任王安石，让他主持变法，就有许多人巴结王安石，以此为进身之阶。宁州（今甘肃宁县）通判邓绾就是其中的一个。他上书说：“陛下用一王安石，‘得伊、吕之佐，作青苗、免役等法，民莫不歌舞圣泽。以臣所见宁州观之，知一路皆然，以一路观之，知天下皆然，愿勿移于浮议而坚行之’。”王安石变法本意是富国强兵，但因操之过急，百姓啧有怨言。邓绾夸大其辞，自然是为了讨好王安石。王安石得知后甚为高兴，把他推荐给了神宗。后来邓绾去拜见王安石，两人一见如故。王安石本欲拔擢他，但因休假在家，大臣陈升之、冯京让邓绾由宁州通判变为知州。邓绾发牢骚说：“急急把我召来，又这么快打发我走吗？”有人问他：“你认为当什么官合适?”邓绾说:“至少得给我个馆阁职务。”那人又问:“是不是想当谏官?”邓绾说:“正是如此。”次日,他果真被任命为集贤院校理,不久升任同知谏院。他因攀附王安石不次升官,为乡人笑骂,他却说:“笑骂从汝,好官我自为之!”真是不知人间有羞耻事。

王安石变法时独断专行,排斥异己。凡言青苗法、免役法不便者,悉数被排挤出朝,司马光、吕诲、范纯仁、苏辙、程颐、欧阳修、吕公著、范镇等皆被贬谪。范镇曾荐举苏轼为谏官,神宗听了王安石的话,不予批准。范镇又上疏言青苗法之害,疏中说:“陛下有纳谏之资,大臣进拒谏之计;陛下有爱民之性,大臣用残民之术。”这里的“大臣”专指王安石。神宗把奏疏拿给王安石看,王安石拿着奏疏,气得手都打颤了。他怒不可遏,怂恿神宗下诏,让范镇以户部侍郎致仕,所应得恩典一概剥夺。范镇离京城时照例要上表给天子,表明自己态度,表中说:“愿陛下集群议为耳目,以除壅蔽之奸;认老成为腹心,以养中和之福。”朝野之人皆称赞范镇刚正不阿。苏轼前往范镇家中相贺说:“公虽退而名益重矣。”王安石得知苏轼前去拜访范镇,更增添了对他的憎恶。

苏轼自然也不屈服王安石的淫威。熙宁四年(1071)四月,朝廷举行进士考试,由苏轼出题。他出的题目是:“晋武平吴,以独断而克;苻坚伐晋,以独断而亡。齐桓专任管仲而霸,燕哙专任子之而败,事同而功异。”让考生论述其中的原因。苏轼以司马炎、苻坚、齐桓公、燕哙四人为例,其中司马炎灭掉东吴、齐桓公任用管仲使齐国成为春秋五霸之一,是成功的例子;苻坚伐东晋大败输亏、燕国国主哙把王位让给宰相之子而导致国内大乱,则是失败的例子。事情相同,结果却不相同。显然,苏轼的弦外之音是说神宗皇帝过分信任王安石,他日也会像苻坚、燕哙一样,把国家搞乱。王安石见了试题更加愤怒,让侍御使谢景温搜集苏轼谋反的材料,欲置他于死地,但是苏轼一身正气、两袖清风,不管如何搜寻,也找不出罪状,只得作罢。他自知得罪了王安石,无法在朝立足,便请求到地方任职。这正合王安石之意,于是任命他为杭州通判。就这样,苏轼被排挤出朝,怏怏登程,奔走杭州去了。

乌台诗案

在宋代通判俗称“倅”,是州府的副长官。苏轼虽然在杭州只当了副职,但他并不颓唐,依旧兢兢业业,为国事奔走。熙宁八年(1075),苏轼调任密州(今山东诸城)太守;熙宁十年(1077)改知徐州;元丰二年(1079),转为湖州(今属浙江)太守。这年四月,苏轼刚刚履新,一场官司便倏然而至,这就是历史上有名的“乌台诗案”。

所谓“乌台”,就是御史台。御史台在开封右掖门东,澄清街北,台门向北,取肃杀之义,而其他官衙门皆向南。御史台四周遍植柏树,有数千只乌鸦栖息其上,远远望去,连御史台也笼罩在一片黑色之中了,因此人们称御史台为乌台。

公余之暇,苏轼喜欢写诗撰文,这是书生本色,不料却因此贾祸,几乎丢掉性命。王安石等人在日常生活中找不到把柄,便在苏轼的诗文中寻觅。首先向苏轼发难的是御史中丞李定。御史台是朝廷的弹劾机构,这个机构的长官就是御史中丞。李定是扬州人,年轻时曾受学于王安石,颇善于溜须拍马,阿谀奉承。他原先在地方任职,后来调入京师。拜见谏官李常时,李常问他:“你从南方来,那里老百姓如何议论青苗法?”李定知道此时王安石圣眷正隆,变法也是他一手擘划,要想官场得意,还得靠王安石提携，当然不能说变法的坏话。于是便不假思索地说："老百姓一片颂扬之声，没有异议。"李常说："朝中大臣对青苗法议论纷纷，你入朝时不可再说此话。"李定辞别李常，又来拜见王安石，极力赞扬青苗法是解民倒悬之举。王安石大喜，立即把他推荐给神宗。神宗召见，李定又把见李常、王安石的话复述了一遍，神宗深信不疑，于是凡言青苗法不便者，一概不听，并欲任命李定知谏院。谏院与御史台合称台谏，凡朝政阙失，大臣百官任用不当，三省及各官署事有违失，皆可谏止，权力甚大。虽然宰相及知制诰宋敏求、苏颂、吕大临等极力反对，说由选人除谏官，宋朝无此先例。由于王安石力挺李定，神宗还是封李定为监察御史里行。宋敏求等三人被罢官。

李定刚刚被任命，监察御史陈荐便举报他任泾县（今属安徽）主簿时，母亲仇氏病逝，李定本应丁忧守丧，他却官迷心窍，怕影响自己前程，匿而不报，受到朝野抨击。恰恰就在此时，出现了一个叫朱寿昌的大孝子，他与母亲失散五十年，熙宁初年弃官寻母，终于在同州找到了母亲。数年之后，其母辞世，朱寿昌悲痛欲绝，几至失明，士大夫写诗褒美，裒集成册。苏轼鄙薄李定的为人，又见他如此不孝，便借着为颂扬朱寿昌的诗集写序的机会，借题发挥，痛斥世上不孝之人，矛头直指李定。李定对此恨之入骨，寻机对苏轼发难。

苏轼至湖州，照例要写《湖州谢上表》，李定便从谢上表中摘取数句，断章取义，弹劾苏轼。他说："'知湖州苏轼，初无学术，滥得时名，偶中异科，遂叨儒馆，有可废之罪四。'远古帝尧时就有四凶，尧没有诛杀此四人，到舜时才流放窜逐，天下人始知其恶。苏轼初入仕途，就诋毁陛下，陛下置之不问，希望他改过，但他我行我素，不肯悔过，其罪一也；古人有言，教而不从，然后诛杀之,陛下对待苏轼可谓仁至义尽,而苏轼狂悖犯上之语不断,其罪二也;苏轼所写文章虽然不合道义,但却能鼓动无知百姓,可谓言伪而辨。他当官傲慢,不遵循陛下法度,不服从陛下教诲,可谓行伪而坚,按照先王之法,应当斩首,其罪三也;苏轼常读史书,应该知道事君有礼。讪谤天子应该杀头,但他却胆大妄为,公然诋毁时政以泄私忿。在考试进士出题时,就有意攻击变法,罪不可恕。陛下即位以来,政治清明,苏轼埋怨自己没有得到重用,遂对朝廷措施一概否定,其罪四也。他有此四款大罪,还觍颜立朝为官,伤教乱俗,莫此为甚,伏望陛下追究苏轼之罪。”李定所言皆是捕风捉影、不实之词,神宗读罢,沉默不语。

一犬吠影,百犬吠声。御史舒亶也跟着攻击苏轼,以取悦王安石。他说:“苏轼所上谢表中颇有讥刺时政之言,在百姓中流传甚广,而正直忠义之士无不愤惋不平。陛下行青苗法,贷款给百姓,苏轼却说‘赢得儿童语音好,一年强半住城中’;陛下改革科举考试,苏轼说‘读书万卷不读律,致君尧舜却无术’;陛下兴修水利,他说‘东海苦知明主意,应教斥卤变桑田’;陛下禁止贩卖私盐,他又有诗说‘岂是闻韶解忘味,尔来三月食无盐’。其他触物即事,随口所言,无一不是诽谤朝政。小则刻板印刷,大则刻石传播中外,自以为能。”舒亶同时呈上坊间印刷的苏轼诗三卷。御史何正臣诬告苏轼愚弄朝廷,妄自尊大,他找不出苏轼的罪状,只能以莫须有的罪名上奏。时任监察御史,后来升任宰相的赵挺之知德州(今属山东)时,竭力推行王安石的市易法,变本加厉搜刮民财。其时,词人黄庭坚监德安镇,是赵挺之的下属,他说德安镇小民贫,拿不出那么多钱交税,受到赵挺之的申斥。苏轼得知后,对赵挺之甚为反感。不久赵挺之调馆阁任职,苏轼上奏说:“挺之聚敛小人,学行无取,岂堪此选。”赵挺之愤恨不已,今见苏轼有难，便落井下石，劾奏苏轼的奏章中有“民亦劳止”这句话，是诽谤先帝。“民亦劳止，汔可小康”出自《诗经》，有人规劝周厉王说百姓徭役过重，乞求稍稍停息，这是把天子比作周厉王。可见赵挺之用心险恶。

在陷害苏轼的宵小中，还有一人不能不提，那就是《梦溪笔谈》的作者沈括。沈括博学洽闻，多才多艺，《梦溪笔谈》一书被英国科学史家李约瑟在《中国科学技术史》中誉为“中国科学史上的坐标”。在宋代林林总总的笔记小说中，《梦溪笔谈》可说是独领风骚，沈括也因此名扬后世，但他人品欠佳，为人所诟病。沈括与苏轼原来同在馆阁，并无龃龉，苏轼因与王安石政见不合，出朝任杭州通判。后来，沈括奉命察访两浙，陛辞之日，神宗嘱咐他到杭州后要善待苏轼。沈括到杭州后，与苏轼论旧日交情，索要苏轼近日写的诗，苏轼不疑有他，悉数赠予。沈括加以编排，呈给天子，说苏轼所写皆讪怼之词。李定、舒亶诬陷苏轼，都本于这些诗。哲宗元祐年间，苏轼知杭州，沈括在润州（今江苏镇江）梦溪赋闲，撰写《梦溪笔谈》，常常去杭州拜谒苏轼，苏轼鄙薄其为人，虽勉强应酬，但不肯推心置腹了。

既然李定等人聒噪不休，说苏轼吟诗讥讪朝政，神宗便下诏让御史台差人传唤苏轼进京，御史台差太常博士皇甫僎前往。皇甫僎临行时请求朝廷，苏轼是犯罪官员，沿途必须关入监狱过夜，神宗说苏轼是因诗词之事受到根究的，与其他犯人不同，不须关入监狱。皇甫僎于是带着儿子和两名公差离开京城，倍道疾驰，前往湖州。驸马都尉王诜与苏轼是至交，得知消息，赶紧派人告诉给苏轼的弟弟苏辙。其时苏辙正在南京（今河南商丘）当幕僚，他不敢怠慢，立即派人至湖州报信，让兄长早做准备。皇甫僎一行三人走到润州，他的儿子病了，只得停留半日就医，这样，苏辙派的人便赶在皇甫僎之前到了湖州。皇甫僎到湖州时，苏轼已引咎请假，知州之职由通判祖无颇代理。皇甫僎进入州衙时，身穿官服，手执笏板，御史台的两名公差分立两边，身穿白衣，头缠青巾，眼含凶光，面目狰狞，州衙的人慌作一团。苏轼恐惧不敢相见，便与祖无颇商量。无颇说："在未知罪名之前，还应当穿朝服。"于是苏轼穿着朝服，手执笏板立于庭下，祖无颇与州衙其他官员立在苏轼身后。两个公差怀抱公文，衣服鼓鼓囊囊，似乎是藏有匕首，皇甫僎又久立不语，一时人心汹汹，惊惧不已。苏轼只得率先表态说："我做了许多使朝廷恼恨的事，今日必是赐死，我不敢求朝廷宽恕，只请求与家人诀别。"这时皇甫僎才开口说："事情没有那样严重。"祖无颇上前询问说："苏轼既被免官，必有朝廷公文，乞明示。"皇甫僎问："你是何人？"祖无颇说："我是代理知州。"皇甫僎这时才拿出了公文，打开看时，只是寻常的革职传唤进京而已。皇甫僎催促苏轼马上登程，两个公差如狼似虎，给苏轼上了刑具，送行之人无不哭泣。《孔氏谈苑》一书说，苏轼被捕，"顷刻之间，拉一太守如驱犬鸡"。一个堂堂太守，就这样成了一名囚犯！

苏轼临行之际，请求与家人告别，皇甫僎并未刁难，马上允许。苏轼回到家里，见妻子王氏正倚门痛哭。他自己虽然吉凶难卜，但不想让妻子在惶恐忧惧中度日，便安慰她说："夫人且慢啼哭，我给你讲一个故事：真宗封禅泰山时，命人寻访天下隐士，觅得了杞县（今属河南）人杨朴。杨朴平日以写诗闻名，真宗问杨朴，卿临行时可有人赠诗吗？杨朴回答，故旧皆未送诗，只臣妻子送了一首。真宗说，卿试吟来。杨朴吟道：

更休落拓耽杯酒，且莫猖狂爱吟诗。

今日捉将官里去，这回断送老头皮。

苏轼讲完了这段故事，望着妻子说：“我今日被传唤进京，夫人不能仿效杨处士送我一首诗吗？”王氏这才破涕为笑，挥手与夫君告别。

苏轼一行乘船由湖州北上，陪伴他的是长子苏迈，这年苏轼44岁。船行至太湖芦香亭下，已是暮色苍茫时分，船上的舵坏了，船无法行驶，便停下修理。那天晚上风平浪静，月色如昼。苏轼在船中自思，此番进京，事不可测，必然入狱，与其身受侮辱，何如跳湖自尽，了此残生！正打算纵身投湖，忽又想起弟弟子由，自己一死，弟弟必不独生。以一人而戕二命，岂可如此轻率！于是打消了轻生的念头。到了京师，苏轼被关押在御史台狱中，李定、舒亶、何正臣等攻讦他甚急，必欲置之死地。苏轼忧虑此次必死无疑，他平日常服一种叫青金丹的药物，来时也带在身边，他把剩余的搜集在一起，如果朝廷要杀他，就服青金丹自尽。有一狱卒敬佩苏轼的学问，服侍他甚为周到，每晚必端热水，让他泡脚，苏轼甚为感激。一日，苏轼对狱卒说：“我此次必死，有一老弟在外地为官，我写了两首诗诀别，请你转交。”狱卒说：“学士但放宽心，不会像你想得那样严重。”苏轼说：“我如果侥幸获免，那便没有遗憾；如果不能免死，这两首诗又没有送到弟弟手中，那就抱恨终天，死不瞑目了。”狱卒接过苏轼的诗，藏在枕头内，并未送出。后来苏轼贬谪黄州（今湖北黄冈），离京时狱卒把诗还给了苏轼，苏轼以面伏案，不忍再读。其中一首是：

圣主如天万物春，小臣愚暗自亡身。
百年未满先偿债，十口无归更累人。

是处青山可埋骨，他年夜雨独伤神。
与君世世为兄弟，更结来生未了因。

这首诗写得悲怆凄婉，手足之情跃然纸上。尤其“是处青山可埋骨，他时夜雨独伤神”两句，为后世传诵不绝！另一首是：

柏台霜气夜凄凄，风动琅珰月向低。
梦绕云山心似鹿，魂飞汤火命如鸡。
眼中犀角真吾子，身后牛衣愧老妻。
百岁神游定何处，桐乡知葬浙江西。

这首诗首联是说御史台狱阴森恐怖，尤其夜晚寒气袭人，冷风吹动监狱门上的铁锁链，使人不寒而栗；颔联说此去吉凶未卜，心似梦绕云山、被人追逐的小鹿，魂飞魄散如落在汤火中的小鸡；颈联中犀角是指额角骨，用犀角形容此人不同寻常，是夸奖儿子苏迈能为他分忧。牛衣是指牛御寒之物，如蓑衣之类，比喻贫穷。这是说自己死后，老妻必受贫穷之苦，心中感到惭愧；尾联则是引用了西汉人朱邑的故事。朱邑是桐乡（今安徽桐城市北）人，官至大司农，一生廉洁守节，颇获朝野好评。他死前嘱咐儿子，死后要葬在桐乡。他儿子遵嘱葬他于桐乡西郊外，百姓为他起冢立祠，四时祭祀不绝。苏轼在这里也表达了死后葬于故乡眉山的愿望。

苏轼在赴京途中与儿子苏迈相约：自己入狱后，苏迈送饭时只送蔬菜和肉。倘若听到坏消息，便撤掉菜和肉而改送鱼。苏迈谨记父亲的话，天天送菜与肉。一月之后，粮食告罄，苏迈要去陈留（今河南开封）借贷，便委托亲戚送饭，但忘了告诉他只送菜和肉。那位亲戚偶然弄到了几条鱼,想给苏轼改善一下伙食,便送了过去。苏轼一见是鱼,惊骇不已,以为神宗要杀他,后来才弄清楚那是一场误会。白白受了一场虚惊。

苏轼于元丰二年七月二十八日被捕,八月二十八日押入御史台监狱接受审问。宰相王珪落井下石,上奏说:“苏轼对陛下不敬,亵渎陛下。”神宗问他何以知之,王珪诡辩说:“苏轼咏桧树的诗中有‘根到九泉无曲处,世间惟有蛰龙知’两句,龙乃指帝王,如今陛下在位,正是飞龙在天,苏轼怨恨陛下不重用他,因此去求地下的蛰龙,岂非对陛下的大不敬!”神宗本无意严惩苏轼,见那位大臣如此锻炼周纳,便不耐烦地说:“诗人的词岂能如此解释?苏轼写的是桧树,与朕何干?”王珪登时语塞,灰溜溜地走了。一位狱卒问苏轼:“你诗中写的蛰龙,是否有讥讽天子的意思?”苏轼说:“王安石诗中也有‘天下苍生待霖雨,不知龙向此中蟠’的句子,不是也提到了龙吗?我诗中的龙与王安石诗中的龙含意相同,哪里有讥讽天子的意思呢?”

就在李定等人必欲置苏轼于死地时,朝中那些忠贞耿直的大臣也挺身而出,伸张正义,为他洗刷不实之词。苏轼从湖州北上,途经广陵(今江苏扬州)时,亲朋故旧怕受牵累,都不敢相见,只有知州鲜于侁前往抚慰。有人劝他烧掉与苏轼的往来书信文字,鲜于侁说:“欺友欺君之事,我绝对不为。如果因与苏轼有文字往来而受责难,我绝无怨言。”到底没有烧掉那些往来书信。宰相吴充为救苏轼,故意问神宗曹操人品如何。神宗说:“那是一个奸雄,不值得称道。”吴充说:“陛下处处效法尧、舜,鄙薄曹操自在情理之中,但曹操如此猜忌人,还能容忍对他不敬的祢衡,而陛下却不能容忍一个苏轼,臣甚为不解。”神宗说:“朕并无他意,只是想核对一下李定等人弹劾他的是非对错,过不了多久就会释放。”已经退休的参知政事张方平也抗章相救，他说：“今日传闻有使臣押解苏轼过南京（今河南商丘），必定是下于狱中。臣不知苏轼所犯何罪，但臣早知其为人，其文学实乃天下奇才。过去碌碌无为，与常人无异，自蒙陛下拔擢，苏轼自谓见知于明主，慨然有报国之心，但他性格疏率，出言不慎招至祸殃。近年以来，听说苏轼屡有奏章，虽有过激之辞，陛下亦未加怪罪，天下之人闻之，莫不感叹陛下有容人之量。如今苏轼得罪，必定是旧病复发。陛下对四海生灵，如天覆地载，人人都感到了陛下的宽厚仁慈，而独对苏轼如此严厉，这岂是陛下的本意！自从孔老夫子删定《诗经》，里边有许多讽刺性的篇章，为的是使那些有污点的人早日改正。因此，诗人写诗，指斥当世之事，语涉讥讽不恭，也未见有人因此而下狱。如今苏轼仅因写诗获罪，并无重大罪过，下于牢狱之中，恐怕会有不测之祸，请陛下赦免苏轼，成全他报效国家的愿望。”

苏轼对张方平的营救甚为感激，后来他在为张方平撰写的《乐全集》作序时说：“我二十岁时以生员的身份在成都见到张方平，他待我如同国士一样，至今已三十余年。我了解张方平的人，‘上不求合于人主，故虽贵而不用，用而不尽；下不求合于士大夫，故悦公者寡，不悦者众。然至言天下伟人，则必以公为首’。”这是很高的评价。直舍人院王安礼冒着牢狱之灾上书说：“自古大度之君，不以语言贬谪士大夫。苏轼本是文人，才干过人，自谓凭本事可获得爵位，谁知竟碌碌无为，心中难免怨望。如果因此而获罪，恐后世议论陛下不能容有才干之人，请陛下释放苏轼。”神宗说：“朕无意让苏轼受牢狱之灾，但言官既然劾奏他，朕不得不答应言官的请求，过几天就赦免他。”王安礼正要下殿，神宗又叮嘱他：“你出朝后，不可泄漏此事。苏轼耿直，结怨甚多，不要因为救他而把自己陷进去。”王安礼出了宫殿门，遇见御史中丞李定，便问他苏轼现在情况如何，李定说：“苏轼与安石丞相议论不合，请你不要营救，免得人说你和苏轼结党。”王安礼回到舍人院，遇到谏官张璪，愤然作色质问王安礼：“你果真营救苏轼了吗？为什么天子又下诏投于狱中？”王安礼想起了神宗的嘱咐，没有回答。后来惩处为苏轼说项的官员时，王安礼没有受到波及。

其实，关注苏轼安危的不止朝中正直的士大夫，宫掖中也不例外。仁宗曹皇后是神宗祖母，一日见神宗忧心忡忡，问他因何事不高兴，神宗答：“有苏轼其人者，写诗诽谤朝政。因此心中不快。”曹太皇太后说：“此事我也略有所闻。”神宗惊讶地说：“太皇太后何以得知？”曹太皇太后说：“记得仁宗皇帝策试进士归来，高兴地对我说：‘朕今日得到两位文士，即苏轼、苏辙是也。朕老矣，留给后人任用，不也是一件美事吗？’今二人安在？”神宗说：“苏轼在狱中受审。”曹太皇太后不觉泣下，神宗也颇受触动。及至太皇太后病重之际，神宗欲大赦天下，为祖母祈福。太皇太后说：“那些凶恶之人就不必赦免了，只赦苏轼一人足矣。”停了一下又说：“昔年仁宗策试贤良，下朝时高兴地说，朕今又为子孙得太平宰相两人，这两人就是苏轼、苏辙，岂能杀掉！”神宗听了，怦然心动。他派人去御史狱察看苏轼的动静，只见他睡得正熟，鼾声如雷，便对左右说：“朕知苏轼胸中无事。”决定赦免他。

李定等人见神宗要赦免苏轼，大失所望，便再次上疏攻讦他。李定说：“苏轼所著文字讪谤天子，惑乱百姓，事实俱在，不容狡辩。‘不屏之远方则乱俗，再使之从政则坏法’，应斥逐远方。”御史舒亶则弹劾驸马都尉王诜收受苏轼讥讽朝政文字，馈赠苏轼钱物，并与王巩往还，泄漏宫掖消息，致使苏轼怨望诋讪朝廷，王诜知而不报,还与他秘密串通,罪莫大焉!王巩牵连逆党,还与王诜议论朝廷而不知反省,也是罪不可恕。神宗受两人蛊惑,下诏贬苏轼为黄州(今湖北黄冈)团练副使,本州安置,不得签发公文,令御史台押解前去。驸马都尉王诜降两级,停职反省;苏轼之弟苏辙贬为监筠州(今四川筠连南)盐酒税务;正字王巩监宾州(今广西宾阳)盐酒务,令开封府差人押送赴任;已经致仕的张方平、知制诰李清臣罚铜30斤;时任端明殿学士的司马光、已经致仕的户部侍郎范镇等各罚铜20斤。受贬谪的官员除王诜、王巩、李清臣外,还有以张方平为首的22人。这是一起牵连人数众多的文字狱案!

元丰二年(1079)旧历年除夕,苏轼获释出狱,他被关押了140天之久。出了狱门,他诗兴坌涌,又写了两首诗,其中一首是:

> 平生文字为吾累,此去声名不厌低。
> 塞上纵归他日马,城东不斗少年鸡。

苏轼明明知道他多次因写诗贾祸,仍积习难改。此诗中"塞上纵归他日马",引用了"塞翁失马,安知非福"的典故,是说这次身陷囹圄,但说不定还有否极泰来之日。"城东不斗少年鸡"则指的是唐代长安城中的斗鸡少年贾昌,不学无术,因善于斗鸡而获得天子的垂青,这暗喻当时朝中的大臣多是奸佞宵小。倘被人罗织罪状,恐怕又是一场文字狱了。苏轼写罢,掷笔莞尔一笑说:"我真是不可救药呀!"

宦海浮沉

元丰三年(1080)二月,苏轼抵达黄州贬所。他虽挂名黄州团练副使,但因是贬谪官员,官方不提供住处,他不得不暂居定惠院,与寺内和尚搭伙吃饭。三个月之后,才迁入临皋亭。尽管厄运不断,他却淡然处之,并不因此而改变操守。他的一首词表达了自己的心情:

卜算子·黄州定惠院寓居作

缺月挂疏桐,漏断人初静。时见幽人独往来,缥缈孤鸿影。　　惊起却回头,有恨无人省。拣尽寒枝不肯栖,寂寞沙洲冷。

苏轼托物言志,以孤独无助的孤鸿自况。虽然落落寡合,受人排挤,但决不随波逐流,仍然傲岸不屈,洁身自好。苏门四学士之一的黄庭坚说此诗“语意高妙,似非吃烟火食人语”,可谓切中肯綮。

苏轼下于御史狱时,把妻孥托给弟弟苏辙照管,后来苏辙也受牵连被贬,只得将嫂侄送至黄州。收入骤减,人口增加,苏轼未免左支右绌,生活拮据,他不得不撙节费用,缩小开支,每天只花费一百五十文钱。每月初一日,取钱四千五百文,分为三十块,悬挂屋梁上,每日早上用叉子挑取一块,然后把叉子放置原处。如有余钱,便用来招待宾客,被贬谪的次年,苏轼在黄州东门外弄到了一片废弃的驻军营地,约有数十亩之多。那里荒烟蔓草,荆榛遍地,苏轼芟刈草莽,辟为良田,躬耕其中,以补衣食不足,并取名东坡，自号东坡居士，从此苏东坡之名流传古今。稍后又在苏坡营建雪堂，作为憩息之所。这里景色清幽，在苏轼眼中与陶渊明诗中的斜川毫无二致，躬耕陇亩的陶渊明便是自己的前生。他在《江城子》词中说："梦中了了醉中醒，只渊明，是前生。"他关心稼穑："昨夜东坡春雨足，乌鹊喜，报春晴。"雪堂四周青山隐隐，溪水潺湲，似乎都是当年斜川景象，于是他发出了"吾老矣，寄余龄"的感慨。这年，他才46岁。一次在去黄州东面的沙湖途中遇雨，同行者狼狈不堪，苏轼却淡定自如，吟啸徐行。他在《定风波》一词中写道："莫听穿林打叶声，何妨吟啸且徐行。竹杖芒鞋轻胜马，谁怕？一蓑烟雨任平生。"他胸怀坦荡，愈挫愈奋，即使在贬谪中，也活得逍遥自在！

元丰五年（1082）九月的一天，苏轼与几位知己在雪堂饮酒后返回临皋寓所。因夜已三更，家人早已入睡，他几次敲门都没人答应，索性倚杖江边，谛听江涛之声，当下便写了《临江仙·夜归临皋》一词。后三句是"夜阑风静縠纹平，小舟从此逝，江海寄余生"。第二天，黄州大街小巷便传遍了这首词，不少人根据"小舟从此逝，江海寄余生"两句推测，苏东坡夜作此词，可能已挂冠江边，乘小船离去。郡守徐君猷得知，惊惧不已。苏轼虽有官职，却是戴罪之身，倘若丢失罪人，干系非小，于是立即登门查看。只见东坡鼾声如雷，尚未起床，这才放心而去。徐君猷平日颇仰慕苏轼，他知黄州时苏轼贬谪于此，对苏轼的照顾不遗余力。他死后，苏轼作祭文，挽词甚哀。在给弟弟苏辙的信中，苏轼又说："轼始谪黄州，举眼无亲，君猷一见，相待如骨肉，此意岂可忘哉！"神宗也颇关心苏轼的行踪。京城中传闻苏轼在黄州病故，便问身边大臣蒲宗孟，这一消息是否属实。蒲宗孟回答奏说："近日坊间纷纷传说此事，臣亦未得确实消息。"神宗正要进膳，遂辍而不食，叹息良久说："人才难得！"苏轼因患赤眼病，数月闭门不出，闾里传说苏轼已死，他的好友范镇时在许昌，不禁失声痛哭，当即召集子弟派人赒济苏家。子弟说这一传闻未知真假，当先写信问其安否，获得真实消息，再吊唁抚恤不迟。后来得知苏轼健在，方才释怀。

苏轼自到黄州，"放浪山林间，与渔樵杂处"，转眼已到元丰七年（1084）。神宗并未忘掉他，曾对宰相说："修国史是件大事，朕打算让苏轼负责，卿意如何？"宰相面露难色。神宗说："不用苏轼，则用曾巩。"宰相未再反对。神宗对曾巩所修国史并不满意，还是决意起用苏轼，命他知江州（今江西九江）。大臣蔡确、张璪同意，宰相王珪却表示反对。王珪才干平庸，从执政至宰相长达 16 年，无所建树，时人讥之为"三旨宰相"。他上殿进呈奏疏时说"取圣旨"，待天子批后说"领圣旨"，退朝后晓谕禀事者说"已得圣旨"。神宗见王珪反对，改授苏轼为江州太平观。隔了一天，又觉得不妥，改授汝州（今属河南）团练副使。诏书中有"苏轼黜居思咎，阅岁滋深，人才实难，不忍终弃"之语，使苏轼大为感动，连忙上表感谢。

这年四月，苏轼辞别黄州，沿着长江东下，经金陵（今江苏南京）一路北上。七月间到达金陵（今江苏南京）时，拜见了刚被罢相蛰居金陵的王安石。王安石未穿官服，乘驴来至江边，苏轼下船相迎，作揖说："今日改以野服拜见大丞相。"王安石笑说："礼岂为我辈设哉！"苏轼说："苏某自知无才，丞相当政也不会重用我。"王安石以为苏轼是想提及当年的一箭之仇，不禁脸色大变。苏轼说："苏某此次见丞相，非为私事，愿说说国家大事。"王安石定了定神说："试言之，我当洗耳恭听。"苏轼说："大规模兴兵作战，多次捕人入狱，汉、唐两朝均因此而亡，我朝祖宗以仁厚治天下，正应改除此弊。如今西方对西夏连年用兵，东南方数次兴大狱，牵连无辜甚多，丞相难道缄口不言，不上疏谏诤吗？”王安石伸出两个手指，一脸无奈地说：“此二事都是吕惠卿所为，我不在朝廷，安敢妄言！”苏轼说：“丞相说得对，在朝则言，在外则不言，这是侍奉君王的常礼。天子以非常之礼对待丞相，丞相也应以非常之礼对待朝廷。”王安石说：“你既然如此说，他日一定在朝廷说。”停顿了一下，又说：“今日之事，出于安石之口，入于子瞻之耳，幸勿外泄。”原来他有一件私事，被吕惠卿泄漏给了朝廷，怕苏轼泄露其言，特意嘱咐于他。苏轼戏谑地说：“今之君子，如果能减少半年磨勘，虽杀人亦为之。”王安石笑而不言。王安石给苏轼带来了不少伤害，苏轼毫无芥蒂，仍然前来拜见，真是雍容大度！

橹声欸乃，苏轼乘坐的小船年底抵达泗州（今江苏泗洪东南盱眙对岸），他诗兴又发，口占一词，其中云：“何人无事，燕坐空山，望长桥上灯火闹，使君还。”这几句直抒胸臆，是说望见长桥上灯火阑珊，我要高兴地告诉人们，我这个太守（使君）归来了。当时泗州太守是个姓刘的山东人，看见了这首词，便来拜谒苏轼说，学士名满天下，如有新词，京师便会传诵。依照法律，在泗州夜过长桥者，要罚两年劳役，知州也不例外，你在词中公然说要在灯火闹时过桥，岂非自寻罪过。赶快把词收起来，不要示人。苏轼笑道，苏某一生罪过，一开口便是两年劳役！

苏轼是个豁达乐观的人，但是船到泗州，却陷入了举家生病、无米可炊的困境。不得已，他上书朝廷，要求转往常州居住，因为那里有薄田数顷，可解衣食之忧。他说：

自离黄州，风涛惊恐，举家病重，一子丧亡。今虽已至泗州，而资用罄竟，去汝尚远，难于陆行。无屋可居，无田可食，二十余口，不知所归，饥寒之忧，近在朝夕。与其强颜忍耻，干求于众人，不若归命投诚，控告于君父。臣有薄田在常州宜兴县，粗给饘粥，欲望圣慈，许于常州居住。

元丰八年(1085)二月，苏轼一行于北上途中得知神宗准许他仍以汝州团练副使的身份卜居常州，便反棹南下，于五月间抵达常州。这里环境幽静，没有人世纷扰，苏轼再次萌生了终老于此的念头。他在一首词中说："买田阳羡吾将老，从来只为溪山好。往来一虚舟，聊随物外游。"阳羡即今江苏宜兴，当时归常州管辖。"将老"指辞官。"虚舟"指空空无所系之舟。《庄子·列御寇》说："泛若不系之舟，虚而遨游者也。"意思是说，他像一只飘飘然无所系的船只，不受任何人的羁绊，超然物外，随兴之所至，虚心遨游。据《深雪偶谈》一书记载，他筹措了五百缗钱在阳羡买了一处宅子，刚刚入住。一天夜晚，他与人在村中散步，忽闻妇人哭声，询问之下，是一老妪因儿子不肖，将房屋卖掉，因此伤心痛哭。苏轼不禁动了恻隐之心，把新居卖掉，把钱交给老妪赎回旧居，不索其值，自己则回常州赁房居住去了。

苏轼终老阳羡的打算并未实现。只隔了一个月，朝廷便恢复他为朝奉郎，知登州(今山东蓬莱)了。朝奉郎是寄禄官，即用以发放俸禄的官阶，知登州是实职，这意味着朝廷又重新起用他了。神宗已于这年三月崩逝，下诏让苏轼复官的是神宗之母高皇后，哲宗嗣位，尊为太皇太后，权同听政。他听政后起用旧党司马光、吕公著等，斥逐变法派，史称元祐更化。这意味着原来因反对变法而被贬斥的官员咸鱼翻身，重新受到了重用。苏轼绝处逢生，被任命为登州太守。接着，他的仕途变得坦平顺利，仅元祐元年

(1086)便两次升迁，先是升为中书舍人，后又擢升为翰林学士。中书舍人掌起草诏令，起草的诏令由中书门下发出，称外制；翰林学士也为皇帝起草各种文件，而且多是在天子身边完成，由宫中发出，称内制。内制比外制重要。宋代的翰林学士为正三品，是高级官员，苏轼后来也被称为苏学士。元祐三年(1088)二月，苏轼又兼任侍读，为天子讲解经史。短短两年的时间，苏轼连连擢升，真可谓官运亨通了。一天晚上，太皇太后召见他，问："你前年是什么官职?"苏轼答是汝州团练副使。太皇太后又问："如今是何官?"答称戴罪的翰林学士。太皇太后再问："你何以升擢如此之快?"苏轼答称这是太皇太后和陛下的恩典。太皇太后摇摇头说："并非如此。"苏轼说："那是朝中大臣推荐的结果吧?"太皇太后说："也不是。"苏轼惶惑地说："为臣纵然才学不足，也不敢走歪门邪道升官。"太皇太后说："拔擢你乃先帝之意，先帝每诵读你的文章，便称赞说奇才，奇才，但未及用卿，便遽尔崩逝，令人伤感!"苏轼听了这话，不禁感动得失声痛哭。太皇太后和哲宗也跟着哭泣，命坐赐茶，然后用天子照明的金莲烛把苏轼送回翰林学士院。这种恩宠无人能及，真是皇恩浩荡!

苏轼虽有"致君尧舜上，再使风俗淳"的抱负，又兢兢业业，辅佐君王，但他评论时政，出言无忌，还是给他带来了许多麻烦。他自己就说，遇事好议论，不能忍，"性不慎言语，与人无亲疏，辄输泻肝胆，有所不善，如茹物不下，必尽吐乃已"。苏轼在翰林院时，好友毕仲游就曾写信规劝他："言语会给人带来牵累，不止是说话如此，你写诗词，作赋颂，为人撰碑铭、序记，也是言语的范畴。如今你言语谨慎，但在文字上不知收敛，喜欢你文字的人见了高兴，你得罪了人家就会招致怨恨。喜欢你的人未必能帮助你，怨恨你的人可能会给你带来灾难。如今你供职于翰林院，论官职既不是谏官，也不是御史，却好议论别人，把自己置身于是非漩涡之中，虽然你想救焚拯溺，恐怕如同抱着石头去救落水的人一样吧。”毕仲游的信写得很恳切，但苏轼读了后，只是莞尔一笑，仍然我行我素，毫不在意。有一次，苏轼为天子讲解《祖宗宝训》，借机发表议论说：“如今朝廷上功过不分明，善者未见奖励，恶者未见惩罚，招致朝野不满。又，黄河有一段向北泄流，有司却强行东流，不妥。西夏进犯镇戎军（今宁夏固原），杀掠百姓几万人，边关帅臣隐匿不报，朝廷也不询问，长此以往，国势焉能不衰！”这一番话招致了当权者的痛恨，与他有旧怨的宰相赵挺之攻讦尤为激烈。苏轼自知不见容于朝，请求离开朝廷。太皇太后知道他性格刚直，在朝落落寡合，遂命他为龙图阁学士，知杭州。龙图阁学士是文学侍从之臣的荣誉性兼职，没有具体职掌，只表示对文臣的恩宠，一般只有中央官员出任外官的才给这一头衔。苏轼以龙图阁学士的身份出知杭州，表明他在太皇太后跟前恩宠依旧未衰。

苏轼离朝时，特别向德高望重的老臣文彦博辞行。文彦博嘱咐他到杭州后少作诗，免得被人诬陷，言之再三，临别时又叮咛说：“你若写诗，蔡确之事便是前车之鉴。”原来，蔡确知安州（今湖北安陆）时，曾游当地名胜车盖亭，吟诗寄意，被指为讥讽太皇太后，贬为英州（今广东英德）别驾，安置新州（今广东新兴）。苏轼并未接受这一劝告，赴杭州上任前上疏说：“朝廷若从轻发落蔡确，表明皇帝孝道不足，若从重惩治，又表明太皇太后仁政不够。依臣之见，皇帝应下诏查办，太皇太后再下懿旨赦免，庶几可仁孝两全。”太皇太后未采纳他的意见，曾经当过宰相的蔡确只得前往新州，后来客死贬谪之地。

杭州乃山水绝佳之地，苏轼是第二次在此居官了。前一次任通判，那是太守的副手，只能因人成事，这一次是当太守，可以独挡一面，自作主张。他为民请命，请求减少上缴朝廷的稻米以济饥民，又兴水利，治理西湖，修筑了至今仍为人称道的苏公堤，颇受百姓爱戴。大臣范祖禹上疏说："苏轼文章，为时所宗，忠义许国，遇事敢言，岂可使之久去朝廷！"太皇太后看了，怦然心动，一道诏书召苏轼回朝，任命他为吏部尚书。不久，又恢复了他翰林学士兼侍读的头衔，此时的苏轼可谓大红大紫了。

好景不长，苏轼于元祐六年（1091）正月由知杭州调回朝中任吏部尚书，七月份侍御史贾易便上疏弹劾他了。贾易是何许人也？他为什么弹劾苏轼？这还得从苏轼与程颐的恩恩怨怨说起。原来，苏轼任中书舍人时，程颐在经筵为皇帝讲解经史，他主张一切皆用古代之礼，苏轼说他泥古不变，不近人情，程颐得知后非常不快。元祐元年（1086）九月宰相司马光病逝时，朝廷刚下达过大赦的诏书，群臣打算前往吊祭司马光，程颐说不可，因为孔子说过"是日哭则不歌"，现在朝廷刚颁大赦令，是喜是歌，吊祭司马光是悲是哭，怎么能在一天内又歌又哭呢？有人调侃说："孔子说哭，便不唱歌，不说唱歌则不哭。"苏轼也戏谑地说："此乃死了多年的叔孙通所制礼也。"叔孙通曾为汉高祖刘邦制定礼乐，乃西汉初年大儒，但宋朝礼乐并非程颐制定，苏轼以程颐比叔孙通，显然有嘲笑之意，两人遂成嫌隙，势同水火。当时，朝中有洛党、蜀党、朔党之说。洛党以程颐为首，附和者有朱光庭、贾易；蜀党以苏轼为首，附和者有吕陶等；朔党以刘挚、刘安世、梁焘、王岩叟为首。贾易弹劾苏轼，也就不难理解了。

这年七月，苏轼上疏说，浙西诸郡两年来多次遭灾，而今年大水尤甚，杭州罹难死亡五十余万人，苏州三十余万人。朝廷下诏赐米百万石，拨钱二十万缗赈灾。贾易上疏说："苏轼所奏不实，浙西水灾没有那么严重，请派人查验。”他想以上奏不实之罪惩办苏轼。大臣范祖禹为苏轼辩护说：“浙西遭灾是实，苏轼所奏容或有夸大灾情之处，应当略而不问。若因此惩责，则百官必引以为戒，三缄其口，坐视百姓之死而不救了。”朝廷这才不再追究此事。贾易阴谋未成，又生一计，八月份他再次上疏说：“苏轼在扬州题诗，把听到神宗崩逝的消息说是‘闻好语’；为吕大防起草制书（宋朝天子处理国家大事，颁布赦令，任命宰相、节度使等，采用诏告、宣敕时的官府文书）中说‘民亦劳止’，是把熙宁、元丰之政比作周厉王；苏轼之弟苏辙应试制科时文章荒谬，虽被录取，兄弟二人俱怨恨先帝，无人臣之礼。”其实这又是诬告。苏轼从黄州调入汝州时，请求回常州居住，得到神宗准许。他转回常州路过扬州时，在一个寺庙的墙壁上题诗三首，其中一首是：

此生已觉都无事，今岁仍逢大有年。
山寺归来闻好语，野花啼鸟亦欣然。

神宗崩逝于元丰八年（1085）三月，此诗写于五月。其时哲宗已经即位，把“闻好语”说成是听了神宗的死讯很高兴，显然是栽赃陷害。诗中“今岁仍逢大有年”一句，是说今年是大丰收之年，因此“闻好语”既可解释为苏轼因丰收而高兴，也可解释为因哲宗即位而高兴，断无神宗崩逝50天之后，苏轼幸灾乐祸“闻好语”之理。宰相认为贾易是诬告，而御史中丞赵君锡则以贾易之言为是。太皇太后知道苏轼忠贞为国，将贾易贬知庐州（今安徽合肥），赵君锡贬知郑州（今属河南）。苏轼入奏太皇太后，为自己辩诬，并请求离朝。于是朝廷下诏，命他以龙图阁学士的身份知颍州（今安徽阜阳）。这对苏轼来说，算不上什么惩罚。他在颍州时间甚短,元祐六年八月到任,次年二月便改为知扬州(今属江苏),三月到任。在扬州任上他只待了三个月,七月间便又调回京城任兵部尚书,复兼侍读,不久又改为礼部尚书。这年苏轼57岁。宋朝承袭唐朝制度,在尚书省下设吏、户、礼、兵、刑、工六部,相当于今日国务院下属的各部,六部长官均是朝廷衮衮大员,苏轼当过六部中三部的长官,真可谓荣耀无比了。

再贬岭南

苏轼的政敌从来没有停止过对他的攻击,必欲置他于死地而后快。元祐八年(1093)五月,御史董敦逸、黄庆基连连上疏说:"苏轼当年任中书舍人时为朝廷撰写的制词中指斥先帝(指神宗),而其弟苏辙与兄互为表里,紊乱朝政,应当追究。"宰相吕大防为苏轼辩护说:"自元祐以来,言事官想要弹劾某人,多以诽谤先帝为由头,不惟中伤正直大臣,而且也在朝廷中制造混乱,此风若不禁止,必将为国家带来祸患。"苏轼也上疏自辩说:"臣任中书舍人时,适值朝廷贬谪窜逐几人,贬谪时告词中所列罪状都是先前拟好的,臣不敢有所增损。其中吕惠卿的告词因事涉先朝,应该有所顾忌,其中有'始以帝尧之仕,姑试伯鲧,终焉孔子之圣,不信宰予'的话,董敦逸、黄庆基据此弹劾臣谤毁先帝,实在于理不通。臣以为帝尧时朝中出了像伯鲧这样才干平庸的人,并不影响尧在历史上成为仁慈的君主,孔子弟子出现了宰予这样顽劣的人,也无损于孔子圣人的形象,把吕惠卿比作伯鲧宰予,难道就是谤毁了先帝?更何况,贬谪吕惠卿乃是先帝之意。臣为中书舍人,不过是奉命撰写制词而已,区区忠心,自以为无负于先帝。黄庆基说臣诽谤先帝,完全是向壁虚构,血口喷人。其他所说李之纯、苏颂等人的告词,都是黄庆基穿凿附会,强加于臣的罪名。此告讦之风始于朱光庭,盛于赵挺之,至贾易时发展到极致,如今黄庆基又师从以上诸人的故伎。臣以为此风不可长,不独为臣一人着想,也为朝中大臣请命!”苏辙也上奏说:“臣昨天取兄长为吕惠卿所撰制词细读,哪里有诽谤先帝之意?请太皇太后详察。”太皇太后安慰苏辙说:“近来朝中大臣互相攻讦,必须停止。”董敦逸、黄庆基分别被贬为湖北、福建转运判官。御史中丞李之纯、御史杨畏、来之邵上疏说:“董、黄二人诬陷忠良,罪大责轻,应重新贬谪。”于是,董敦逸被贬知临江军(今江西临江县西南临江镇),黄庆基知南康军(今江西星子县)。高太皇太后没有听信董、黄两位御史的诬告,把两人贬往远离朝廷的临江军和南康军,处理得如此公平,使苏轼大为感动,连忙上疏称谢说:“东汉孔融有才干又忠心汉室,有个叫路粹的人在曹操面前进谗言,导致孔融被杀;西晋嵇康有才干又正直,却受到钟会的陷害。臣无二人之长而有古人之短,若非陛下公正裁断,臣早已魂归泉台了,岂有今日!”苏轼知不容于朝,请求出朝知越州(今浙江绍兴),太皇太后下诏慰留,不让他离朝。

元祐八年(1093)九月,62 岁的高太皇太后一病不起,宋哲宗赵煦亲政,厄运又一次降临到苏轼身上。高太皇太后垂帘听政 9 年,政治清明,人称女中尧舜。她一直信任苏轼,不管朝中大臣如何攻讦,苏轼在她的庇护下都不曾受到伤害。如今哲宗执政,新党受到重用,苏轼便在劫难逃了。几天之后,苏轼被贬出朝,知定州(今河北定县)。临行前,他要求向哲宗辞行,未获批准,便上疏规劝天子 3 年之内不要颁行新政,在此期间观察朝政之得失与大臣之邪正,等到一切都了然于胸,再据此施政,庶几天下无恨。最后又不无担心地进谏说:“臣恐急进好利之臣,辄劝陛下轻有改变,故进此说,敢望陛下留神,社稷宗庙之福,天下幸甚!”然而言者谆谆,听者藐藐,苏轼过于天真了。哲宗不是高太后,怎会采纳他的意见?

屋漏偏逢连夜雨,船迟又遇顶头风。就在苏轼58岁那年贬谪定州时,继室王氏也撒手人寰。他们二人伉俪情深,琴瑟和谐,共同度过了26年时光。这让苏轼伤心欲绝。既遭贬又丧偶,自己也已进入老境,寻常人都受不了这种打击。然而苏轼并没有颓唐消沉,他在定州任上干得有声有色。定州原先军政废弛,士兵骄惰,将领贪污粮饷,太守不敢过问。苏轼毫不容情,把贪赃者发配到远恶之地,又修缮营房,禁止饮酒赌博,军中衣食稍足,则教士兵练习战法。有士兵控告其长官贪污,苏轼调查所告不实,立即惩处。次年初春阅兵,苏轼按惯例检阅部队,副总管王光祖自认为是老将,称病不至,苏轼马上召来书吏欲上书弹劾。王光祖惊惧而出,从此再无一人敢怠慢了。苏轼大刀阔斧整顿定州的政治、军事,成绩斐然,百姓交口称赞。

让苏轼始料不及的是,在定州任职只有短短半年光景,绍圣元年(1094)四月,他的政敌们便又一次向他发难了。御史台的官员攻讦他给吕惠卿所起草的制词中有讥刺皇帝的文字,应该受到惩处。而为吕惠卿起草制词是元祐元年(1086)的事。元祐八年五月,董敦逸、黄庆基就曾因此而诬告过,高太皇太后把董、黄两人贬往远离朝廷的江西。如今相隔还不到一年时间,苏轼的政敌们故技重演,又拿他为吕惠卿写制词的事诬陷他了。这次苏轼连申辩的机会也没有了,降一级改知英州(今广东英德)。不遗余力陷害他的是宰相章惇。苏轼与他小时相善,相传一天章惇坦腹而卧,适苏轼从外而来,章惇拍着肚子问苏轼:“你说我这肚子里装的是什么?”苏轼戏答:“都是谋反底家事。”两人大笑。苏轼入仕之初任凤翔府节度判官时，章惇任商州（今陕西商县）县令，两人相处甚欢。章惇赞同王安石变法，苏轼则反对变法，两人因政治见解不同而形同陌路。贬谪苏轼的圣旨就是在章惇的操纵下写成的，措辞之严厉，语言之狠毒，使人胆战心惊。其中有云：

> 若讥朕过失，有何所不容，乃代予言，诬诋圣考。乖父子之恩，绝君臣之义。在于行路，犹不戴天，顾视士民，复何面目！轼文足以惑众，辩足以饰非，然而自绝于君亲，又将何怨？

“文足以惑众，辩足以饰非”“自绝于君亲”，这些莫须有的罪名，真叫苏轼欲哭无泪！

绍圣元年四月，苏轼于定州戴罪南下，开始了漫长的迁谪之旅。路远程赊，交通不便，要从北方长途跋涉到山水迢递的南方，路途的艰辛可想而知。这年六月，苏轼还在南迁途中，朝廷的圣旨又来了，说他诋毁先朝、不知悔改，责授宁远军节度副使，惠州（今属广东）安置。宁远军是唐、五代时的方镇，治所在容州（今广西北流县），宋代已废；节度副使无职掌，常用来安置贬谪官员，宋代只要见有授节度副使的头衔，便可知他一定是被贬谪的官员。十月，苏轼抵达惠州，他在此居住了三年之久。《宋史·苏轼传》说他在惠州“居三年，泊然无所蒂芥，人无贤愚，皆得其欢心”。他在写给友人的信中也说：“到惠将半年，风土食物不恶，吏民相待甚厚。”惠州太守詹范、博罗县令林抃，都与他过从甚密，或诗文唱酬，或结伴出游，或沽酒酣饮，使他不再有贬谪的烦恼。他说：“闲居未尝一日无客，客至未尝不置酒，天下之好饮亦无在予上者。”乐而忘忧，真是其乐融融！

偶尔也有不如意的时候。苏轼来惠州的第三年，也即绍圣三年(1096)，侍妾朝云香消玉殒，年仅34岁。死因是南方瘴疠的困扰。朝云虽无夫人名分，却与苏轼夫唱妇随，鸾凤和鸣，还生过一个叫苏遯的儿子，元丰七年(1084)苏轼从贬谪地黄州返回常州时夭折于金陵。绍圣二年(1095)深秋，万木萧疏，寒气袭人，苏轼和朝云小酌对饮，酒酣耳热之际命朝云唱歌助兴。朝云歌喉宛转，余音绕梁，当唱到"枝上柳绵吹渐少，天涯何处无芳草"时，不觉悲中从来，泪满衣襟。苏轼说："我方悲秋，汝又伤春，何苦如此！"朝云从此恹恹成疾，辗转床褥，至绍圣三年便撒手而去。朝云所唱是苏轼《蝶恋花》词中的两句，那首词大概写于他初到惠州之时，并非专为朝云而作，但是"枝上柳绵吹渐少，天涯何处无芳草"两句，却触动了朝云对贬谪生活的伤感，于是情不自已，伤心落泪了。苏轼这年61岁，已到了垂暮之年，两位王氏妻子俱已逝去，全赖朝云照拂，不幸又短命而亡，使他万念俱灰，从此后终身不再听《蝶恋花》词。朝云的骨殖就葬在惠州栖禅寺大圣塔梅树下，每每想起她，苏轼就感伤不已，于是一首以《西江月》为词牌的悼亡之作脱口而出：

> 玉骨那愁瘴雾，冰姿自有仙风。海仙时遣探芳丛，倒挂绿毛幺凤。　　素面常嫌粉涴，洗妆不褪唇红。高情已逐晓云空，不与梨花同梦。

这首词是咏梅花的。"玉骨""冰姿"是写梅，也是写朝云超凡脱俗。如同东海神仙派遣倒挂在树枝上的绿色幺凤来探看梅花一样，朝云也有不同凡响的过人之处。素面是说梅花洁白素雅，如同不施脂粉的虢国夫人一样，梅花的红色如同美人樱唇，不因洗妆而褪去颜色。这两句又是比喻朝云品质高洁,只可惜这种高雅的情况已不可得,因为“晓云空”——朝云已魂归泉台了。唐代诗人王昌龄在一首诗里梦见把梅花当作梨花,因朝云已逝,自己不会和王昌龄一样,做梨花的梦了。苏轼对朝云一往情深,此词与当年悼念原配王氏的“十年生死两茫茫”有异曲同工之妙!

值得欣慰的是,长子苏迈全家迁到了惠州,又在南雄附近谋到了一个县令差使,这可稍慰苏轼寂寞之怀。他自感还朝无望,便在惠州购置薄田数亩,并建造房舍,作久居之所。此时,苏轼已心如止水了。

厄运如影随形,总是挥之不去。苏轼在惠州写了一首名叫《纵笔》的诗抒怀:

> 白发萧散满霜风,小阁藤床寄病容。
> 报道先生春睡美,道人轻打五更钟。

白发萧散,满面风霜。安卧藤床,颐养天年。春日酣睡,一觉醒来,已是五更。你看苏轼虽在病中,活得多么潇洒从容,逍遥自在!不料这首诗传到京城,却惹出了大麻烦。他的政敌章惇说:“苏轼是贬谪之人,还如此快活,岂能容忍!”于是苏轼又被贬为琼州(今海南海口)别驾,昌化安置。宋代诸州、诸府别驾、司马、长史等皆称上佐官,无实际职掌,多以犯有过失官员充任,或授予有恩宠的士人。苏轼授的是琼州别驾,却被安置在昌化(今海南儋州),说明别驾并非实职。苏轼遭贬,连累他的弟弟苏辙也被贬往雷州(今属广东),兄弟两人真是“流泪眼观流泪眼,断肠人看断肠人”。据说苏轼字子瞻的“瞻”字中含有“詹”字,故贬儋州；苏辙字子由的“由”字与“雷”字下半部的“田”字近似，故贬雷州。当然，这只是戏谑之说而已。

经过多次贬谪，苏轼已经处变不惊了。绍圣四年（1097）四月，他把家事安排妥当，只带着小儿子苏过前往昌化。当时，海南还是未曾开发的蛮荒之地，瘴疠严重，不适宜居住。宋代规定不杀士大夫，有过失官员多是贬谪，最重的惩罚莫过于贬谪岭南了。《宋史》本传说：

> 昌化，故儋耳地，非人所居，药饵皆无有。初僦官屋以居，有司犹谓不可，轼遂买地筑室，儋人运甓畚土以助之。独与幼子过处，著书以为乐，时时从其父老游，若将终身。

苏轼在给友人的信中说，他在儋耳是“食无肉，病无药，居无室，出无友，冬无炭，夏无寒泉”。他租赁官屋，受到当地官员的百般刁难。倒是当地的土著钦慕苏轼的为人，送来砖瓦，拉来木料，草草建成房子。这种古道热肠的义举与那些趋炎附势的官员相比，精神境界可说是判若云泥！苏轼从举子出身直到官至皇帝侍从之臣，一向忠贞报国，“忠规谠论，挺挺大节，群臣无出其右。但为小人忌恶排挤，不使安于朝廷之上”。《宋史》本传的这一段话，可谓不刊之论！

岭南环境恶劣，苏轼又离群索居，使他无限惆怅。他在一篇日记中写道：“吾始至南海，环视天水无际，凄然伤之曰：何时得出此岛也？”当地治病愚昧落后，只杀牛祷告，没有悬壶济世的医生。他见到的是“既至海南，耕者与屠者常相半。病不饮药，但杀牛以祷。富者至杀十数牛。死者不复云，幸而不死，即归德于巫。以巫为医，以牛为药。间有饮药者，巫辄云神怒，病不可复治”。来儋耳的第一个中秋之夜，他望着一轮明月，又想起了贬谪在雷州的弟弟苏辙。人情冷暖，世态炎凉，只有这时候体味得最清楚，心中可谓五味杂陈。于是一首《西江月》在他笔下泻出：

世事一场大梦，人生几度秋凉？夜来风叶已鸣廊。看取眉头鬓上。　酒贱常愁客少，月明多被云妨。中秋谁与共孤光，把盏凄然北望。

人生就像是一场大梦，苏轼已经过几次贬谪，眉毛鬓发已经斑白，如同染上了秋霜一样。朋友们怕受牵累，不敢和他来往了，因而客少；没人来酒就喝得少，因而酒贱。月亮虽然明亮，但常被浮云遮盖，比喻皇帝虽然圣明，但常被权臣蒙蔽，使人踧踖不安。如今又逢中秋，不由想起了同样被贬谪在雷州的弟弟苏辙，要想见而不能够，只能隔海凄然北望，不禁痛彻肝肠！

苏轼毕竟是豁达大度之人，刚到海南时人地两生，四海飘零，心情郁闷；到了第二年，他已随遇而安，适应当地生活，那些不快便一扫而光了。他在这年立春时写的一首《减字木兰花》写道：

春牛春杖，无限春风来海上。便丐春工，染得桃红似肉红。　春幡春胜，一阵春风吹酒醒。不似天涯，卷起杨花似雪花。

尽管儋州僻在天涯海角，无限春风还是来到了海上。你看立春之日，海南也有用木杖鞭打土牛的习俗，以示劝耕；也有制春幡春胜的习俗迎春。春天化育万物，鲜红的桃花迎风绽放，杨花在立春时便漫天飞舞，这哪里是天涯之地的景象呢？诗人以轻快的笔触描绘海南的立春，表明他心中的郁闷已涣然冰释了。

苏轼贬谪昌化的第二年，也即元符元年(1098)九月，秋雨连绵。他发现用的蚊帐上有蝼蚁，蚊帐已腐烂。他感慨不已，顺手写了一段文字，表示只要调养得法，在海南也可活到百岁：

> 岭南天气卑陋，气蒸溽，而海南尤甚。秋夏之交，物无不腐坏者。人非金石，其何能久？然儋耳颇有老人，百余岁者往往皆是，八九十岁者不论也。乃知寿夭无定。习而安之，则冰蚕火鼠，皆可以生。吾当湛然无思，寓此觉于物表，使折胶之寒无所施其冽，流金之暑无所措其毒。百余岁何足道哉……九月二十七日秋霖不已，顾视帏帐间有蝼蚁，帐已腐烂。感叹不已，信手书此。时戊寅岁也。

闲暇无事，苏轼喜欢与当地书生交游，饱览儋耳风光。他说：

> 己卯上元，余在儋耳，有老书生数人来。过曰："良月佳夜，先生能一出乎？"予欣然从之。步城西，入僧舍，历小巷。民夷杂糅，屠酤纷然，归舍已三鼓矣。

从这几句话中可知，儋耳在宋代已初具城市规模，汉族人与黎族人错杂而居，杀猪的、卖酒的，各行各业都有。苏轼游兴甚高，归来已经三更了。这年他64岁。

苏轼在儋耳著述甚丰。他的父亲苏洵晚年读《易经》，作《易传》未能完稿，命苏轼继之。他在黄州时已完成了《易传》，又撰写了《论语说》，在儋耳又给《尚书》作了注释。同时还在儿子的帮助下，整理了笔记《东坡志林》。最值得称道的是，苏轼写完了

《和陶诗》4 卷，共 124 首。他仰慕陶渊明磊磊落落，不为五斗米折腰的性格。在惠州时断时续，写了 109 首，最后 15 首是在这里完成的。

客居儋耳，苏轼佚事甚多。一天，他去看一个农家朋友，突然下起了滂沱大雨，便从农家借了一个斗笠戴上，脚上是一双踏泥的屐，这身打扮让妇人和小儿相随大笑，引得村中的狗也狂吠了起来。《梁溪漫志》这则记载，使我们看到了一个洒脱诗人是如何随乡入俗，不拘形迹的。当地有一个叫姜公弼的年轻士人拜苏轼为师，此人颇为勤奋，一天拿来一把扇子，想让老师题诗，苏轼在扇子上题了两句诗："沧海何曾断地脉，白袍端合破天荒。"姜公弼要求再添两句，成为一首完整的七绝。苏轼笑笑说："等他日你金榜题名时，我再给你续上下两句。"后来，姜公弼到了广州，因学业优异，被保送到了京城开封。其时苏轼已逝，他到许昌找到了苏辙，呈上恩师题在扇子上的那两句诗。苏辙挥毫为他补成一首七绝：

沧海何曾断地脉，白袍端合破天荒。
锦衣他日千人看，始信东坡眼目长。

这首诗的意思是说，僻在沧海之中的儋耳文化落后，从未有金榜题名者，但是地脉连着中原，肯定会有人破天荒而中举，这是勉励姜公弼发奋读书。后来姜公弼果然中举入仕，衣锦还乡，引得千人争看，这才相信苏轼是有眼光的人。

宋徽宗宣和初年，有潘衡其人者，在江西卖墨发了财，他的墨质量好，人们争相购买。有人问他何以能造出这么好的墨。他说曾在海南跟苏轼学造墨，得其秘诀，故而有此好墨。有好事之徒找到苏过,询问他父亲造墨之法。苏过大笑说:“家父哪有什么造墨之法?只因家父常常写作,而海南没有好墨,遂想自己试制。一日,适卖墨人潘衡来访,家父便与他在一间小屋内研制,烯烧松脂制作黑烟灰。不料半夜失火,几乎把小屋烧掉。第二天从灰烬中觅得黑烟灰少许,但是缺乏胶作粘合剂,两人就用牛皮胶和黑烟灰掺兑到一起。墨虽成形了,但脆而不坚,只得到数十块如指头大小的墨块。家父一笑置之,潘衡也起身离去。”潘衡从别处学得制墨之法,只因苏轼名声大,便移花接木,说成是从苏轼处学得的。宋人叶梦得《避暑录话》中这一记载,后来成为一段文坛佳话。

柳暗花明,苦尽甘来。元符三年(1100)正月,24 岁的哲宗崩逝,他没有子嗣,神宗正宫向皇后决定册立端王为帝,即宋徽宗。徽宗赵佶这年 19 岁,全无执政经验,由向太后垂帘听政。向太后一向对元祐年间的那些大臣有好感,于是事情便有了转机。徽宗即位后大赦,这年五月,苏轼获准迁廉州(今广西合浦)安置。宋朝规定,被贬谪官员由贬谪地向京城方向迁移称量移,这意味着将有重新启用的机会。苏轼迁移廉州,自然是个好消息。临行前,他写诗辞别当地一个叫黎子云的秀才,诗后又批注:“新酿甚佳,求一具理。临行写此,以折菜钱。”新酿指好酒,具理者,酒瓶之谓也。从这几句话来看,65 岁的苏轼心情是愉快的。刚刚渡海来到廉州,朝廷又有旨改移永州(今属湖南)。行至英州(今广东英德东),又逢大赦,恢复了他朝奉郎的官阶,提举成都玉局观,任便居住。朝奉郎是寄禄官,即领俸禄的等级。这一官职在神宗元丰年间改制前是正六品,属低级官员,所领薪俸不多。苏轼原先曾任过三品大员,自元祐以来屡遭贬谪,没有再升迁过,故只能领六品官的俸禄。至于提举玉局观,即管理一个叫玉局观的道观，是不必莅职的闲差使，因此可以任便居住。不管如何，苏轼摆脱了监管羁绊，恢复了自由之身，即使俸禄再少，也聊胜于无。对于一个 65 岁的垂垂老翁来说，不再有流放之苦，又恢复了官职，已经是皇恩浩荡了。

建中靖国元年（1101），苏轼度大庾岭北归，在一村庄内小憩。一个白发老翁看苏轼相貌不俗，询问他是何人，随从回答是苏尚书。老翁又问："是苏子瞻吗？"在得到肯定答复后高兴地说："我听说有些人千方百计害你，今日得以北归，是老天保佑善人啊！"苏轼听了，连连道谢。往年贬谪海南的官员，大多抱无涯之戚，殒命异国他乡。自己得以安然无恙归来，莫非冥冥之中真有苍天护佑？想到这里，他不禁感慨万端，在墙壁上题诗一首：

鹤骨霜髯心已灰，青松合抱手亲栽。
问翁大庾岭头住，曾见南迁几个回？

苏轼于北归途中，得知了 56 岁的向太后逝世的消息，心中为之一震。向太后去世，变法派如果上台，自己还会再遭厄运，仕途险恶，不能再蹈覆辙，于是决定卜居毗陵（今江苏常州）。那里薄有田产，可供饘粥之用；那里又远离尘嚣，与世无争，与烟波钓徒为伍，颐养天年，亦是一大乐事。这年六月，苏轼经过长途跋涉后，于金陵（今江苏南京）乘船东下。途经润州（今江苏镇江）时，太守是苏轼的故交，问他："海南风土人情如何？"苏轼回答："风土极善，人情不恶。某离昌化时，十数父老携酒馔至舟次相送，执手泣涕而去，且曰：'此回与内翰相别后，不知甚时再得相见？'"可见苏轼在海南时，结交朋友不少，不光是读书的士人，甚至贩夫走卒，引车卖浆者流也成了他的好朋友。

几天之后，苏轼来到了离润州近在咫尺的仪真（今江苏仪征），身体偶感不适。在这里，他会见了老朋友画家米芾。米芾比苏轼小16岁，两人可说是忘年交。还在相见之前，苏轼在病中给他写过一封信，历述两人交往之深，赞扬米芾的文章写得好：

> 岭海八年，亲友旷绝，亦未尝关念。但念吾元章迈往凌云之气，清雅绝俗之文，超妙入神之字。何时见之，以洗我积年瘴毒耶？两日来，疾有增无减。儿子于何处得《宝月观赋》，琅然诵之，老仆卧听未半，蹶然而起，恨二十年相从，知元章不尽。若此赋当过古人，不论今世也。天下岂尽知如我辈聋瞶耶？公不久当自有大名，不劳我辈说也。

你看，苏轼受了8年颠沛流离之苦，连亲友间音信都不通了，他也未曾放在心上，想念的却是老友米芾。他称赞米芾的文章清雅绝俗，写的字超妙入神，只要见一见，自己多年因南方瘴疠之气带来的疾病困扰便可痊愈。在病中，儿子不知从何处得到了米芾写的《宝月观赋》，在那里摇头晃脑地朗诵。苏轼还未听到一半，便从床上一跃而起。慨叹相交二十年的米芾竟然妙笔生花，写出这么好的文章。这篇赋可称得上超迈古人，独步今世。他预言米芾不久便会名声大噪。后来，苏轼的预言果然应验。二人见面后，米芾拿出珍藏的《太宗草圣帖》《谢安帖》请苏轼题跋，苏轼更不推辞，一挥而就。这次相见，给病中的苏轼带来了不少慰藉。

天有不测风云，人有旦夕祸福。从海南归来，一路鞍马劳顿，加上酷暑难耐，骄阳如火，已是风烛残年的苏轼，在仪真中暑病倒了。家人用船把他送往毗陵。毗陵人得知名满海内的大诗人归来，倾城而出，夹运河两岸一睹诗人风采。其时苏轼疾病还轻，他头戴一顶小帽，披半臂，坐在船上戏谑地说：“莫看杀轼否？”到了毗陵，暂时借居顾塘桥一个孙姓的家里。过了几天，才觉得舒服。只是他的疾病有加无瘳，终至病体支离，群医束手，百药罔效了。弥留之际，他在杭州时的老朋友、径山寺方丈惟琳前来看望，苏轼说：“万里岭海不死，而归宿田里，有不起之忧，非命也耶！然死生亦细故耳。”死生不过是寻常事，苏轼把死看得很平常。惟琳在他耳边大叫：“端明勿忘西方！”意思是说，不要忘记去西方极乐世界。苏轼有气无力地回答说：“西方不无，但个里著力不得！”意思是说，西方极乐世界虽好，但也要看缘分。命里没有，不能强求。说毕便瞑目而逝，享年66岁。

这一天是建中靖国元年(1101)七月二十八日。

身后荣辱

就在苏轼死后不久，劣迹斑斑的大奸臣蔡京当上了宰相，又开始了对元祐党人新一轮的迫害。尽管其中的大部分人已登鬼箓，蔡京等人仍不肯放过，称他们为元祐奸党。崇宁元年(1102)，徽宗下诏开列元符年间曾经上疏言事官员的“罪状”，其中有文臣执政官文彦博等22人，待制以上官苏轼等35人，余官秦观等48人，内侍张士良等8人，武臣王献可等4人，御书刻石于京城端礼门的石碑上，用以昭示天下。崇宁三年(1104)，又把这些所谓奸党的姓名颁之州县，皆令刻石，让全国百姓都知道，这些人是奸党。

天理不泯，公道自在人心。尽管徽宗、蔡京一伙搞得沸沸扬扬，但百姓并不认为元祐党人是奸邪之徒。蔡京撰写的奸党碑令郡国刻石时，九江有一名叫李仲宁的碑工，太守让他刻石，他说：

"小人家旧贫窭,止因开苏内翰(苏轼)、黄学士(黄庭坚)词翰,遂至饱暖。今日以奸人为名,诚不忍下手。"太守赞许地说:"你真是个好人,那些士大夫都没有你这样的品德。"不再强迫他刻字。蔡京怂恿徽宗下诏"焚毁苏轼《东坡集》并后集印板"。在这之前,徽宗已下诏,"应天下碑碣榜额,系东坡书撰者,并一例除毁"。又将苏洵、苏轼父子及苏门四学士黄庭坚、张耒、晁补之、秦观及马涓等人文集、范祖禹《唐鉴》、范镇《东斋纪事》、刘攽《诗话》、僧文莹《湘山野录》等书印板悉数焚毁,想以此消除苏轼等人的影响。

苏轼的诗词汪洋恣肆,清新流丽,意味隽永,风靡天下,士大夫爱不释手,越是禁止,流传越广。《宋稗类钞》一书载:

> 崇宁、大观间,朝廷禁止苏公文章,赏钱增至八十万,禁愈严而传愈盛,往往以多相夸。士大夫不能诵东坡诗,便自觉气索,而人谓之不韵。

到了宣和年间,禁令尚未解除,莘莘士子恐提苏轼之名触犯当局,私下里称他为毗陵先生(因苏轼死于毗陵,故称)。京城开封有一士人偷偷携带东坡文集出城,被守城者查获,执送到京尹处。京尹翻检文集,见文集后有诗一首:

> 文星落处天地泣,此老已亡吾道穷。
> 才力谩趋生仲达,功名犹忌死姚崇。
> 人间便觉无清气,海外何人识古风?
> 平日万篇谁爱惜?六丁收拾在瑶宫。

此诗盛赞苏轼死后，文星殒落，但其才气和名声如同死诸葛吓走活仲达（司马懿），唐朝名相姚崇死后其政敌仍有顾忌一样，影响深远。他留下的诗篇谁来爱惜？只有让火神（六丁）带上瑶宫（玉饰的宫殿）了。京尹既佩服此人的胆量，又怕连累自己，便放那人出城了。

苏轼诗文脍炙人口，遗墨也被人视若拱璧，有人为此大发其财。苏轼曾在徐州（今属江苏）建一楼，名叫黄楼，由其弟苏辙撰文，苏轼书丹，刊刻于石。后来天子下诏销毁东坡诗文，徐州地方官于心不忍，投那筒碑于城壕内，改黄楼为观风楼。宣和末年，禁网稍弛，一时之间，官宦人家以收藏东坡诗文相标榜，凡有东坡墨宝出售，便被抢购一空。有个叫苗仲先的人，适于此时来徐州做太守，见有人到城壕内就石临摹，便命人从土壕内抬出此石，日夜摹印，拓得数千份。一日，他忽然命令僚属说："苏氏之学，法禁尚在，此石奈何独存？"立即命人击碎。人们得知石碑已毁，拓片价格骤增，苗仲先命人把拓片拿到京城出售，大大赚了一笔。此人真是工于心计，他拓印数千份后便砸毁石碑，断了别人财路，自己发了大财。

还有人因庋藏苏轼墨宝升迁。苏轼南贬归来，想长期卜居毗陵（江苏常州）。一日路过城内报恩寺，恰逢僧房落成，以木板作墙壁，苏轼诗兴坌涌，题诗于上。后来党祸事起，天子下诏各地搜索销毁苏轼遗墨，报恩寺僧人便以厚纸糊墙，上面涂漆，将苏轼遗墨盖住，不露痕迹，字才得以保全。绍兴年间，高宗搜求苏轼、黄庭坚遗墨，其时报恩寺僧人已死久，一老头陀（四处游走乞食的僧人）知情，告于郡守，除去漆纸，字迹宛然。郡守临摹拓印献上，高宗大喜，就命那个头陀为报恩寺的方丈。高宗建立南宋后，苏轼的文章尤其受到莘莘士子的推崇，蜀地尤甚，以致有"苏文熟,吃羊肉,苏文生,吃菜根"的谚语,可见其影响之大。

苏轼的道德、文章均为人所敬重,不光是士人官员,就是道家者流,强盗也对他顶礼膜拜。宦官梁师成自称是东坡小妾之子。当时师成颇受徽宗倚重,圣眷正隆,苏轼已经亡故,师成却要冒充其子,无非是想攀附骥尾,抬高身价而已。政和年间徽宗命人修建宝箓宫,多次前往巡视,见一道士伏地对苍天祷告,跪了很久方才起身。徽宗问他:"为何跪这么久?"道士说:"臣适才到天帝之所,适逢奎宿星奏事,他啰哩啰嗦奏了许久才完,这才轮到臣上奏。"徽宗颇为惊疑,问:"奎宿星是何人? 所奏何事?"道士说:"所奏何事臣不得而知,臣只知奎宿星就是端明殿学士苏轼。"徽宗听了,神色为之一变,说奎宿星是苏轼不可信。这位道士是为苏轼打抱不平,才说这番话的。赐号金门羽客的道士林灵素,因其方术大受徽宗宠信,一日,他侍宴太清楼下,见了党人碑纳头便拜。徽宗甚为诧异,问他为何如此,他答道:"碑上姓名都是天上星宿,臣怎敢不稽首膜拜?"随即吟诗说:

> 苏黄不作文章客,童蔡翻为社稷臣。
> 三十年来无定论,不知奸党是何人。

林灵素与苏轼、黄庭坚素无瓜葛,忽然替他们说话,不由得徽宗不信。后来因星变毁碑,不能说与林灵素的话没有关系。

虔州(今江西赣州)人谢达在绍兴年间攻陷惠州,"居民官舍,焚荡无余,独留东坡白鹤故居,并率其徒葺治六如亭,烹羊致奠而去"。还有一个名叫黎盛的海盗,攻下潮州(今属广东)后,将城池洗劫一空,又付之一炬,唯到开元寺塔时,问左右说:"这是苏学士读书的地方吗?"左右说是。黎盛便下令保护开元寺塔。看来敬重东坡是人心所向，不论士庶官员，三教九流都知道苏轼忠君爱国，是文章司命，章惇、蔡京之流无论如何诋毁都是徒劳的。

高宗即位，深知苏轼之冤，下诏为他去掉一切不实之词，赠资政殿学士，以其孙苏符为礼部尚书。又把苏轼的文章放在身边，日日诵读，乐而忘倦，称他为文章之宗。后又追赠太师，谥文忠。这一迟到的平反，也可告慰苏轼于九泉了。

此恨绵绵无绝期

——宋徽宗与李师师

宋徽宗晚年怠于政事，沉湎酒色，虽然后宫粉黛无数，佳丽如云，仍然微服狎妓，眠花宿柳。他与汴京城名妓李师师的一段风流韵事，传得沸沸扬扬，举国皆知。

沉湎酒色，微服狎娼

宋徽宗即位初年，曾经想把满目疮痍的宋室江山恢复为太平盛世。他屡下求直言诏、窜逐奸佞、昭雪冤狱、察纳忠言，一时声誉鹊起。可惜的是，好景不长，这段清明政治刚开头便煞了尾，一个年轻有为的天子很快便沦为荒淫无道的帝王，微服狎娼便是其中的一项。《宋史·曹辅传》载：

> 自政和后，帝多微行，乘小轿子，数内臣导从。置行幸局，局中以帝出之日有排当，次日未还，则传旨称疮痍，不坐朝。始，民间犹未知。及蔡京谢表有“轻车小辇，七赐临幸”，自是邸报传闻四方，而臣僚阿顺，莫敢言。

徽宗为了寻欢作乐竟然设置了专门机构——行幸局，在历史上还不多见，而行幸局的官员还故意说谎，蒙骗世人。当日不上朝，称之为有排当。排当者，宫廷宴饮之谓也。如果第二天还不上朝，则称作为疮痍，也即染病不能上朝。徽宗“微行”不能说都去嫖娼，但多数是嫖娼则是事实。嫖娼而至于荒废朝政，自然会引起朝野不满，但多数人明哲保身，不敢忤逆龙鳞。徽宗见无人谏诤，也就乐此不疲。据《皇宋十朝纲要》一书记载，徽宗于政和六年(1116)“微行始出”，而当时东京繁华富庶，妓馆林立，也给徽宗嫖娼提供了方便。

据孟元老的《东京梦华录》所记，东京宣德楼前有一条院街，“街北薛家分茶、羊饭、熟羊肉铺。向西去皆妓女馆舍，都人谓之院街”。朱雀门外除几条主要街道外，余皆妓馆。从潘楼往东有一条街，名叫朱家桥瓦子，“下桥，南斜街、北斜街，内有泰山庙，两街有妓馆”。京师多酒楼，为吸引顾客，都装饰得美轮美奂。每值夜晚，便百灯齐放，灯火荧煌，如同白昼。浓妆妓女不下数百，都聚集在主楼的显豁之处，等待酒客呼唤。她们一个个袅袅婷婷，跌宕风流。更有一些下等妓女，不待客人呼唤，便自动前来侑酒，筵前唱歌，只要顾客赠送些小钱物，便满意而去。最常见的是那些挥金如土的达官显贵们召妓女歌唱，因此，“诸酒店必有厅院，廊庑掩映，排列小阁子，吊窗花竹，各垂帘幕，命妓歌笑，各得稳便”。从“各垂帘幕，命妓歌笑，各得稳便”这几句看，这些酒店中的妓女必有操皮肉生涯者。东京当时是个添十数万人不加多，减之也不觉少的繁盛之地，“燕馆歌楼，举之万数”，妓女也必有几万名之多。徽宗若只为听歌，宫掖中铜板铁琶，急管繁弦，比市廛中呕哑啁哳者动听百倍，他尽可纵情享受，不必夜出不归。显然，他微服出游的目的是嫖娼。尽管后宫不乏秀眉夺山黛，媚眼流河波的女子,但闲草野花,别有风味,于是徽宗便不惜以九五之尊作狭斜之游了。

就在这时,徽宗看上了绮年玉貌的歌妓李师师。

色艺双绝,驰誉京师

李师师何许人也?她是汴京东二厢永庆坊染局匠王寅之女。师师呱呱坠地时,其母却因难产而死,王寅无奈,只得以豆浆代乳,师师才得以成活。宋代汴京风俗,凡男女降生,父母钟爱至极,必舍身佛寺为奴,以消罪愆。王寅怜惜其女,将师师送入宝光寺。凡为佛弟子者,俗呼为"师",因此王寅之女被称为"师师",其真实姓名反而不为人所知了。师师4岁时,王寅犯罪系于狱中,师师孤苦无依,成了釜底游魂。一个姓李的歌伎收养了她,于是师师冒姓李,被人称为李师师。及长成人,出落得风流玉立,艳冶无匹,端的是巫山神女,洛浦仙姬,而且歌喉宛转,曼吟低咏,余音绕梁,在诸教坊中独领风骚,驰誉京师。南宋初年人孟元老的《东京梦华录》说:"崇观以来,在京瓦肆伎艺:张廷叟、孟子书。主张小唱:李师师、孙婆惜、封宜奴、孙三四等,诚其角者。"可知在崇宁、大观年间,李师师已经走红,正当色艺双绝的花样年华,大概是十五六岁左右。徽宗即位时19岁,年号建中靖国;第二年便改元崇宁,此时是20岁,与李师师的年龄基本相当。

李师师的歌喉引得许多人如醉如痴。著名词人秦观见过李师师,曾为她写过一首《一丛花》词:

年时今夜见师师,双颊酒红滋。疏帘半卷微灯外,露华上烟袅凉飔。簪髻乱抛,偎人不起,弹泪唱新词。　佳期谁料久参差，愁绪暗萦丝。想应妙舞清歌罢，又还对秋色嗟咨。惟有画楼，当时明月，两处照相思。

词中的李师师是个情窦已开的少女，因怀念相思之人而鬓发散乱，偎人不起，但身在教坊，只得“弹泪唱新词”。也许是教坊演出任务繁重，屡误婚姻佳期，与相爱之人不能团聚，因而“愁绪暗萦丝”。歌舞既罢，愁绪未解，在画楼之上面对明月，思想夫婿。一轮明月，两处照着相思的男女。这首词活画出了李师师怀春的神态。

北宋末年诗人晁冲之也有诗云：

少年使酒走京华，纵步曾游小小家。
看舞霓裳羽衣曲，听歌玉树后庭花。
门侵杨柳垂珠箔，窗对樱桃卷碧纱。
坐客半惊随逝水，吾人星散落天涯。

又云：

春风踏月过章华，青鸟双邀阿母家。
系马柳低当户叶，迎人桃出隔墙花。
鬟深钗暖云侵脸，臂薄衫寒玉映纱。
莫作一生惆怅事，邻州不在海西涯。

第一首写晁冲之少年游京华时，曾去过小小（即李师师）家，看过师师的霓裳羽衣曲舞，又听她唱过玉树后庭花词。她家的环境宜人，门前杨柳婆娑，门上挂着竹帘，碧纱装饰的窗户，窗外樱桃树掩映,真是清幽绝尘。但是若干年后再来京师,山河依旧,风景不殊,当年来听歌的人已四散天涯了。第二首写作者在一个春天的夜晚经过师师居住之地,住所富丽堂皇,犹如战国时楚国的离宫章华台。经人传信,被邀到了阿母家。阿母者,即师师家也。当时的师师犹如人面桃花,环佩叮当,臂穿轻纱,香风拂拂,彩袂翩翩,天姿国色,宛若神仙。

选入宫掖，册为明妃

既然师师艳若桃李,徽宗自然不会放过她。记载徽宗宠幸李师师事最详尽的是《宣和遗事》一书,其中说徽宗在高俅、杨戬一伙奸佞的撺掇下,来到了一个叫金绒巷的地方,东京角妓李师师就住在这里。无名氏的《李师师外传》则记载徽宗和贴身内侍张迪扮作商贾,化名赵乙,带着礼物来到李师师住处。只见“棐几临窗,缥缃数帙,窗外新篁,参差弄影”。窗下放着用榧木制成的小桌子,桌子上放着几叠用缥缃(有色丝织品)做书套的书籍,表示这是一个书香之家。窗外一片新竹,微风吹来,参差弄影,端的是环境清幽。徽宗兀坐多时,未见师师之面,原来师师认为徽宗真是商贾,不愿出来相见,她的养母李姥姥看见徽宗出手阔绰,逼着师师延见客人。过了许久,才见师师姗姗而来。她一身淡装,不施脂粉,娇艳宛如出水芙蓉。见了徽宗,意似不屑,倨傲不为礼。经徽宗再三请求,师师才操琴奏了一曲《平沙落雁》,轻拢慢捻,流韵淡远。徽宗大喜,赠送了许多宫廷用品。不久,市井纷纷传说,来师师家的商贾赵乙就是当今天子,李师师母女自然也想攀龙附凤,卖身投靠。佳期如梦,柔情似水,宋徽宗对李师师情有独钟,“后宫佳丽三千人,三千宠爱在一身”。自李师师入宫,徽宗视六宫粉黛皆如粪土了。

麻烦的是,此时的李师师已名花有主,罗敷有夫。她的夫婿贾奕虽然官职卑微,但也是朝廷命官。他对徽宗无可奈何,便写了一首《南乡子》词抒发自己的愤懑:

闲步小楼前。见个佳人貌类仙。暗想圣情浑似梦,追欢。执手兰房恣意怜。　　一夜说盟言。满掬沉檀喷瑞烟。报道早朝归去晚,回銮。留下鲛绡当宿钱。

词中的兰房是指兰香氤氲的房屋,沉檀是指烧香用的沉香和檀香,鲛绡相传为鲛人所织之绡,即手帕。全诗是说徽宗与师师在兰房中一夜缱绻缠绵,把早朝也耽误了,临走时留下手帕当作嫖资。李师师见这首词讥讽天子,不禁大惊,忙把词放入妆盒内。忽然高俅来到,见有生人在李师师处,不由分说,下令绑了,送往大理寺狱中。幸亏李姥姥挺身相救,说贾奕是李师师的哥哥,一向在西京洛阳居住,多年不见,今日来探望妹妹,高俅这才无话,下令释放。贾奕惆怅不已,又写了一首词:

愁愁复愁愁,意气难留。情脉思悠悠。江淹足恨,宋玉悲秋。西风穿破牖,明月照南楼。易得两眉旧恨,难忘满眼新愁。算来天下人烦恼,都来最在我心头。

这两首词很快传入宫禁。当徽宗读到“留下鲛绡当宿钱”一句时,不禁拍案大怒,要将贾奕斩首,多亏大臣张天觉说情,徽宗才皇恩浩荡,把贾奕贬往瘴疠之乡广东琼州去了。

放逐了贾奕,徽宗索性把李师师召入宫掖,册她为李明妃,改金绒巷为小御街。为徽宗与李师师穿针引线的卖茶人周秀平步青云,被任命为泗州(今江苏泗洪东南)茶提举,管理泗州的茶叶买卖,从此发迹变泰。徽宗与李师师出游,多在京师之樊楼,该楼于今尚存。据《宣和遗事》记载:"樊楼乃丰乐楼之异名,上有御座,徽宗与李师师宴饮于此,士民皆不敢登楼。"此楼在宣和年间又加高三层,五楼相向,"各有飞桥栏槛,明暗相通,珠帘绣额,灯烛晃耀"。《东京梦华录》如此描述,可以凭信。徽宗把樊楼装饰得如此华美,以致士民都不敢登楼,显系把此楼当作藏娇之窟,并非专门听李师师唱歌。当时人刘子翚有诗记述当时情况说:

梁园歌舞足风流,美酒如刀解断愁。
忆得少年多乐事,夜深灯火上樊楼。

此诗没有敢说出天子嫖娼这句话,但是弦外之音是非常清楚的。

因词获罪,因词复官

记载李师师的史乘,除了《宣和遗事》《东京梦华录》外,还有《贵耳集》《浩然斋雅谈》《墨庄漫录》《青泥莲花记》《汴都平康记》《瓮天脞语》《耆旧续闻》《三朝北盟会编》《续资治通鉴长编》等。宋人无名氏的《李师师外传》中记载,徽宗退位后,李师师搬出宫掖,去道观当了女道士。未几,金兵攻破汴京,主帅挞揽闻知师师貌美,必欲罗致,献给金朝天子。投靠金人的奸臣张邦昌辗转寻觅,终于找到了李师师,将她从道观中搜出,献给了金人。师师义不受辱,吞金簪而死。时徽宗已被囚在五国城,得知师师殒命,悲泣不已。徽宗于靖康二年(1127)被俘北上,建炎四年(1130)才远徙五国城(今黑龙江依兰县),已时隔三年,才得知师师死讯,殊不近情理。至于《水浒传》《金屋梦》等演义小说所述李师师事迹,就更渺不可据了。

《贵耳集》有一则关于徽宗、李师师与词人周邦彦的记载,颇为传神:徽宗幸李师师家,师师的旧日相好、词人周邦彦已先期而至了。徽宗倏然而至,周邦彦躲避不及,只得藏身床下。徽宗拿了几个橙子,对李师师说是江南刚刚进贡来,送给妃子尝鲜。两人对坐闲谈,不时有戏谑之语,周邦彦在床下听得一清二楚。待徽宗走后,周邦彦将二人谈话内容,写成一首《少年游》词:

> 并刀如水,吴盐胜雪,纤手破新橙。锦幄初温,兽烟不断,相对坐调笙。　　低声问向谁家宿?城上已三更。马滑霜浓,不如休去,直是少人行。

全词描述一对男女相悦相爱情态,前三句写两人用刀破橙,口鲜共尝,次三句写屋内锦衾初温,兽形的铜香炉中飘出袅袅香烟,两人调弄笙簧取乐。下半片描写更深夜阑,男子欲起身离去,女方殷切挽留,忸怩之态,溢于言表。李师师诵读再三,爱不释手,遂加谱演唱。一日,徽宗来访,师师又唱此词,徽宗问谁人作词,师师答是周邦彦。徽宗被道破了隐事,恼怒不已,坐朝时问宰相蔡京:“开封府有监税周邦彦其人,听说他税收未完成,京尹为何隐而不奏?”蔡京不知徽宗何以关心这一芥微之事,只得奏道:“容臣退朝后唤京尹叩问,然后再复奏陛下。”开封府尹至,蔡京询问周邦彦之事,京尹回答说,监税官中只有周邦彦税收完成得最好。蔡京说天子要惩办他,只得按圣旨行事。徽宗下诏,周邦彦职事废弛，即日押出国门。所谓押出国门，便是贬谪外地。周邦彦莫名其妙，只得怏怏登程。

隔了两天，徽宗又去李师师家，未见师师，问其家人，才知是送周邦彦去了。徽宗正庆幸周邦彦离开京城，既至师师家，却又寻人不遇，便坐在她家中等候。至一更时分，才见师师归来。但见她愁眉泪睫，花憔柳悴，徽宗大怒问道："你到哪里去了？"师师奏道："臣妾万死，得知周邦彦获罪，押出国门，略备一杯薄酒送别，不知官家到来。"徽宗问："他临行时可有词吗？"师师答道："有《兰陵王》词，如今称作《柳阴直》者便是。"徽宗说："你唱一遍如何？"师师说："容臣妾奉陛下一杯酒，歌此词为陛下祝寿。"说着便唱道：

> 柳阴直，烟里丝丝弄碧。隋堤上、曾见几番，拂水飘绵送行色。登临望故国，谁识京华倦客？长亭路，年去岁来，应折柔条过千尺。　　闲寻旧踪迹，又酒趁哀弦，灯照离席。梨花榆火催寒食。愁一箭风快，半篙波暖，回头迢递便数驿，望人在天北。　　凄恻，恨堆积。渐别浦萦回，津堠岑寂，斜阳冉冉春无极。念月榭携手，露桥闻笛。沉思前事，似梦里，泪暗滴。

周邦彦因写《少年游》一词惹怒徽宗，被赶出国门，史学家王国维认为是附会之辞。其时周邦彦年已六旬，官至列卿，不可能有此艳事，可聊备一说。而《兰陵王》一词咏柳，是否为李师师而作，也须考证，但此词咏柳送别，则无异议。开篇借柳兴起平日送别，多次送别故人，登上隋堤远眺，可叹身在京华的自己，只能遥望家乡，送客愈多，倦客愈倦。中片回忆往事，因分手在即，与情人饮酒弹琴时曲调低沉。故人乘船离去,疾驰如箭,转瞬便驶过数驿,消失在天际。最后一段写分手后"悽恻,恨堆积",回忆两人在月夜榭台携手,在浸着露水的桥头闻听悠扬的笛声,而今追思前事,浑如梦境,只有眼泪暗滴了。此词颇符合师师送周邦彦出国门情景,好事者说周邦彦此词即为此而作,也不无道理。一曲既罢,徽宗回嗔作喜,下诏召周邦彦为大晟乐正,后来官至大晟乐府待制。据《宋史》本传,周邦彦精于音律,徽宗时提举大晟府,专事谱制乐事。他与李师师的一段故事,看来并非全是向壁虚构,只不过是好事者加了些渲染而已。

不恤人言,双双落难

徽宗频频微服作狭斜之游,弄得朝野皆知,但那些衮衮大员怕引火烧身,都三缄其口,噤若寒蝉。一个叫曹辅的低级官员却挺身而出,上书谏诤。曹辅的官职是秘书省正字,即掌管订正典籍讹误的官员,可谓人微言轻。《宋史》本传记载,他上疏的内容比较委婉,只说徽宗不断乘小舆出入廛陌,某日由某路适某所,某时归来,倘有不乘之徒侵犯乘舆,则大事去矣。他并未明确指出徽宗嫖娼一事,显然是为尊者讳。《宋史・徽宗本纪》写得更为简略:"帝数微行,正字曹辅上书极论之。"北宋末年人庄绰的《鸡肋编》也说:"宣和中……上皇多微行,而司谏曹辅言之。"李焘的《续资治通鉴长编》记载,徽宗自从采纳了蔡京之子蔡攸所说的岁月无几,应及时行乐的建议后,"遂行都市,妓馆、酒肆亦皆游焉"。这些记载都闪烁其词,不肯直接说出真相,倒是流行于南宋的话本《宣和遗事》,虽然是稗史野乘,却把曹辅的谏疏说得明明白白。谏疏说:"为臣近来看到大臣蔡京有谢表,上边说陛下

‘轻车小辇，七临私第’，陛下宠幸蔡京，可谓不薄了。但是陛下万金之躯，是列祖列宗的遗体，陛下身边有高俅、杨戬等奸臣，他们都是市井无赖之人，一旦受到恩宠，便巧进佞谀之言，蛊惑圣听，致使陛下不惜万乘之尊，下游民间之坊市，‘宿于娼馆，事迹显然’，想要掩人耳目，不可得也。况且娼妓乃下贱之人，即使是士大夫也不肯过其门，而陛下贵为天子，深居九重之内，一举一动都有左史右言记录。陛下听信奸臣之言，宠幸下贱之妓女，使天下之人闻之，史官书之，都说‘易服微行，宿于某娼之家，自陛下始，贻笑万代，陛下可不自谨乎？’”这篇奏疏酣畅淋漓，击中了徽宗的要害。

徽宗览疏大怒，出示宰臣，下诏将曹辅带往都堂审问。太宰余深问曹辅：“你是小官，怎敢议论国家大事？”曹辅答道：“大官不敢说，因此小官才说，官有大小之分，但爱护君王的心情是一样的。”少宰王黼故意装作不知情的样子问大臣张邦昌、李邦彦：“你们听说陛下有微服出行之事吗？”二人皆答不知。曹辅愤愤地说：“这件事大街小巷无有不知者，相公是当权之人，难道会不知道？如果真不知道，还要你这宰相何用？”王黼大怒，强迫曹辅承认诬蔑天子。曹辅执笔写道：“区区之心，一无所求，唯知爱护君王，如此而已。”王黼上奏徽宗说：“若不严惩曹辅，便不能制止流言诽谤圣上。”徽宗当下便将曹辅贬往郴州（今属湖南）去了。

徽宗不恤人言，荒淫无度，政事俱废，把一个好端端的国家弄得千疮百孔，民怨沸腾，终于导致社稷覆亡，山河变色。徽宗成了金人的阶下囚，被押往金国，后来死于五国城（今黑龙江依兰县）。李师师的结局也令人唏嘘，金人攻入汴京后，大肆勒索金银，李师师也未能幸免。《三朝北盟会编》一书记载：“尚书省直取金银指挥官奉圣旨……赵元奴、李师师、王仲端，曾经祗应倡优之家并萧管、袁陶、武震、史彦、蒋翊五人,筑毬郭老娘逐人,家财籍没。”李师师多年的积蓄,就此被洗劫一空,真让她欲哭无泪!徽宗成为金人的阶下囚后,师师因未受正式册封,宫掖簿籍中没有她的名字,得以逃脱一劫,未和其他后妃一道押往金国,但她从此飘零无依,成了釜底游魂。京师无法立足,师师也随着逃难的人群来到了江南,仍以卖唱为生。《墨庄漫录》一书记载,师师“流落来浙中,士大夫犹邀之,以听其歌,然憔悴,无复向来之态矣。”宋人刘子翚《汴京纪事》诗云:

辇毂繁华事可伤,师师垂老过湖湘。
缕衣檀板无颜色,一曲当时动帝王。

师师虽非钟鸣鼎食之家,但食前方丈,席丰履厚是肯定的。突然间变生肘腋,一夜之间,她从雍容华贵的歌女变成落魄天涯的难民,这个打击是沉重的。一场浩劫使师师变得憔悴不堪,既没有先前那种珠圆玉润的歌喉,也没有当年那种丰姿婀娜的动人风采了。

身世浮沉雨打萍

——徽钦二帝受辱

宋徽宗是中国历史上为数不多的精通诗词、擅长书法绘画的帝王，但他治国无方，终至沦为金人的阶下囚，受尽凌辱；他的儿子钦宗也是运乖时蹇，即位一年多便遭遇了亡国之祸。父子二人在凄风苦雨中被金人押解北上，后来先后殁于五国城（今黑龙江依兰县）。境遇之惨，令人唏嘘！

干戈声中徽宗逊位

宣和七年（1125）十月，金太宗完颜晟正式下诏伐宋，分兵两路，左路军由金太宗从弟、左副元帅宗翰（粘罕）率领，自西京（今山西大同）攻太原；右路军由金太宗之侄、右副元帅宗望（斡离不）率领，自南京（今河北卢龙县）攻燕京（今北京）。金兵摧枯拉朽，如入无人之境，兵锋直指东京。徽宗派人议和，金人拒而不纳，兴兵讨伐又不是金人对手。他黔驴技穷，无力回天，剩下的就只有禅位，把烂摊子丢给儿子一途了。

这年的十二月二十日，徽宗下诏任命太子赵桓为开封牧，赐排方玉带。排方玉带乃天子所佩，从不赐予他人，徽宗把排方玉带交给儿子，表明他已有意禅位了。二十一日，金兵围攻中山府（今河北定县），幸亏守臣调度有方，城池才未陷落。徽宗于窘迫中急召大臣宇文虚中商议。宇文虚中对以应先下罪己诏，更改弊端，以回天意，稳定人心。至于防御之事，可委托将帅任之。徽宗当即采纳，并命宇文虚中草诏，于次日诏告全国。他在诏书中承认，自己即位二十余年来，黄钟毁弃，瓦釜雷鸣，贤良蒙难，小人得志，横征暴敛，民财将尽，奢靡成风，利源已竭，甚至于戍边之卒衣食不继，而钟鸣鼎食之家仍安享富贵。种种弊端，日甚一日，如今已是追悔莫及了。诏书接着信誓旦旦地表示，从现在起，大革弊端，废除苛虐政治，以答谢天下百姓颙颙望治之心。这一次徽宗倒是说到做到，把那些不得人心的弊政差不多都革除了。

尽管如此，金兵愈来愈近的消息仍足以使京城内人心惶惶，一夕数惊。“宰执日聚朝堂，茫然无策，惟遣家属散之四方，易置东南守臣。具舟楫，运宝货，为东下计。”这些大臣多是酒囊饭袋，平日欺压百姓，八面威风，一旦敌军压境，竟是一筹莫展。先是将妻儿老小安置到南方，然后自己溜之大吉。徽宗想的是禅位，大臣们想的是逃跑，宋朝上上下下乱成了一团。

十二月二十日，徽宗与宰执大臣商议禅位之事，一直到日晡时才告结束。退朝后徽宗留宰相李邦彦谈话，少顷又召见主张徽宗禅位的权直学士院兼侍讲的大臣吴敏，命李邦彦宣布吴敏为门下侍郎。这个职务已是宰相了，徽宗此举是让他辅佐太子。吴敏表示自己只是想跟着退位后的徽宗巡幸东南，对于这次不次之擢实难从命。吴敏是个觊觎富贵之人，越级提升是他梦寐以求的事。如今风雨飘摇，国事蜩螗，这个门下侍郎对他就失去了吸引力。徽宗说：“擢升之事，已成定论，勿须再议。依卿之见，朕退位后如何称呼？”吴敏说：“古有成例可援，称太上皇便是。”徽宗表示不要称太上皇，只称一名目如道君之类便可。稍停片刻，徽宗又问："朕退位后居禁中与居外哪里方便？"李邦彦说："居宫禁中恐怕不便。"徽宗又问："朕是否须称病退位？"吴敏回答："也不须如此。"徽宗沉思片刻说："待朕思考之后再作定夺。"当日晚，徽宗在玉华阁召见文武大臣，对李邦彦与吴敏说："禅位之事已定，今日便是好日子。"说着，随手拿起一张帖子给李邦彦看，上面尽是徽宗亲批应该施行的事，如他本人出居龙德宫，皇后居撷景西园、郓王罢皇城司、吴敏除门下侍郎、内侍擅过龙德宫者斩首等等。

徽宗又对两人说："朕思之熟矣，既要禅位，不能不称病，否则会发生变乱。至于称号问题，只称道君好了。"吴敏请称太上皇帝，徽宗说："卿不必泥古不变。"又问："谁起草退位诏书？"李邦彦说："自然是吴敏学士。"徽宗说："甚好，朕意亦以如此。"然后对吴敏说："卿草诏时须写上朕不能内修政事，外攘夷狄，朕退位是上承天意，次安宗庙，下为百姓。"吴敏涕泣受命，退到廊庑之下。宰执又奏其他事。正奏事间，徽宗对蔡攸说："我平日性刚，不意金人竟如此猖獗。"他拉着蔡攸的手，忽然一阵昏厥，跌坠于御床之下。宰执大臣把徽宗搀扶到宣和殿东阁，灌入汤药，半晌才苏醒过来。徽宗马上索来纸笔，以左手写道："我已无半边也，如何了得大事？"群臣面面相觑，无言以对。徽宗又写："诸公如何又不语耶？"左右也无人敢答应。徽宗自书道："皇太子桓可即皇帝位，予以教主道君退处龙德宫。"又大声说："吴敏是朕亲自拔擢的大臣，必然不负朕躬，可传他前来起草退位诏书。"并召皇太子进宫。由于徽宗早已将禅让之事告诉吴敏，因此吴敏胸有成竹，一挥而就。大意是说："朕德薄能鲜，赖祖宗天地之灵，国内粗安，已二十六载于兹。受祖宗付托社稷之重，日夜忧惧，不遑宁居，现在染病在身，恐怕贻误军国大事。皇太子桓聪明睿智，天长日久，忠孝之声闻于天下，主鬯十年，办事果断练达，天地人心，一致拥戴，皇太子可即皇帝位，凡军国大事，悉听裁决，我当以道君之号退居旧宫。大器有托，我释重负，令人欣然，望文武忠良，同德协心，治理天下。”徽宗看过，将“朕将以道君号退处旧宫”一句中的“朕”字改为“予”，又在诏书的左下角批道：“依此甚慰怀。”以前徽宗曾对宰相白时中说过内禅的事，白时中认为不妥，徽宗多次在纸上写“少宰主之”，时中无奈，只得去召皇太子。皇太子赵桓见徽宗突染疾病，到榻前痛哭，不肯受命继位。童贯、李邦彦等以天子之衣覆在太子身上，太子避之不肯受。徽宗又以左手写道：“汝不受则不孝矣。”太子答道：“臣若受之，则不孝矣。”徽宗见太子不肯受命，又把皇后召来劝说。皇后晓谕太子说：“官家老矣，吾夫妇欲以身托汝故也。”太子依然推辞不就，徽宗命内侍拥他至福宁殿即位。太子不肯行，内侍强拥而去，太子竭力挣扎，跌倒地上，昏了过去。等苏醒之后，又被内侍拥至福宁殿西庑门，宰执大臣已迎候在那里了。

太子被拥至福宁殿，仍不肯即位，而文武百官已齐集在垂拱殿等候。因天色已晚，宰相白时中不等太子即位，便宣布新天子已经即位，君臣一致表示愿见新天子。当时还未宣布退朝，文武百官鹄立垂拱殿上。适逢梁师成自宫禁中来，悄悄对白时中说：“新天子自拥至福宁殿，至今不省人事，恐怕醒后仍不肯应命，该如何定夺?”李邦彦得知太子与大臣耿南仲稔熟，便把耿南仲召来。吴敏领着耿南仲走垂拱殿后门，想去福宁殿，为内侍呵止。相争许久，见梁师成从庭中经过，吴敏便求他通融，梁师成入见徽宗，得到准许，吴敏、耿南仲才得以进入福宁殿。吴敏以诏见宰执大臣议事，耿南仲则奉诏召御医为新天子疗疾，又下诏让群臣退朝。因天色已晚,天子改日上朝。百官散去后,宰执大臣见徽宗于宣和殿,又见太子于福宁殿,几番劝说,太子才同意即位。

十二月二十四日,钦宗在崇政殿召见群臣,太宰兼门下侍郎白侍中率文武百官入贺。几天之后,钦宗上道君皇帝尊号为教主道君太上皇帝,皇后称太上皇帝皇后,道君皇帝出居龙德宫,皇后出居撷景园。从此,徽宗交出了权柄,退出了政治舞台,这年他才43岁。

金兵在开封烧杀掳掠

靖康元年(1126)闰十一月二十五日,大雪纷飞,朔风怒号,中午时分,京城陷落在金人手中。金人自十一月二十三日抵达开封城下,仅用了一个月零两天的时间便占领了宋朝惨淡经营了一个半世纪还多的京城。江山依旧,人事全非,从此开封成了金国土地。

金人进入中原后,杀人越货之事层出不穷。《三朝北盟会编》一书就说:"虏骑所至,唯务杀戮生灵,劫掠财物,驱虏妇人,焚毁舍屋。"金人又把从中原掠得的汉人强行迁往漠北,把500人编为一队,金兵数十人从后驱赶,如驱赶牛羊。京城人不习惯徒走远涉,走路稍迟,即被敲杀,弄得遗骸遍野。更有甚者,金人把掳来的中原人当牲畜买卖,其中不少人被驱赶至云中(今山西大同),在耳朵上刺字作为标记,卖给女真族权贵当奴隶。还有的被驱赶至蒙古、西夏,当作货物换回马匹。那些被掠往云中的老弱病残之人,无法生活,只能沿街乞讨,金人怕他们聚众滋事,在城外挖掘一个大坑,一次就坑杀了3000人。金兵从开封撤退时,放火焚烧了开封城郊的房屋,大小车辆装满了抢来的金银。攫取坟墓中的财宝，将开封周围一二百里地内的坟冢都挖掘一空。经过金兵的蹂躏，中原大地已是满目疮痍了。南宋人庄绰在《鸡肋编》中说，建炎元年（1127）秋天，他从穰下（今河南邓州）经许昌去宋城（今河南商丘），见到的是一片荒凉景象："几千里无复鸡犬，井皆积尸，莫可饮；佛寺俱空，塑像尽破胸背以取心腹中物；殡无完柩，大逵（大路）已蔽于蓬蒿；菽粟梨枣，亦无人采刈。"几千里地不见鸡犬，井中积满了死尸，水已不能饮用，佛寺里佛像肚子里的东西已被掏空，死去的人没有完好的棺材埋藏。大路上长满了蓬蒿，豆子、粟子、梨子、枣子成熟了，也无人采摘收割。一派萧瑟破败景象，真是惨不忍睹！

金兵在开封城中大肆掳掠人口的同时，连赵氏宗室也不放过。金人要求开封府把赵氏宗室悉数送入金营，"不许遗漏一人"。开封府忙不迭派人捉拿，"大街小巷，无不周遍，如捕盗贼。每得宗室及家属，悉被拘监，饥饿不问，以待发遣出城"。所谓发遣出城，就是送入金人营中。可怜那些疏远宗室，虽然姓赵，但平时并未沾受皇恩，谁知灾难来临，竟也难以逃脱厄运了。开封府尹徐秉哲丧心病狂，甘愿为虎作伥，下令城中居民五家为保，不得藏匿宗室，违者严厉惩处。前后捕得3000余人，全部押往金营。徐秉哲又恐这些宗室中途逃脱，把他们的衣服连结在一起，使他们无法单独行动。金人还索要曾在皇宫服役过的女子，权贵戚里家的婢女及蔡京、童贯家的女仆凡千余人，且必须是面相端丽者，面相丑陋者则可幸免。最可笑的是搜索捉拿女子最卖力的内侍邓珪，等到搜索完毕，金人又把邓珪的妻子同其他官吏士人、僧道、医卜等一千余人也送入了金国。邓珪助纣为虐，没想到自贻伊戚，真是天理昭彰！

天子沦为阶下囚

靖康元年(1126)闰十一月二十六日,徽宗在龙德宫中得知京城陷落,不禁神魂飞越,心惊胆裂。刚刚起床,便被卫兵拥入禁城。其时雪虐风厉,漫天皆白,徽宗在积雪中往来踱步,茫然不知所措。钦宗派带御器械王球带领甲士200人。将他迎入延福宫,皇太后已经等候在那里了。夫妇相见,抱头痛哭,真是流泪眼观流泪眼,断肠人看断肠人了。

闰十一月二十日,金兵元帅宗翰、宗望派人邀宋朝宰相议事,钦宗命大臣何栗与郓王赵楷前往请和,宗翰、宗望表示,自古有南朝,也有北朝,我等大动刀兵,不过是要求割地而已。当然,这是麻痹宋朝君臣的鬼话。两人又坚持与徽宗相见,说是相见,实际上是要徽宗去当人质,作为要挟宋朝的筹码。宗翰对何栗说:"相公回奏皇帝,欲请上皇出郊相见,不可辞也。"说时声色俱厉,分明是命令。钦宗自然不肯让已退位,不与政事的父皇前往。二十九日,钦宗派皇叔燕王赵俣、越王赵偲等十一人前往,宗翰拒而不见。钦宗知道,人为刀俎,我为鱼肉,倘父皇不去,只好自己前往了。他下了一道诏书说:

> 大金坚欲上皇出郊,朕以社稷生灵之故,义当亲往。咨尔众庶,咸体朕意,切务安静,无致惊扰,恐或误事。故兹昭示,各令知悉。

闰十一月三日,钦宗亲率宰相何栗、中书侍郎陈过庭、同知枢密府事孙傅等至青城。宗翰推说宗望在刘家寺,天色已晚,容来日再见。钦宗一行无奈，只得宿于斋宫。辗转反侧，钦宗竟是一夜未眠。十二月一日，钦宗一行再至青城，尚未与宗翰、宗望相见，金人便派人来索要降表了。钦宗知道拗不过金人，倘不写降表，恐怕性命难保，没奈何只得命孙觌起草降表，但只表示请和称藩而已，希冀做金国的藩属，使宋朝能苟延残喘。宗翰不允，命钦宗重新书写。钦宗对孙觌说事已至此，当卑辞屈膝，不计其他。于是孙觌与何栗等商议，在降表上添上了"背恩致讨，远烦汗马之劳。请命求哀，敢废牵羊之礼。仰祈蠲贷，俯切凌兢"几句话。分明是金人背信弃义，兴兵侵略，却说成是"背恩致讨"。"如今请求贵国哀怜宋朝，我不敢废肉袒牵羊降于贵国的礼节，尤其是请求你们网开一面，不再追究我的过错，不胜战兢之至。"这句话，真是卑躬屈膝到了极点。金人看过，表示满意，次日钦宗才获准返阙。

靖康二年(1127)正月初九，宗望以面议金银及为金主加徽号为由，再次要求钦宗至金营。钦宗已感到此去凶多吉少，未敢告知徽宗。十日，钦宗第二次来到青城，然而这一次却身陷铁窗，从此失去了自由。这一夜钦宗一行住在端成殿东庑，金人不供应饮食，以铁绳闩门，并派兵把守，钦宗百无聊赖，只有流涕的份了。尽管钦宗君臣对金人俯首帖耳，言听计从，不敢稍有违拗，金人还是决意废除他。二月初六，宗翰、宗望二帅命人将钦宗押至青城寨中，跪听金人"别择贤人，立为藩屏"的诏书。同一天，宗翰命人"持诏"入城，废钦宗为庶人，别立异姓，并请太上、后妃、嫔御、诸王、王妃、帝姬、驸马出城。当天夜里三更，同知枢密院事孙傅派人入延福宫，奏请徽宗次日出城。徽宗此时还不知钦宗已被废黜，只觉得事态严重，禁不住长吁短叹。二月七日黎明，大臣李石等叩宫求见，上奏说："皇帝令问候上皇，只因金人坚持要上皇出郊,前次虽已推辞,今又请上皇到南薰门厂舍拜表。若表到寨中,皇帝便可归内,金人意欲成就我朝一段好事,并无其他恶意。”又转述钦宗密奏说:“得旨,爹爹娘娘请便来,不可缓,恐失事机。”徽宗沉吟说:“金人军中是否有其他变化,卿可直言勿隐,朕给卿等爵禄已经不薄,勿以小利误朕大事。如有紧急情况。朕当从容擘划,否则徒死金人之手,无益社稷。”李石则表示如所奏不实,甘愿受死。徽宗虽不信李石的话,却也无计可施,只是说当初“谋划不周,以致酿成今日之祸,如今举手投足,都要考虑周详,卿等一切都不须隐瞒”。李石再次信誓旦旦地表示不敢乱奏。徽宗救子心切,而王时雍、徐秉哲等大臣害怕徽宗出城稍迟,惹金人之怒。倘若纵兵入城,便会玉石俱焚,连自己的妻儿老小也保不住了,于是好言抚慰,要徽宗如期出城。这一切开封城中百姓并不知情。

徽宗经不住王时雍等人纠缠,打算出城,大臣姜尧臣出来劝阻说,恐怕虏情有诈,上皇应仔细斟酌,不能贸然前往。徽宗叹口气说:“皇后在宫中也听到了皇帝传来的口信,情况有些不妙。我若不去金营,皇帝便不能安然无恙归来,怎能不去!”近侍等人惶恐不已,皆放声大哭。徽宗也哽咽着说:“即使上刀山,下火海,目前也无计可施。金人如以我为人质,换取天子回朝,我也万死不辞!可怜我处处谦让,退处道宫,从不干预政事,今日却落得这个下场,愧对列祖列宗在天之灵!”说着回顾左右说:“我此番入不测之地,吉凶难料,愿随我前往者甚好,不愿者也不相强。”左右皆表示愿意跟随。徽宗又取出平日带在身上的佩刀,交给内侍佩带。徽宗身穿道服,与皇后、郓王赵楷以及诸王妃、公主、都尉等一行几十人,乘着犊车,走出延福宫,由晨辉门而出。在晨辉门口,遇见了等候在这里的大臣张叔夜,他说金人诡诈多端,皇帝一去不归，上皇不可再蹈覆辙，他本人愿意率兵护驾突围。徽宗迟疑不决，打算仰药自尽，又被讨好金人的将领范琼夺去，立逼徽宗前往金营。

徽宗无奈，快要行到南薰门，双扉俱开，徽宗以为是金人派人迎接，正打算由此门到西厂舍，不料引路之人突然变了方向，徽宗在车上顿足说，事情果然有变，大呼内侍取佩刀，意欲自尽，而刀早已被金人搜去。徽宗一行被带到了东御园门，那里已是金人管理的地段了。到了中午，燕王赵俣、越王越偲也相继出城，此二人是徽宗之弟。开封城中百姓得知，人心汹汹，愿与社稷共存亡，京城四壁弹压使范琼怕得罪金人，将为首的两个百姓斩首，众人才一哄而散。这一伙无耻之徒怕百姓再闹事，贴出榜文说："皇帝出郊，日久未回，太上皇亲出恳告二帅，仰各知悉。"当夜民情汹汹，东京百姓多手持军器往来街市，以防不测。

二月初八晨，京城留守司恐百姓生事，一天两次张挂榜文，不准手执兵杖，以免金人问罪。这些亡国之臣如此不遗余力地讨好金人，是想在未来金人的傀儡政权中讨得一些好处。当日申时，徽宗一行到达汴京南郊的青城斋宫，金人传令在端城殿相见。分宾主坐定后，徽宗慷慨激昂指责金军主帅宗翰、宗望："尔等去岁兴兵，我已传位嗣君，又割城犒军，足证我朝诚意。如今尔等兴兵，反诬我朝嗣君失信，天下岂有此理？"宗翰、宗望置之不理，不屑回答。徽宗见两人不动声色，转而哀求说，我愿以身代子，远离朝廷，为我子'乞一广南烟瘴小郡，以奉祖宗遗祀，终其天年。某即甘斧钺，一听大国之命'。"金人已攻陷了宋朝京城，天子已成阶下囚，徽宗还异想天开保存社稷，当即遭到了宗翰训斥，说他"当初不允两国和亲，如今沦为阶下囚，还有何颜见人？"徽宗哀求说："我与你叔伯各为一国之主，国家都有兴亡，人人都有妻孥，不可强行劫夺，请二帅三思。”宗翰不耐烦地说：“自古以来俘虏的妻女皆为仆女妃妾，宋朝也不例外。念在先皇帝与你多有交往，你可与妻子团聚，其余的非汝所有。”说着，把徽宗赶出了屋外。

徽宗嗒然若丧，愁肠百结，在走廊上徘徊，蓦地遇见了已被关押二十余天的钦宗。只见他面容憔悴，衣冠不整，昔日的天子风采已荡然无存。父子相见，抱头痛哭。徽宗说：“当初你如听从老夫之言，一同出幸，何致有今日之厄？如今已悔之晚矣。”钦宗只是流泪，默默无语。当天，金人又押解到宋朝后妃5人，诸王28人，皇孙16人，驸马7人，均关押在斋宫。接着又有宫眷700余人，分别被押至青城、刘家寺。

“落日川渚寒，愁云绕天起。”正当宋朝俘虏战战兢兢，百无聊赖之际，宗翰却在青城军营举行庆功宴会了。他命令宋朝宫嫔换上歌女服装侑酒，这分明是羞辱宋人。宋朝宫嫔中也有刚烈不屈之人，其中郑、吕、徐三个妇人抗命不遵，立刻被杀，还有三人因忤宗望之意，也被杀死，流血帐前。其他王妃、帝姬惶恐不已，叩头乞命，宗翰又假惺惺好言抚慰，令她们重整鬓鬟，换上舞衣，入宫侍宴。

转眼到了二月十一日，在金人操纵下，张邦昌被推举为帝。这一天，钦宗皇后、太子等也被金人拘留。十五日，金人走狗王时雍召集百官写推载表，拥戴张邦昌，京城秩序大乱。一些不逞之徒趁着混乱潜入宫廷盗窃财物，徽宗居住过的龙德宫也被洗劫一空。十六日，金国帅府发布命令，凡已随从大金将士的宋朝妇女，应改为大金装束，有孕者堕胎。次日，宗翰宴请宗望及诸将于青城寨，选定贡女3000人，犒赏妇女1400人，宗翰、宗望二人各100人。贡女是进幸给金太宗的，犒赏妇女是赐给将士的，可怜宋朝的后妃、公主、宫女、教坊女乐等，都成了金人手中的玩物。十八日，宗望宴请宗翰，并庆祝宋天子被废，命名为太平合欢宴，徽宗、钦宗、郑皇后、朱皇后也奉命出席。席间，金人故意让宋朝妃嫔20人与歌妓30人一起侑酒，以羞辱宋人。徽宗悲愤交加，欲离席而去，被宗翰拦住。宗翰之子设也马看上了徽宗之女富金帝姬，宗望对徽宗说："设也马喜欢富金帝姬，请你赏赐他。"徽宗忙说："富金已经成家，她早已嫁给田丕为妻。中国重廉耻，不似贵国没有忌讳。"宗翰拍案大怒说："昨奉朝旨分俘，汝何能抗令？"当即让堂上客人各携带宋朝女子两人。徽宗大声抗争说："上有天，下有地，人各有女媳。"宗翰不听他唠叨，下令把徽宗赶出帐外。郑皇后见侄妇还在堂下，跪地哀求说："妾家不与朝政，乞放还。"宗翰这才网开一面，让郑皇后把侄妇领走。这位女子未沦入北国为奴，但徽宗之女富金帝姬到底未能摆脱厄运，到上京（今黑龙江哈尔滨市阿城区南白城）后成了设也马的小妾。

二月二十日，徽宗第十五子信王赵榛之妃罗大姑，刚刚聘定，尚未迎娶，便被金人掳去，因不堪虐待，自尽而死，其他各寨女子也死亡相继。徽宗除了流泪叹息，竟是无计可施。三月六日，统制官宣赞，舍人吴革打算诛杀范琼，从金人手中抢回徽、钦二帝，谁知事不机密，反为范琼所杀。三月七日，金人的傀儡张邦昌粉墨登场，即皇帝位，国号大楚。十六日，宗翰召来徽、钦二帝宣读金太宗废宋钦宗而改立张邦昌的诏书，并责令押徽、钦父子前往燕京。当天，金人便以青袍换下徽宗的道袍和钦宗的龙袍，两人的皇后也换成了平民装束。跟随徽宗前往金营的宋朝吏部侍郎李若水大呼："帝号不可去，龙章不可褫，若水惟有死而已。"大骂不绝口。宗翰挥拳击之，面目为伤，血流如注。若水绝食三日，宗翰又召见他，他历数金人失信之罪，又高声叫骂，被金人杀死。十七日，宗翰又派人持书给徽宗父子，命令他们火速赴燕京朝见金太宗。这样，徽宗父子在金人的押送下，不得不离开生于斯、长于斯的父母之邦，到山水迢递的异国他乡，过他们的俘虏生涯去了。

客死异国他乡

靖康二年（1127）三月二十九日，徽宗一行近两千人乘宫人平时所坐牛车，由不懂汉语的金兵牵驾，用车八百六十辆，先到刘家寺拜见宗望。徽宗表示愿以己身代替钦宗远赴金国，请求将钦宗留在中原，宗望摇摇头说："只怕我朝天子不准。"徽宗又哀求说："与贵国订立盟约，责全在我，非将相之罪，故请以一身仰答天谴，愿勿连累他人。"也遭到了宗望拒绝。宗望要求把徽宗嫔妃王婉容所生之女许配宗翰次子为妻，人在屋檐下，怎能不低头，徽宗只能唯唯应命。自此之后，宗翰、宗望二人不再接见徽宗，只是派人送来饮食。徽宗长吁短叹，哪有心情食用？

凄风苦雨，长夜漫漫。徽宗一行从刘家寺出发，经封丘来到胙城（今河南延津），与另外两批被俘北上的韦妃、钦宗朱皇后相遇，徽宗眼巴巴望着她们乘马远去，却不敢道一声问候，不觉五内俱焚。行经浚州（今河南浚县）时，金人不准百姓接近，只准卖食物的小贩近前。小贩们可怜宋徽宗沦为楚囚，赠给炊饼、小菜之类食物，不受其值而去。过了浚州以后，所行皆是荒凉之地，有时跋涉十来天，也不见人烟。夜晚宿于荆莽之间，苦不堪言。即使遇上大雨，也要在泥淖中行进，往往车坏人死。步行稍慢，便被金兵杀死。夜晚宿营时，金人用车把宋俘围在当中，以防他们逃跑。行至相州（今河南安阳），淫雨连绵，宋俘中不少女子躲入金帐中避雨，奸淫毙命之事屡屡发生。途中食物甚少，徽宗夫妇只能分得一只羊、一斗粟；其他人食物更少，不得不沿途采摘桑葚等野果充饥。徽宗的异母兄弟燕王赵俣因乏食饿死，盛尸于马槽中，犹露双足。徽宗请求归葬中原，金人不允，只得就寨外焚化，携骨灰而行。徽宗趴在骨灰盒上痛哭说："兄弟慢走，我不久会去泉台寻觅你。"四月十八日，徽宗一行来到柏乡（今河北鹿泉区）。这里原来熙熙攘攘，人烟辐辏，宋金交恶后，居民已逃跑一空，到处都是断垣颓壁，荆榛瓦砾，一片凄凉破败景象。宋俘鸠形鹄面，面有菜色，而"虏酋皆拥妇女，恣酒肉，弄管弦，喜乐无极"。两者形成了鲜明对照！

五月十八日，在长途跋涉了五十天之后，宋徽宗一行始抵达燕京，随行官员饱尝颠沛流离之苦，至燕京时已病倒了一半。到了燕京，徽宗才知道金人自侵宋以来，已掳掠宋朝男女数万人，有技艺在身者还可勉强生存，那些身无一技之长的富室子弟，多次沦为奴隶，执炊牧马，无日不受鞭挞，殒命异乡者不乏其人。妇女遭遇更惨，不少人迫于生活，卖身青楼，沦为娼妓，令人叹惋！

七月十日，钦宗一行也被押至燕京，经过交涉，金人才允许他们父子见了一面。徽宗原以为到了燕京，生活可以稍稍安定，不会再有流离之苦了，谁知到了九月，金人怕宋兵来抢夺徽、钦父子，把他们迁往中京（今内蒙古宁城西大明城）。徽、钦一行从九月十三日起程，十月十八日到达中京，栖身于故契丹相国府第。这里荒凉残破，已没有当年那种熙熙攘攘的景象了。

半年之后，也即建炎二年（1128）七月，传闻真定府获鹿县（今属河北）的张龚等人想纠集义军，攻占真定、燕山、易州（今河北易县）等地归宋，徽、钦二人本在羁押之中，毫不知情，金人却怀疑他们从中插手，决定把他们迁往上京（今内蒙古巴林左旗林东镇东南）。中京、上京虽同在今日内蒙古境内，但当时交通不便，长途跋涉，颇费时日。一到上京，金太宗完颜晟便让他们朝见祖庙，实际上是行献俘礼。金人逼着宋俘身披羊裘，腰系毡条，入行牵羊礼。在一片胡乐声中，金人逼着徽宗父子进入御寨，拜见太宗于乾元殿。金太宗与皇后大臣等骑马先行，接着是契丹乐，后面是五面白旗，上面分别写着"俘宋二帝""俘宋二后""俘叛奴赵构母亲""俘宋诸马驸马""俘宋两宫眷属"等字样。宋朝俘虏一律金人装束，宋朝帝后均帕头、民服，外套羊裘，其他人均露上体，披羊裘，跪听金人诏书。金太宗封徽宗为昏德公，封钦宗为昏德侯，郑、朱二皇后并封夫人，康王赵构之母韦贤妃、王后邢夫人等三百人没为奴婢，入上京洗衣院，另有四百余宫眷送入元帅府女乐院，供金人淫乐。昏德公、昏德侯纯系污辱徽、钦是昏君，韦贤妃、邢夫人等进入的上京洗衣院，并不浣洗衣服，是供金人戚畹贵族玩乐之所，实际上是妓院，为了掩人耳目，用了洗衣院这一名称。金人又规定，宫眷中查出有孕者一律堕胎，有病者调理，以备采选。朱皇后不堪虐待，自缢不死，又投水毙命。

一个多月之后，也即建炎二年十月，金人又徙徽宗父子于韩州（今辽宁昌图北八面城），但入洗衣院与元帅府女乐院者不得随行。金人拨给他们薄田 45 顷，让他们自种自吃。可怜那些出身于钟鸣鼎食之家的王公贵族，平日养尊处优，哪里会耕种田地？收成不好，自然菲衣恶食。还有那些沦为奴隶的人，每月支稗子 5 斗作为口粮，每年支麻 5 把，供织衣服之用。有些人不会纺绩，无衣可穿，只得裸体。金人中有好心肠的，改让这些人烧火，以便取暖，但一旦外出取柴，再坐火边，皮肉便一层层脱落，几天内便在痛苦中死去。金人视这些人如草芥，任其生死。

建炎四年（1130）七月，金人再迁徽、钦父子于五国城（今黑龙江依兰县），下令减少随从，宗室中只有 6 人获准前往。徽宗自沦为囚徒,漂泊万里,栖迟不定,忍辱偷生,俯仰由人,真是求生不得,欲死不能了。

囚徒生活也不平静。绍兴三年(1133)六月,宋徽宗的儿子沂王赵㮙、驸马都尉刘文彦告发徽宗谋反,使徽宗惊惧不已,派人询问,金人已将二人押解前去。七月中旬,金人又遣两使者前来勘问,并要求徽宗对簿公堂。原来,沂王赵㮙、驸马刘文彦为改变自己的处境,取得金人的信任,才出此下策。52岁的宋徽宗几经挫折,身体虚弱,经不起奔波之苦,恳请免去此行,金人不允。宋徽宗无奈,只得让钦宗、信王榛、内侍王若冲等同往,再次向金人求情,金人才答应不让徽宗出庭。审问持续了三天,赵㮙、刘文彦理屈词穷,只得承认是诬告。金人让徽宗处理这一案件,徽宗出于父子天性,向金人求情,要求从轻发落,但是金人却下令将二人处死。徽宗受了一场惊吓,从此悒郁成疾。

光阴荏苒,转眼到了绍兴五年(1135)。这年正月,金太宗完颜晟崩逝,金太祖之孙完颜亶继位,是为熙宗。二月间,韦贤妃从五国城获释,来到五国城与徽宗团聚。两个月后的四月二十一日,心力交瘁、病体支离的宋徽宗终于一病不起,在五国城魂归道山,终年54岁。

自徽宗病殁五国城后,钦宗痛不欲生,身心受到很大刺激。绍兴十一年(1141)宋金双方达成绍兴和议,两国关系有所缓和,金熙宗完颜亶改封重昏侯赵桓为天水郡公,赐第上京。次年三月,高宗之母韦太后自五国城归宋。钦宗挽住她的车轮,悲切地说:“恳求太后向金人求情,带我一起回归宋朝,让我提举太乙宫就够了。我决不与九哥争夺帝位。”但是南宋君臣在意的是与金人媾和,并不在意钦宗的这番话。高宗怕乃兄回来争夺帝位,群臣也都心领神会,谁人肯管钦宗的死活!倒是金熙宗得知钦宗度日维艰,萌生了恻隐之心,“令有司周济之”。这样,钦宗才得以苟延残喘,忍辱偷生!

钦宗虽有上京赐第,但他却从未离开过五国城。绍兴二十一年(1151),宋高宗赵构派遣巫伋等人为金国祈请使,要求金人归还钦宗及其他还活在人世的皇族。其时,金国的天子是海陵王完颜亮,他通过翻译问:“不知归国甚处顿放?”巫伋要求释放钦宗回国,本是虚应故事,做样子给百姓看,并非真心让钦宗回国,经此一问,不禁张口结舌,不知该如何回答。完颜亮一笑置之,不予理会。巫伋徒劳往返,无功而回。绍兴二十六年(1156)六月十六日,57 岁的钦宗赵桓因患风疾,病殁于五国城。稽迟至绍兴三十一年(1161),凶讯才传到江南。高宗装作痛心疾首的样子说:“恩莫隆于兄弟,义莫笃于君臣,朕之大欲,盖在乎此。天不我与,其又何尤!”表面上悲悲切切,内心深处却兴高采烈,这就是高宗当时的心态!

多行不义必自毙

——奸相蔡京之死

蔡京是北宋末年蠹国害民的元恶巨憝，在徽宗一朝曾四次为相，长达十七年之久，可谓权倾中外，位极人臣。长期执掌政枋的生涯，养成了他刚愎自用，阴险狡诈，冷酷无情的性格。他结党营私，扰乱朝纲，弄得天怒人怨，社稷危殆。钦宗即位，将他贬往儋州(今海南省儋州市)。蔡京在贬谪途中病死于潭州(今湖南长沙)，结束了他可耻的一生，正应了“多行不义必自毙”的古话。

小人得志，成为气焰熏灼的宰相

神宗熙宁三年(1070)，兴化仙游(今福建莆田市仙游县)人蔡京，与弟弟蔡卞同榜登进士第，开始了他的仕宦生涯。他从最低级的钱塘尉做到知开封府，成了朝廷上的衮衮大员。司马光秉政，恢复已经停废的差役法，限期五天，大多数官员认为时间紧迫，无法如期复命，只有蔡京一人如约完成。司马光高兴地说：“倘若人人都像你一样黾勉王事，还有何事办不成!”正当他兴高采烈之际，谏官们弹劾他挟邪坏法，于是被贬出朝。一直到绍圣初年，在地方上辗转多年的蔡京才得以回朝，任权户部尚书。时任宰相的章惇恢复王安石的青苗、免役等法，迫害元祐党人，蔡京助纣为虐，同恶相济，颇受章惇青睐，很快便升擢为翰林学士兼侍读，修国史，成为给天子讲解经史的近臣。绍圣四年（1097），蔡京奉诏审理已故宰相文彦博之子文及甫案，他罗织罪状，陷害无辜，大臣刘挚、梁焘含冤而死，王岩叟、范祖禹、刘世安等正直大臣贬谪远方，一时受株连之人甚多。朝野皆知蔡京是品德恶劣的奸佞宵小。

徽宗即位后，将蔡京贬出朝廷，知太原府，皇太后要蔡京留京修国史。数月之后，谏官陈瓘弹劾他交结内侍，图谋升迁，被贬知江宁（今江苏南京）。蔡京心怀怨望，迟迟不肯赴任。御史陈次升、龚夬等人交替上疏，说他是奸邪之人，不宜留在朝中，徽宗于是褫夺了他的一切职务，让他提举杭州洞霄宫，这是没有任何权力的宫观官。蔡京无奈，只得怏怏登程。

也是时来运转，正当蔡京在杭州穷愁潦倒、百无聊赖之际，遇见了来三吴访求书画奇巧的童贯。童贯乃开封人，宦官，时任宫廷供奉官，负责采购宫廷所需之物。此人性格媚巧，善伺人主之意，因此颇受徽宗宠幸。童贯在杭州逗留一月之久，蔡京闻讯，赶紧前来巴结，尽平生才学，将所画屏障、扇、带之类献上，由童贯转交宫廷。童贯多次在徽宗面前为蔡京美言，徽宗遂对蔡京有了好感。其实徽宗在潜藩时便对蔡京那潇洒飘逸的书法产生了浓厚兴趣。哲宗绍圣年间，蔡京的书法名噪一时，无人能出其右。一次，蔡京在京城北门卖字，宫廷中来了两位执役亲事官，服侍蔡京甚为周到，各执白团扇为他扇凉，蔡京甚为高兴，为两人各书写杜甫诗对联一副，两人高兴而去。隔了几天，两人打扮得衣冠楚楚来见蔡京，拿出两万缗钱作为酬谢，说是奉亲王之命送来的。这亲王不是别人，正是尚未即位的宋徽宗赵佶。他肯出两万金购买蔡京的墨迹，因此爱屋及乌，有意提携他。徽宗即位后，本欲重用蔡京，但他劣迹斑斑，受到朝野的一致抨击，徽宗无法庇护，只得将其贬往杭州。今见童贯为他说项，便有意起用蔡京。那些趋炎附势的小人见徽宗对蔡京颇感兴趣，预料到蔡京会东山再起，便纷纷吹捧他。左阶道录徐知常以符水出入元符皇后宫邸，太学博士范致虚与他相厚，推荐蔡京有宰相之才，徐知常入宫后便替蔡京吹嘘。久而久之，宫妾、宦官便众口一词称誉蔡京了。

巴结蔡京最积极的是一个叫邓洵武的起居舍人。徽宗即位时，宰相是韩忠彦、曾布，二人不协，徽宗年幼，无所适从。邓洵武在一次召对时说："陛下乃祖宗之子，韩忠彦乃已故宰相韩琦之子。神宗皇帝曾行新法以利民，韩琦以为新法扰民，颇多微词。如今韩忠彦为相，变更神宗皇帝之法，可见忠彦能继承父亲之志，陛下则不能也。如欲继承先帝神宗之志，非起用蔡京不可。"邓洵武不愧是挑拨离间的行家里手，他猜准了徽宗急于继承父志的心理，用父子之情去离间君臣关系，不能不使徽宗怦然心动。徽宗果然入其彀中，沉默不语。其时，蔡京已贬谪外地，徽宗暂时无意召他还朝。善于察颜观色的邓洵武见徽宗低头不语，知道他已心动，便继续说："陛下必欲继先帝之志，君臣中无相助者。"说着拿出一幅早已准备好的《爱莫助之图》献上。此图乃邓洵武精心设计，图例依照《史记》中的年表，按宰相、执政、侍从、台谏、郎官、馆阁、学校分为七类，每类又分为左右两栏。左边是绍述派，也即变法派，右边是元祐派官员。七栏中列入左栏支持绍述者，宰相、执政中只有温益一人，其他官员不过三、四人，如赵挺之、范致虚、王能甫等；而右栏中赞同元祐更化，自宰执公卿，下至执事，满朝文武大臣百余人，悉数列入。凡列入右栏者，皆指为危害朝廷之人。邓洵武又在左栏宰相姓名下添写一人，徽宗视之，乃是蔡京二字。对于这种恶作剧式的文字游戏,徽宗竟深信不疑。他对宰相曾布说:“邓洵武认为要继承先帝之志,须任命蔡京为相。这与卿意见相左,你认为如何?”曾布说:“邓洵武的见解与臣不同,臣不便置喙。”徽宗于是将图交给温益,温益欣然奉行。

徽宗刚即位不久,对神宗、哲宗两朝旧臣的纷争本来无意左右袒护,邓洵武的煽动,激起了这位青年天子对元祐党人的仇恨,于是决定起用蔡京。先是命他知定州(今河北定县),不久转徙大名府(今河北大名东)。知大名府仅一个月,便升为翰林学士院的长官翰林学士承旨兼修国史,两个月后升任尚书左丞,又过了两个月,升任右仆射兼中书侍郎,这已是权势煊赫的宰相了。他从贬谪之地回到朝廷,并一跃而成为宰相,仅用了半年多的时间。再过半年,又升任左仆射兼门下侍郎,成为一人之下万人之上的首相。升迁速度之快,令人瞠目!与此形成鲜明对照的是,元祐派官员刘安世、吴希纯等十余人悉数被罢官。任命蔡京为相的诏书下达之日,徽宗特地在延和殿召见他,亲切地说:“神宗创法立制,先帝继之,两遭变更,国是未定,欲上述父兄之志,卿何以教之?”徽宗虽然以神宗、哲宗并举,其实是要继承父志,只是捎带提一句哲宗而已。蔡京自然心领神会,顿首相谢说:“敢不尽死!”徽宗要绍述神宗未竟之业,蔡京要窃弄权柄,这一对君臣灵犀相通,沆瀣一气,把好端端的宋朝天下搅得满目疮痍,山河破碎。终至于社稷倾覆,徽宗成了金人的阶下囚!

疯狂迫害元祐党人

蔡京既为宰相,便在尚书省设立讲议司。他怂恿徽宗下了一道禁止元祐法的诏书,指责哲宗当国时期“蓄积不厚于闾里,商旅未通于道路。廉耻盖寡，奔兢实繁，风俗浇漓，荐举私弊，盐泽未复，赋调未平，浮费尤多，贤鄙难辨，岁稍饥馑，民辄流离”。哲宗本不是大有作为的天子，说他当政时期百姓没有积蓄，商贸流通不畅，寡廉鲜耻之徒为升官而奔走，赋税不均，贤人小人难以分辨，稍微有点饥荒，百姓便流离失所。这些指责也许并无夸大之处，但北宋积贫积弱已久，要哲宗独自承担这些责任，实在有失公允。不过，问题的症结不在于此。哲宗是徽宗的异母兄长，且已撒手尘寰，自然不能掘墓鞭尸；而元祐时期的大臣仍活跃在政坛上，打击迫害这些人，才是这通诏书的本意所在！至于那个非驴非马的讲议司，是依照神宗熙宁年间设置条例司的旧制而设立的。当年神宗为推行变法而设立制置三司条例司，如今要绍述神宗大业，就要有相应的办事机构。于是徽宗下诏：“差宰臣蔡京提举，遴选乃僚，共议因革，庶臻至治，以广贻谋。”讲议司的长官叫提举，徽宗把这一职务给了蔡京。

蔡京本系贬谪之人，一向郁郁不得志，今再受重用，便变本加厉，大煽威虐。他假托绍述之名，玩弄君王于股掌之上，欺压同僚于朝堂之间，引用朋党吴居厚、范致虚等十余人为僚属，取政事之大者，如宗室、冗官、国用、商旅、盐泽、赋调、尹牧等，每事委派三人，所颁政令不许台谏封驳议论，强制推行全国。以上各项都是关乎着国家兴衰存亡的大政。蔡京把这些权控制在手里，就几乎控制了整个国家，从此可以兴风作浪、为所欲为。徽宗任命蔡京为讲议司提举，本意是“讲议熙(宁)、(元)丰已行法度及神宗欲为而未暇者”，但这个机构却成了蔡京陷害忠良、打击异己的工具。宋代徐梦莘在《三朝北盟会编》中说：“名为遵用熙丰之典，乃实肆为更，未有一事合熙、丰者。”清人王夫之也说：“京之所为，固非安石之所为也。”蔡京打的旗号是遵用神宗变法时的措施,但是没有一件事与熙宁、元丰时的举措相符,与王安石的所作所为更是大相径庭。

一朝权在手,便把令来行。蔡京处心积虑地要迫害正直之士。崇宁元年(1102)他指使同党上书说,陛下即位之初,曾开献书之路,鼓励士庶献书言事。献书之人有自布衣成为县令者,有加官一级者,有致仕武将而享有寺、监、丞、簿等官的俸禄者。如果他们的言论有补于国,流言自然可息;如果他们借献书之名,为自己捞取好处,觊觎高官厚禄,无忠贞报国之心,有奸险两可之语,掩累先烈而贻误朝政,岂能置而不问!徽宗览奏,不问是非曲直,将元符末年上书的鹿敏求由承事郎降为簿、尉,高士奇追回所授官职,何大正追回所赐出身及官职,以后不得应举。这三人勤勉忠悫,并无过错,竟无缘无故被逐出了官员行列。蔡京抛出这三个官职较低的官员,是想试探一下徽宗的反应如何。谁知徽宗在罢了这三人官职后,又"诏司马光等二十人子弟毋得官京师"。这二十人中,除邹浩、张舜民、李清臣等少数人外,大部分已登鬼箓,他们的子弟受到株连,不得在京城居官,可见徽宗、蔡京一伙要对元祐党人大加挞伐了。

徽宗即位的第二年,即崇宁元年七月,曾下过一道《焚毁元祐条件诏》,说:"元祐之间,遭家不造,权臣用事,俗学欺愚。"所谓遭家不造,是说元祐年间治国没有成就,没有成就的原因是权臣用事。权臣是指司马光、吕大防、刘安世、苏轼、范纯仁等人。这一指责虽与徽宗即位时的诏书不协调,但措辞还不甚激烈;不久又猛烈抨击元祐时的大臣"汲引死党,沸腾异端,肆行更改,无复忌惮"。这意味着徽宗、蔡京已经磨刀霍霍,要对元祐时的大臣动手了。果不其然,这年九月,在蔡京的蛊惑下,徽宗下诏开具元符三年(1100)臣僚章疏姓名,把元符年间曾经上疏言事的官员分为正上、正中、正下、邪上尤甚、邪上、邪中、邪下七等，共583人。徽宗把奏章交给蔡京处理，蔡京纠集儿子蔡攸、门客强浚明、强渊明兄弟、叶梦得等人断章取义，然后定罪。他们判定是非的标准不是利国或者误国，而是“同己为正，异己为邪”。被列为正上的官员只有6人，全是攀附权贵、阿谀奉承蔡京的角色，献《爱莫助之图》的邓洵武便是其中之一。列为正中的有13人、正下的有22人。被列入“邪”字榜上的，多达542人，这些人中固然有陈师道、晁说之、邵伯温等知名人物，但绝大多数是不见经传的无名之辈。他们的奏章不过是就某个问题谈点个人意见，至于是否采纳，自可由当政者定夺。蔡京把这样的人也列入邪等，可见他忮刻狠毒之极！

迫害还在继续。过了不久，徽宗又下诏书给中书省：“应系元祐责籍并元符末叙复过当之人。各具元籍定姓名人数进入，仍常切契勘，不得与在京差遣。”所谓“叙复过当”，是指徽宗登基后，曾召回了一批哲宗时被贬谪的大臣，甄别平反，安排了官职，现在却说这一安排过于优厚。作为惩罚，从此以后不准在京城供职。被蔡京列为奸党的文臣执政官共22人，均是名望素著的大臣，如文彦博、司马光、王岩叟、范纯仁等；待制以上官员35人，如苏轼、范祖禹等；其他官员48人，如词人秦观、黄庭坚，司马光之子司马康、诗人晁补之、文物收藏家李格非等；内臣张士良等8人，武臣王献可等4人。开列其罪状，谓之奸党，由徽宗御笔书写，镌刻于端礼门的石碑上，用以昭示天下。

更为恶劣的是，蔡京凭借手中的权力，睚眦必报，把和他有个人恩怨或意见相左的人，悉数列为奸党。如王安石的学生陆佃根本不是旧党，章惇、曾布也和元祐党毫不相干，只因与蔡京意见不合，也被列入了元祐党籍中。再如曾任过宰相的张商英，哲宗时曾反对变更新法，上疏攻击司马光、吕公著等人，只因蔡京为相时两人议论不合，也被列入元祐奸党，贬出朝廷。总之，凡是蔡京讨厌之人，都被奉送了一顶元祐党的“帽子”，使他们万劫不复、粉身碎骨了。尽管如此，蔡京仍嫌株连不广，又上书说：“元祐初年结成党羽、变坏法度之人虽已受到处罚，但元符末年变更朝廷法度、企图借尸还魂、恢复元祐旧观者，如今仍逍遥法外，未受制裁。乞陛下惩办，以昭公允。”于是欧阳修之子欧阳棐、词人晁补之、黄庭坚等 27 人并罢祠禄，并分散于各州居住，不得同居一州。宋代大臣罢职，令其管理道教宫观，发给薪俸，无具体职务，谓之祠禄，如今连这一点微薄的待遇也取消了。同时不得在同一州居住，以防他们结党滋事。这些人多是早已致仕的皤皤老翁，遭受如此迫害，阮囊羞涩，度日艰难，现在又要携妇将雏，飘零天涯，饱受颠沛流离之苦了。

崇宁三年(1104)六月，朝廷又把元祐、元符党人及上书邪等者合为一籍，共 309 人。在这 309 人中，流放岭南者 32 人，占总数的十分之一还多。这些所谓奸党的姓名由徽宗亲自书写，刻于文德殿门东壁，又由蔡京书写颁示州县，令皆刻石。蔡京不无得意地上奏徽宗说：“奉诏，令臣书元祐奸党姓名……得三百九人，皇帝书而刊之石，置于文德殿门东壁，永为万世子孙之戒。又诏臣京书之，将以颁之天下。”宋人王明清在《挥麈录》一书中说：“蔡京相矣，使其徒再行编类党人，刊之于石，名之云元祐奸党，播告天下。但与元长异议者，人无贤否，官无大小，悉列其中，屏而弃之，殆三百余人。”一下子把 300 余人列为奸党，蔡京的迫害真是无所不用其极！

元祐党人既遭迫害，他们的子弟也跟着受到牵累。据陆游的《老学庵笔记》记载，绍圣、元符年间，就有人想陷害元祐党的子孙，哲宗颇不以为然，亲手书写了“罚弗及嗣”四字，意思是说，惩罚元祐党人，不要株连他们的子孙，蔡京却怂恿徽宗在崇宁二年(1103)三月下诏：“元祐及元符之末党人亲子弟，不论有官无官，并令在外居住，不得擅到阙下，令开封厢界各据地分觉察，如当职官知而不纠或不用心探缉，遂致容隐，别因事败露者，并重行黜责。其应缘趋附党人罢任在外指射差遣及得罪停替臣僚，并依党人子弟施行。”这就是说，凡是党人子弟，不管有无官职，均不得在京城居住，也不得擅自来到京城。凡是有指射差遣的党人，也按照党人子弟办法，不得至京城。所谓指射差遣，是指川峡、闽、广、荆南等边远地区，允许中州及土著选官就差，贬谪者也可在这里任职。所谓趋附党人是说这些在边远地区做官的人，本不是元祐党人，只因和他们有私交，或者趣味相投，不好定罪，便定名为趋附党人。还有因有小过错而被停职的官员，也按照党人子弟处理，这真是城门失火，殃及池鱼！

只要蔡京看不顺眼，即使和元祐党人毫不相干之人，也要认定他为元祐奸党。有个叫虞仙姑的女子，年八十余岁，但面貌如少女一般。她是个虔诚的道教徒，对道教经典烂熟于胸。徽宗崇信道教，常常背诵《大洞经》，因此宠信虞仙姑。一天，徽宗正吟诵《大洞经》，一抬头，见虞仙姑侍立于旁。蔡京见虞仙姑受到徽宗垂青，也宴请过她，虞仙姑对蔡京疯狂迫害元祐党人颇为不满。一次她看见一只大猫，指而问蔡京：“丞相认识他吗？这只猫就是章惇。”章惇在神宗时曾任参知政事，哲宗时任知枢密院事，因与司马光辩论免役法不可废罢被刘挚、苏辙等人弹劾，贬谪知汝州(今属河南)。哲宗亲政后，起用他为宰相，是他引用蔡京、蔡卞等人，排挤元祐党人，倡导“绍述”之说。章惇和蔡京是一丘之貉，都是臭名昭著的奸臣。虞仙姑指桑骂槐，说的是章惇，影射的是蔡京，蔡京甚为不快。徽宗一次问虞仙姑："天下何时能够太平？"虞仙姑说："如果任用贤臣，天下就能太平。"徽宗又问："你所指的贤人是谁？"虞仙姑回答说："范纯粹是也。"范纯粹是著名政治家范仲淹之子，他因不赞成王安石变法而被蔡京列入元祐党籍。虞仙姑说："他是贤臣，蔡京自然就是奸臣了。"徽宗把虞仙姑的话告诉蔡京，蔡京不假思索地说："虞仙姑说此话是受了元祐奸党的指使，应该把她逐出京城。"过了几天，虞仙姑真的被驱逐出京城了。士大夫争相传言，虞仙姑也"入了元祐党籍"了。

大权独揽，朝廷成了蔡家天下

蔡京是权力欲极强的佞臣，从崇宁元年（1102）入相，到宣和七年（1125）失去权柄，不管风云如何变幻，一直大权在握，独揽朝纲。他任左、右仆射时，改左、右仆射为太宰、少宰，太宰兼门下侍郎，少宰兼中书侍郎，总揆百政。蔡京曾任过三公之一的太师，别人任三公时，皆是官称，不任实职，至蔡京，"始以三公任真相"。他在政和初年致仕，仍然三日一至都堂议事，目的就是为了揽政。他作恶多端，又怕言官弹劾，为杜人之口，想办某件事，就先以徽宗口气拟成诏书，送给徽宗看后，再由徽宗亲抄一遍。明明是他要办的事，一转手便成了圣旨，天下所有人都得凛遵，不遵者以违旨论处。朝中大臣明知某事非天子之意，而是蔡京挟天子之势行之，皆敢怒而不敢言。《宋史·蔡京传》就说，蔡京事无巨细，都假借徽宗之名而行，"至有不类帝札者，群下莫敢言"。

按照惯例，宋朝自太祖以来，凡属军国大事，由三省、枢密院议定，再面奏天子定夺。任用官吏，尤为慎重，即由宰相提出意见，天子认可，才由中书省起草任命文件，门下省则坚持把关。如果某官任命不妥当，中书省由舍人封缴任命状，门下省由给事驳正，尚书省才去执行。如此环环相扣，才能保证用人公允，不会产生偏差。尽管如此，仍恐舆论不赞同，允许侍从提出异议，台谏可以提出弹劾。自从御笔兴起，三省、台谏官员便无事可做，只是在蔡京任命官员的文件上签字画押而已。那些戚畹贵族见蔡京如此，也纷纷仿效，指使宦官杨球模仿徽宗笔迹下达圣旨，蔡京也无可奈何。蔡京晚年"目昏眊不能视事"，朝中大事都取决于他的儿子蔡絛。凡蔡京决定的事，都是蔡絛代为办理，并代表蔡京入奏。时间久了，徽宗也知道蔡京是奸邪之人，几次要罢免他的官职，但不久又都东山再起。"京每闻将退免，辄入见祈哀，蒲伏叩头，无复廉耻。"只要一听到要被罢官的消息，便到徽宗那里叩头哀求，真是没有一点廉耻。御史中丞王安中实在看不惯蔡京揽权误国的行径，便上疏弹劾他，徽宗看后说："诚如卿言。"王安中为防遭蔡京暗算，又乞求徽宗说："臣乃一介书生，势单力薄，孤立无援，不自量力，弹劾大臣。蔡京奸猾多智，臣必被他所害，窜逐远方，不得再见陛下了。"徽宗说："卿不必担心，当为卿罢蔡京之职。"此事为蔡京长子蔡攸得知，到徽宗处哭诉，要求保全乃父。徽宗说："王安中有奏疏在此，为之奈何？"蔡攸说："陛下如果肯保全臣全家，臣恳求给王安中调换官职，这事便没人追究了。"徽宗点头同意。当王安中准备再次上疏弹劾蔡京时，半夜有人叩门说："刚才见到御笔，你已改调为翰林学士，明日就得去报到了。"王安中掷笔叹息说："我这次算是惹祸了。"自此之后，没人敢再弹劾蔡京了。

蔡京为相多年，呼朋引类，排斥异己。诚如宋人洪迈在《容斋随笔》中所说，蔡京"除用士大夫，视官职如粪土，盖欲以天爵市私恩"。所谓天爵，是指朝廷的官职，蔡京拿着朝廷的官职当人情，去博取别人对他的感激和拥戴，这一抨击真是切中要害！在他晚年，蔡府就等于宰相府。蝇营狗苟之徒，都聚集在他门下。只要献上钱财和美女，即可得到想要的官职，纪纲、法度在蔡京眼里形同虚设，没有任何作用。他除授官员不外两种人：一种是袍泽故旧而为其党羽者，另一种是子弟及姻亲。凡与他关系深厚者，不独本身升擢迅速，又推恩及其子孙，再及其亲戚故旧，盘根错节，皆得其利，真是一人得道，鸡犬升天。《靖康要录》一书说蔡京“二纪之间，门生故吏，充牣天下”。蔡京用了二十多年的时间，从朝廷到地方的官员，大多数都是蔡家的党羽，朝内侍从、执政，朝外帅臣监司，尽是他的门人、亲戚。他的儿子蔡攸、蔡翛、蔡脩及蔡攸之子蔡行皆为大学士，位同执政；另一子鞗娶徽宗之女茂德帝姬为妻。《通鉴长编纪事本末》说，徽宗“车驾屡幸蔡京第，其子孙等合并推恩，八子、八孙、曾孙四人可并于寄禄官上转行一官”。寄禄官本是只拿俸禄不任实职的官员，蔡京还嫌待遇不够优渥，让徽宗再给儿子、孙子、曾孙再升一级。《文献通考》一书说：“蔡京拜相数年，子六人、孙四人同时为执政、侍从。”执政是指参知政事（副宰相）、门下侍郎、中书侍郎、枢密使、枢密副使等官员，侍从是指殿阁学士、直学士、待制与翰林学士等官员，皆是手握节钺的显赫大臣，蔡京一家竟有10人当上了这类高官。《靖康要录》一书说：“京被遇三朝，父子祖宗为三公者一人，亲执政者三人，登禁从者亡虑十数。”甚至仆从居高官，媵妾封为夫人。蔡京攫取了政权，又想控制兵权，建澶、郑、曹、拱四州为“四辅”，各屯兵两万，用其姻亲宋乔年、胡临文为郡守。蔡攸的妻兄韩梠无才无德，竟任户部侍郎；蔡绦乘蔡京有疾不能视事时，引用邪恶小人，结成死党，窃弄权柄，进退百官。蔡攸之子蔡行倚仗乃父之势，贿赂公行，荐引小人，盘踞要津，视金钱如粪土，肆意挥霍。蔡绦每次上朝，侍从以下官员皆趋炎附势，身后跟着抱文牍的堂吏数十人。他作威作福，升黜任情，“喜者令荐之，不喜者令劾之，中外缙绅无不侧目”。

蔡京当政期间，王公卿相皆出自其门下，不管风云如何变幻，权力总牢牢握在手中，形成“一门生死，另一门生补阙，一故吏被逐，另一故吏又来”的局面。蔡京有个远房本家蔡倬，目不识丁，居乡为木匠，就因为有蔡京这层关系，便做了南剑州通判。此人贪污受贿，无所不为，弄得民怨沸腾，类似此等情况甚多。《靖康要录》记载，有一批与蔡京辈分甚远，平时往来不多，但是姓蔡的人，在乡里为朝廷服劳役，地位甚低，被人瞧不起。就是这样一群人，蔡京也“包以衣冠而爵禄之，既而受职迁秩为州县亲民官者，不可胜数”。

还有更为可笑的事。《宋人轶事汇编》载，一日有两人来找蔡京，要求堂除。堂除是指由政事堂，也即宰相府直接奏注差遣的官员，比吏部任命的官员升迁迅速，因此人们趋之若鹜。这次只有一项美差，两人都想得到，且都是蔡京亲信所荐，蔡京无法定夺，甚是为难。蔡京沉吟片刻，便让两人背诵唐代诗人卢仝的《月蚀诗》，以此决定去取。“内一耆年者应声朗念，如注瓶水，立吐鸿畅，一座尽倾，蔡喜，遂与美除。”那个年纪大的人声音洪亮，吐字清晰，音韵悠扬，一座之人皆拍案叫绝，蔡京也甚为高兴，于是此人得到了这项美差。《萍州可谈》一书说，蔡京有一次翻阅门下见客簿，上面记载有一朝士，每日都是第一名签到，长年累月，天天如此。“元长异之，召与语，可听，遂荐用至大官。”一个是因朗诵诗得美差，一个是会阿谀奉承当大官，都不管能力如何，足见蔡京真是误国误民的奸佞！

《容斋随笔》还记载了另一件蔡京任命官员的事：他以太师

的身份统管三省事务,可以在家处理政务,他弟弟蔡卞以开府的身份在经筵,曾经带着他的亲戚将仕郎吴说去见蔡京。只见蔡京坐在便室里,那里摆着一张桌子,上面放着笔砚,还有宽三寸的玉板纸若干张。蔡卞说在常州任教授的某某人长期未能升迁官职。蔡京问:"你认为怎样处理合适?"蔡卞说:"给他一个提学的职务才好。"蔡卞说的教授是指普通教师,提学即提举学事司,掌一路州县学校。宋代的"路"相当于今天的省,因此提举学事司便相当于教育厅长了。蔡京拿出一张纸,写上那人姓名及提举学事司的职务,但是派往哪一路任职这一栏未填,问蔡卞:"那人想去哪一路?"蔡卞说:"此人家庭极贫,非薪俸优厚之地不去。"于是蔡京填上了"河北西路"四个字,交给一老兵转交那人。过了一会,又有一士兵拿着一封信和一紫匣进来,是福建转运判官郑可简献上的新茶叶。蔡京甚为高兴,立即在那封信上书写"秘转运副"四个字,让士兵转给郑可简。宋代于各路设转运使,掌一路财赋,后渐成一路长官,转运判官是转运使的属下。秘撰即秘阁修撰,多以他官兼任,也叫贴职,只有馆阁资历较深者才能充任。所谓秘撰运副是说献茶叶的郑可简不但由转运判官升为转运副使,而且多了一份秘阁修撰的俸禄。

蔡京把这两件事处理完毕,蔡卞才提及亲戚吴说的事,说他是司谏吴安中之子,虽无官职,颇有自立能力,还是大学者王逢原的外孙,与舒王王安石的夫人是姻眷。因母亲年纪大了,想谋求一个有空缺的省局官职。蔡京问:"吴说踏逐没有?"踏逐是宋代选举的名目,由大臣访问人才,推荐给朝廷辟召。蔡京是问吴说是否经过了这一程序。见蔡卞没有回答,便说:"打套局还缺一个官员,就让他去那里任职吧。"打套局是官署名称,是专为宫廷采买香药杂物的机构。朝廷的官职就在蔡京掌控之中,他大笔一挥,想给谁就给谁,简直是把任命官员当成了儿戏。

朋比为奸，蔡京、蔡卞、蔡攸是一丘之貉

蔡京是恶贯满盈的独夫民贼,徽宗却倚为干城,宠幸他终身。政和初年,蔡京以太师致仕,徽宗允许他依旧服玉带、佩金鱼赐对,三日一至都堂议事。宣和末年第四次为相时,年已 80 岁,徽宗准许他于家中处理军国大事,三至五日入朝议事,并下诏褒美他“忠贯金石,志安社稷”。大臣们弹劾他奸邪,徽宗甚为恼怒,竟说:“群邪丑正,意在中伤,肆为无根之谈,冀陷不测之祸。比从阅实,灼见厚诬。”蔡京劣迹斑斑,朝野皆知其奸,因此才有不少人弹劾他。徽宗不纳忠言,还说弹劾蔡京的人是一群小丑诋毁正人君子,意在中伤好人。弹劾蔡京的话都无根据,盼望蔡京有不测之祸,经过一件件查证,这些话都是诬陷之词。

正因为徽宗对蔡京无比信任,他才七次乘车小辇临幸蔡京府第,仅宣和元年(1119)便临幸 4 次,不用君臣之礼,而用家人之礼。一次,徽宗由宠幸的妃子安妃陪同,去道德院观看金芝,自景龙江泛舟经天波豁至蔡京家,蔡家宴请徽宗,徽宗“举箸屡酬,欢笑如家人”。安妃对蔡京说:“主上每得四方美味新奇,必赐师相,无顷刻废忘。谕师相,知无忘。”堂堂天子,每逢有了好吃的食品,必定赏赐蔡京一份,这哪里是君臣,分明是朋友关系了。蔡京与开封府尹聂山不和,便在徽宗面前告御状,徽宗不问情由,便将聂山贬往安州(今湖北安陆),真是言听计从!

蔡京之弟蔡卞也是一个奸险小人。他相貌柔顺而心地奸诈,王安石竟为所惑,以女妻之。蔡卞在哲宗朝官拜尚书左丞,假托“绍述”之名,上欺天子,下压同僚。他与其兄蔡京、章惇、安惇四

人都是奸佞，被人称为“二蔡二惇”。他执政时，“其所进用，若非妻党之人，即是门下之奸吏，更唱迭和，相倚为重，流毒天下”。《清波杂志》一书记载，蔡卞之妻乃王安石之女，颇知书，能诗词。“蔡每有国事，先谋之沐笫，然后宣之庙堂。”国家大事先和妻子商量决定，然后再在朝廷上宣布。那些执政大臣都说：“吾辈每日奉行者，皆其咳唾之余也。”他任尚书左丞时，在家设宴张乐，有伶人大声说：“丞相今日大拜，都是夫人裙带。”闻者无不大笑。因蔡京位在己上，致使自己不能升迁，弟兄二人不和。蔡京多次在徽宗面前诋毁蔡卞，结果蔡卞被贬出朝廷。

蔡京长子蔡攸也是个祸国殃民的角色。元符年间，他在京城裁造院任职。其时，徽宗还是一位藩王，退朝时经常在路途中遇见蔡攸，蔡攸每次都下马拱手立在道边。徽宗询问之下，知他是蔡京之子，心里便有了好感。即位后不断升擢他的官职，一直升到开府仪同三司、镇海军节度使，拜少保，可以随时出入宫禁。蔡攸与另一奸臣王黼可以参与宫廷中的秘密游戏，或陪徽宗宴饮。每次入宫，都是“短衫窄绔，涂抹青红，杂倡优侏儒，多道市井淫媟谑浪语，以蛊帝心。妻宋氏出入禁掖，子行领殿中监，视执政，宠信倾其父”。一个天子宠信的大臣，入宫时穿着短衫窄裤，一副优伶打扮，油腔滑调，说的尽是市井的淫词浪语，徽宗也不怪罪。他的妻子宋氏经常出入宫掖，他的儿子蔡行任殿中监，那是殿中省的长官，掌郊祀、元日、冬至皇帝御殿及祫禘后庙神主赴太庙时供具伞扇之事，地位相当于执政，也很受徽宗宠幸。宦官童贯率兵攻打燕京，蔡攸是副手，他辞行时徽宗身旁有两个美嫔侍立。蔡攸指着两个美嫔说：“臣成功归来之日，乞陛下将这两位美女赏给我。”徽宗只是莞尔一笑，并不责罚。蔡攸以淮东节度使领相印，徽宗赐宴，酒酣耳热之际，徽宗说：“相公公相子。”相公指蔡攸,公相则指蔡京。宋代既是三公又是宰相的称公相,蔡京以太师身份兼宰相,故称公相。蔡攸回答说:“人主主人翁。”一次,蔡攸侍奉徽宗宴饮,徽宗连赐几大杯,蔡攸喝得摇摇晃晃,徽宗仍赐酒不已,蔡攸只得恳求说,如再饮,就会醉倒地上死去了。徽宗笑笑说:“使卿若死,又灌杀一司马光矣。”这样一个无赖,怎能和司马光相比?徽宗的比拟真是不伦不类!

滑稽可笑的是,蔡京、蔡攸父子均是声势煊赫的权贵,竟因尔虞我诈、争权夺利而势同水火,各立门户,父子成为仇敌。一次,蔡攸去蔡京处,蔡京正与客人谈话,见儿子到来,便打发走客人,招呼蔡攸进前。蔡攸没有问候父亲起居,便拉住父亲的手作切脉状说:“大人脉搏跳动缓慢,莫非身上有什么疾病吗?”蔡京说没有。蔡攸说:“儿子我还有公务要办,就不停留了。”起身遂去。蔡攸走后,客人问蔡京:“你儿子并非医生,为何要替你把脉?”蔡京摇摇头说:“你不知道其中的奥妙,他是想以身体有恙为由罢免我的宰相之职啊!”过了几天,蔡京果然致仕。蔡攸的弟弟蔡绦最受蔡京宠爱,蔡攸愤愤不平,几次在徽宗面前进谗言,要求杀掉蔡绦。徽宗说:“太师老矣,岂能无故杀害其子。”最后把蔡绦贬到外地去了。蔡绦固然不是正人君子,但蔡攸要夺乃父的权,要天子杀死弟弟,真是歹毒至极!蔡京、蔡卞、蔡攸同恶相济,都是一丘之貉!

死有余辜,贬谪途中卒于潭州

宣和七年(1125)十二月二十七日,宋徽宗退位后的第四天,太学生陈东即上书钦宗,要求诛杀蔡京、童贯等人。奏折洋洋洒洒,详尽地揭露了蔡京等人的罪恶。他说:“自古帝王之盛,莫盛于尧舜，而尧舜之盛，莫大于赏善罚恶。尧之时有贤臣八元、八凯而未用，有四凶而未去，目的是让继任者舜起用贤人，诛灭凶恶。道君皇帝时也有八元、八凯而未用，有四凶而未去。陛下欲知道奸臣贼子如四凶者吗？蔡京、王黼、童贯等人是也，其中蔡京罪恶最大。崇宁年间，道宗皇帝授他为宰相，他天性凶狠，专权跋扈，陷害忠良，任用奸佞，阴有奇志，有识之士比之为王莽。所幸道君皇帝洞察其奸，阴谋才未能得逞。如果让他辅佐陛下，篡权夺位之事必将发生。陈瓘、任伯雨、江公望等人尝论其奸，均被斥逐，不复再用，至有饮恨而死者，天下冤之。如今道君皇帝已下罪己诏播告四方，而蔡京等人的罪状却没有刊布，也未受到制裁，天下之人无不嗟怨上皇。若不诛杀蔡京等人，何以慰道君皇帝之心，解天下之疑！”

这道奏章痛快淋漓，鞭辟入里，言人之所不敢言，发人之所不敢发。朝野奔走相告，赞誉不已。钦宗当太子时就对蔡京等人乱政误国不满，如今即位，想给人以励精图治的印象，便决定惩治蔡京等人。靖康元年(1126)二月，侍御史孙觌上书钦宗，要求“稍正蔡京父子误国滔天之罪，以慰宗庙社稷之灵”。于是，钦宗贬蔡京为秘书监，分司南京(今河南商丘)。秘书监乃秘书省长官，掌古今经籍图书、国史、实录、天文历数等事，蔡京虽然还有这一头衔，但已被贬出京城，成了落水狗。他的弟弟蔡卞在政和末年归家上坟祭祀时猝死途中，未及明正典刑。蔡攸降为大中大夫，提举亳州(今属安徽)明道宫，可任便居住。三月间再贬蔡京为崇信、庆远节度副使。节度副使没有职掌，一般用来安置贬谪的高级官员。四月间，御史中丞陈过庭上疏说：“蔡京、童贯等将相同恶相济长达二十年之久，致使国事糜烂至此。王黼已经伏诛，‘而蔡京、童贯止于善地安置而已，罪同罚异，其谁不疑！虽天心隆恕,务欲保全,奈天地愤嫉何!奈四夷侮笑何!若京及贯不肆诸市朝,不投之荒裔,诚不足以厌天下之意!’”钦宗知众怒难消,下诏移蔡京于衡州(今湖南衡阳)安置。陈过庭又提出:“罪恶之大,莫过于蔡攸。他侍候蔡京于贬所,又官为大中大夫,怎能叫贬窜?蔡京既贬谪远方,子孙应当随从。如今蔡翛居杭州,蔡攸居宿州(今安徽宿县),诸孙居京城,各拥妻妾,自图快乐,不孝之甚。应将其子孙发往贬所,使彼等稍知人伦之义。”于是,钦宗改贬蔡京于韶州(今广东韶关市),蔡攸安置永州(今属湖南),蔡京子孙分送湖南。

同年七月,右正言程瑀连连上疏,抨击蔡京罪恶滔天,擢发难数,死有余辜,但朝中有几位大臣只畏私恩,不畏公议,宁负国恩,不负贼臣,“置之曲江,名为岭表,实与内地无异”,应加重谴,以平民愤。蔡攸恶贯满盈,应正典刑。蔡翛娶天子之女,应判离异。其余诸人应褫夺官爵,勿使招摇过市。钦宗接受了这一建议,再贬蔡京于儋州(今属海南),贬蔡攸于雷州(今属广东),令开封府差人押解前往。蔡京及其子孙 23 人,遇有大赦,不许量移。凡州县官中有系蔡京族属者,一律革职。这样一来,蔡京算是受到了严厉惩罚。

蔡京虽受贬谪,但他门生故吏满天下,实际上并未吃到苦头。据《挥麈录》一书说,靖康初年,钦宗下诏籍没蔡京财产时,适逢他的门生毛达可任杭州太守,“密喻其家,藏隐逾半,所以蔡氏之后皆不贫”。由于毛达可事先通风报信,蔡京得以隐匿一半家产,因此,他的后人并不贫穷。《挥麈录》还说,蔡京把金银宝货四十担寄存在海盐(今属浙江)一个族人家中,后来蔡京父子皆死于贬谪途中,无人索要财产,那位蔡姓族人发了一笔横财。靖康元年六月四日,蔡京与儿子蔡攸来到江陵府(今湖北江陵县),

知府李偃是他的袍泽故旧，奉事甚谨，一天三次请安，“公库供馈，络绎不绝，须索追呼，骚动细民”。一直耽搁到十四日尚未起程。江陵有盐商数十人，因蔡京屡变盐法而破产，对他怨恨甚深，得知蔡京南迁路经此地，便联袂上门诟骂。李偃公然派兵捕人，又差兵卒数百人保护蔡京一行，又为蔡京购买宅第，以为久居之地。消息传出，舆论大哗，阖郡鼎沸。侍御史胡舜陟上书钦宗，请求查处，钦宗下诏将李偃革职。自此以后，沿途官员不敢再明目张胆地优待蔡京了。

蔡京忐忑不安地继续从江陵南下。其时，他已80岁，一向安富尊荣，如今凄风苦雨，不禁涕泪涟涟。正行之际，忽有圣旨索取他身边的宠姬慕容氏、邢氏、武氏三人。原来这三人天姿国色，美貌绝伦，金人指名索要，钦宗自然答应。蔡京无奈，只得忍痛割爱，并写诗送行说：

为爱桃花三树红，年年岁岁惹春风。
如今去逐他人手，谁复尊前念老翁。

自此之后，蔡京茕茕孑立，形影相吊。一路上买饮食时，小贩们得知是蔡京，皆不肯售，并高声詈骂，州县官只得派人将小贩赶走。蔡京在轿内叹息说：“京失人心，一至于此！”七月中旬，蔡京行至潭州（今湖南长沙），当时骄阳如火，蔡京老迈，身染疾病，无法前行，只得在此稍事勾留。他自知不起，作词一首说：

八十一年住世，四千里外无家。如今流落向天涯，梦到瑶池阙下。　玉殿五回命相，彤庭几度宣麻。止因贪恋此荣华，便有如今事也。

七月二十一日,蔡京病死于潭州城南五里的东明寺中,结束了他可耻的一生。当时潭州知府是蔡京的仇人,蔡京停尸数天,不得殓葬。押送之人将他草草埋葬于漏泽园(公墓)内,葬时没有棺木,以青布条裹尸埋入土中。《梁溪漫志》一书说,一个四川僧人路过此地,在东明寺墙壁上题诗说:

三十年前镇益州,紫泥丹诏凤池游。
大钧播物心难一,六印悬腰老未休。
佐主不能如傅说,知几那得似留侯。
功名富贵今何在?寂寂招题一土丘。

这首诗说,三十年前,蔡京在益州(今四川成都)做过官,因善于钻营,天子下诏让他当上了宰相。大钧指天,即大自然。“大钧播物心难一”是说上天不公,怎么让这样的人当上了宰相,蔡京包揽了许多职务,到老也不肯放权。但他既不像商朝宰相傅说那样忠心事君,也不像汉代的留侯张良功成身退。尽管显赫一时,而今富贵何在?只剩下寺院内的一个荒丘了。这首诗真是讽刺得入木三分!

九月间,钦宗又派人到贬谪地将蔡攸、蔡绦杀死。至此,喧嚣一时,蠹国乱政的蔡京家族全部灰飞烟灭,他们的名字将永远钉在历史的耻辱柱上,永远不得解脱!

位卑未敢忘忧国

——报国无门屡遭贬斥的陆游

南宋爱国诗人陆游才高八斗，满腹经纶，忠贞报国，却又屡遭贬谪，仕途坎坷，功名蹭蹬，令人怃然。晚年栖迟山村，孤苦伶仃，生活困窘，贫病交加，郁郁而殁。诗人的际遇，千载之下，犹使人洒一掬悲愤之泪！

出生在干戈扰攘的年代

宋徽宗宣和七年（1125）十月十七日，陆游诞生在从淮南路（今江苏扬州）经过淮水开往京城汴京的一条船上。他的父亲陆宰当时的官职是直秘阁、淮南计度转运副使，正奉调进京。直秘阁是贴职，也即以他官兼领诸阁学士及三馆职名者称贴职，实际上是荣誉衔。转运使在宋朝初年只是供办军需的官员，太宗以后逐渐成为各路长官，掌管一路全部或部分财赋，并监察各州官吏，权力甚大。转运副使则是其副手。宋代的路约略相当于今日的省，但范围较小。陆宰任转运副使，相当于今天的副省级干部，但《宋史》无传，正史、稗史记载甚少。陆游的祖父陆佃，是一位正直人士，徽宗时官至尚书左丞。尚书左、右丞在宋初是寄禄官，即以此官定俸禄多少，非实际职务，神宗元丰年间改制后升为执政，辅佐尚书仆射处理尚书省政务，参议大政，官职显赫。这样一个家庭，称得上簪缨世家，书香门第。

世上不如意事常八九，可如意事无二三。陆佃祖籍山阴（今浙江绍兴），家庭贫窭，好学不倦，《宋史》称他“居贫苦学，夜无灯，映月光读书”。曾受业于王安石，故无端卷入了一场风波。哲宗即位，新党失势，因他是王安石门徒，被人攻击为新党。不过陆佃并不在乎别人议论，王安石死，他“哭而祭之”，知江宁府（今江苏南京），“甫至，祭安石墓”。徽宗即位，陆佃恪守官箴，忠贞为国，由尚书右丞转为左丞，跻身于朝廷核心官列。蔡京为相，惩治元祐党人，也即旧党，陆佃又挺身而出，上奏说不应穷治，又有人攻讦他是旧党。徽宗不容陆佃分辩，便被贬知亳州（今属安徽）。陆佃含冤莫白，只得怏怏就道。数月之后，陆游出生时，祖父、祖母均已谢世。陆游只听父亲讲过一则祖母的遗事，后来记录在他的笔记小说《老学庵笔记》中：

> 祖母楚国夫人，大观庚寅（大观四年）在京师病累月，医药莫效，虽名医如石藏用辈皆谓难治。一日，有老道人状貌甚古，铜冠绯氅，一丫髻童子操长柄白纸扇从后，过门自言：“病无轻重，一炙立愈。”先君延入，问其术，道人探囊出少艾，取一砖炙之。祖母方卧，忽觉腹间痛甚，道人遂径去，曰：“九十岁。”追之，疾驰不可及。祖母是时未六十，复二十八年，年八十三，乃终。

陆游的祖母在大观四年染疾时，陆佃已故去八年之久，侍药疗疾的应是陆游之父陆宰。这一则记载表明，陆家在京城有宅第，生活比较安定，因而才能延医为老人治病。

据说陆游的母亲临盆之前曾经梦到了词人秦观，不禁有了崇敬之情。秦观与陆佃同时，是扬州高邮（今属江苏）人，字少游。曾任秘书省正字兼国史院编修官，是旧党人物，与黄庭坚、晁补之、张耒合称“苏门四学士”。尤擅长于词，有《淮海集》传世。陆游呱呱坠地，陆宰夫妇便为他起名为陆游，字务观。务有“追求，希望达到”之意，务观就是希冀将来在文学上能有秦观那样的成就。《宋人轶事汇编》一书说：“陆务观母梦秦少游而生，因以其字为名，其名为字。”是否真的如此，只能等待方家去考证了。

陆宰携妇将雏于宣和七年十月末到了京城，征尘未洗，便调任京西路转运副使。他把陆游母子安顿在荥阳（今属河南），自己去泽（今山西晋城）、潞（今山西长治）两州督运粮饷去了。其时，陆游尚在襁褓之中，而这一年又是宋朝多事之秋。这年十月，金太宗下诏伐宋，兵分两路，西路军由宗翰统率，自西京（今山西大同）攻太原，东路军由宗望统率，由南京（今河北卢龙）攻燕山，然后会合南下，直扑东京。金兵摧枯拉朽，如入无人之境，京城风声鹤唳，草木皆兵。宋徽宗无力回天，当他听到金兵已渡过黄河的消息后，不禁神魂飞越，心惊胆裂，忙把帝位禅让给儿子赵桓，借口去亳州太清宫降香，实为南下避金人兵锋。靖康元年（1126）正月初三夜，徽宗携后妃及内侍等人离开京师，经雍丘（今河南杞县）、睢阳（今河南商丘南）、南都（今河南商丘），到达符离（今安徽宿县北符离集）。从这里登上官船，经泗上（今江苏盱眙西北）、维扬（今江苏扬州），迤逦来到了镇江。江南风光旖旎，山清水秀，当徽宗啸傲湖山、流连忘返时，开封城下却是刀光剑影，经历着一场事关宋朝生死存亡的激烈厮杀。宋徽宗置身局外，却又干预朝政，自然引起了钦宗的不满。靖康元年四月三日，徽宗一行回到京城，他头戴玉并桃冠，着销金红道袍，俨然一副道家打扮，一派悠然自得之色，似乎这里根本就未曾发生过战争。他居住在龙德宫，每有手札给钦宗，自称“老拙”，称钦宗为“陛下”。钦宗对父皇心存芥蒂，他把徽宗的侍从都撤换掉，凡徽宗赏赐臣下的财物也都悉数追回，交给官府，徽宗也无可奈何。其实钦宗也想逃往南方，只是由于李纲等人的苦苦谏诤，只得勉为其难，布置守城事宜。宋朝天子畏敌如虎，大臣中公忠体国者少，贪生怕死者多，只靠李纲支撑危局，恐怕是大厦将倾，独木难支，宋朝江山已处于风雨飘摇中了。

陆宰就是在干戈扰攘中就任京西路转运副使的。当时战事正殷，他负责督运粮草自然不敢有丝毫懈怠。尽管他兢兢业业，黾勉王事，但上任只五个月光景，便遭到了御史徐秉哲的弹劾，说他没有尽到职责，被罢免了职务。《宋会要》记载：

> （靖康元年四月）八日，直秘阁、京西路转运副使陆宰落职送吏部，以臣僚言河阳（今河南孟州）、郑州当兵马之冲，宰为漕臣，未尝过而问。

这里的“臣僚”其实就是御史徐秉哲。陆游在《渭南文集》中说：

> 某生于宣和末，未能言而先少师以畿右转输军饷，留泽潞，寓家荥阳。及先君坐御史徐秉哲论罢，南来寿春（今安徽凤台）。

徐秉哲说陆宰作为漕运之臣，河阳、郑州乃兵家必争之地，他却不管不问，这完全是栽赃诬陷的不实之辞，真正的原因是陆宰正直立朝，遇事敢言，为徐秉哲所忌惮，必欲去之而后快。徐秉哲是个寡廉鲜耻、卖国求荣的奸邪小人，金人围攻开封时，他任开封府尹，奴颜婢膝，甘当金人鹰犬，不遗余力，为金人搜刮金银、赵氏宗族。《三朝北盟汇编》一书说：

> 秉哲为府尹，应奉金人根括金银，诸般取索及勾集人口，自初破城及金人去，凡五个月，府库帑藏及民间物、宗室百官、宗室人口等，一有所索，一席之上皆秉哲经营之。自旦至暮与金人对坐于朱雀门，指顾喝叫，不胜其劳也。

徐秉哲在金人攻破京城至撤退北归五个月的时间里，金人不管是搜刮金银，还是搜捕赵氏宗室，无不咄嗟立办，甚至与金人在朱雀门楼上饮酒谈笑，不知人间有羞耻事。《建炎以来系年要录》一书颇为详尽地叙述了徐秉哲搜捕良家妇女供金人玩乐的经过：

> 金人来取宗室，徐秉哲令坊巷5家为保，毋得藏匿。开封少尹夏承力争不听，添差少尹余大均主其事，前后凡得三千余人，秉哲悉以使引押赴军前，当行者皆令衣袂相连属而往。济王之夫人曾氏避难它出，秉哲捕而拘之。

金人下令搜捕赵氏宗室，徐秉哲便让开封城中百姓五家为保，不得藏匿。开封少尹夏承力争此举不妥，徐秉哲不听，前后拘捕了3000余名妇女，押赴金人兵营，又恐她们途中逃脱，把她们的衣服联结在一起，使她们无法单独行动。徽宗之子、济王赵栩的妻子曾氏本已逃往他处，徐秉哲又将她拘捕送给金人。金人欲壑难填，又索要曾在皇宫服役过的女子、权贵家的婢女及蔡京、童贯家的女仆凡千余人，且必须是面相端庄美丽者。除此之外，当过倡优而色美的女子也在其中。经徐秉哲下令捉拿，里巷为之一空。这些被捉来的女子，至开封府，皆蓬首垢面不食，作羸病状，冀得免。开封府尹徐秉哲自掏腰包买来簪钗、衣衫，强迫这些女子膏沐粉黛，打扮靓丽，然后送入金人军中。“父母、夫妻相持而哭，观者莫不唏嘘陨涕。”陆游的《老学庵笔记》中也有记述：

> 靖康国破，二帝播迁，有小崔才人与广平郡王俱匿民间，已近五十日，虏亦不问，有从官馈以食，遂为人所发，亦不免，不十日虏去矣。城中士大夫可罪至此。

广平郡王夫妇本已逃过一劫，只因有人送饭被告发，也沦为金人的阶下囚。陆游慨叹：“城中士大夫可罪至此。”这里所说的士大夫无异是指徐秉哲之流，又说“金贼劫迁宗室，我之有司不遗余力”。这个“有司”也指的是徐秉哲。徐秉哲品行如此恶劣，诬陷陆宰也就不难理解了。

大约在靖康元年（1126）的夏秋之间，被免官的陆宰举家从东京南下，前往寿春。其时宋金战争正酣，中原地区兵荒马乱，人心惶惶。陆游《剑南诗稿》中有诗云：

> 我生学步逢丧乱，家在中原厌奔窜。
> 淮边夜闻贼马嘶，逃去不待鸡号旦。
> 人怀一饼草间伏，往往经旬不炊爨。
> 呜呼！乱定百口俱得全，孰为此者宁非天！

靖康元年(1126),陆游两岁,正是蹒跚学步时期。跟着父母从东京南下,夜间借宿于淮河岸边,听到金兵人喊马嘶之声,便慌忙逃走。不敢举炊做饭,怀里揣着一枚烧饼,蛰伏于草莽之间,有时甚至十天不敢炊爨,真是狼狈万状。尽管如此,陆宰一家还算是因祸得福,因为愈往南走,干戈之声便渐行渐远,终至于听不到了。就这样,陆家一家老小在寿春稍作停留,然后辗转回到了暌违已久的山阴(今浙江绍兴)老家。陆游在《渭南文集·跋周侍郎奏稿》中说:"及先君坐御史徐秉哲论罢,南来寿春,复自淮徂江,间关兵间,归山阴旧庐。"

陆宰罢官回到山阴后,心灰意冷,不再有出仕之念,只想读书莳花,了此余生。他居官时两袖清风,一尘不染,没有多少积蓄,一旦罢官,没有了俸禄,生活便感到拮据。没奈何,只得请求祠禄。所谓祠禄是指官员在致仕后,由朝廷给予"提举"某宫某观的名义,可以领取半俸,不必到职。也算是皇恩浩荡,天子准许了他的请求,陆宰一家才无衣食之忧。陆宰虽然退隐林泉,但仍然关心国家的兴衰存亡。高宗绍兴年间,宰相秦桧窃弄权柄,杀害抗金名将岳飞,向金人屈膝求和,是比徐秉哲还要卑鄙无耻的巨恶大憝。陆宰每与士大夫谈及国事,便慷慨激昂,痛骂秦桧误国。陆游回忆说:

> 绍兴初,某甫成童,亲见当时士大夫相与言及国事,或裂眥嚼齿,或流涕痛哭,人人自期以杀身翊戴王室,虽丑裔方张,视之蔑如也,卒能使虏消沮退缩,自遣行人请盟。会秦丞相桧用事,掠以为功,变恢复为和戎,非复诸公初意矣。志士仁人抱愤入地者可胜数哉!

陆游还在《老学庵笔记》中讲述了一个叫李光的人，因主张抗金而受到秦桧迫害的事。李光字泰发，越州上虞（今浙江上虞，归绍兴市管辖）人，高宗绍兴年间曾任吏部尚书，他在高宗面前痛斥秦桧"怀奸误国"，触怒秦桧，被革职还乡。其时陆宰早已还乡，二人意气相投，时相过从。每言及时事，往往感慨兴叹，称秦桧为"咸阳"。秦朝定都咸阳，宰相赵高弄权，迫害忠良，李光称秦桧为咸阳，可能是把他比作赵高了。一天，李光来见陆宰，举酒嘱托说："我不久就要贬谪远行了，'咸阳'最忌恨的是我和赵鼎两人。听说赵鼎接到贬谪的命令时，痛哭流涕告别子弟，我不会像他那样，英雄气短，儿女情长，我青鞋布袜，即时上路。"十余天后，李光果然被流放到了藤州（今广西藤县）。陆宰送他到诸暨（今浙江绍兴西南），回来后对陆游说：

泰发谈笑慷慨，一如平日。问其得罪之由，曰："不足问，但咸阳终误国家耳！"

陆游的青少年时期是在山阴度过的。山阴虽然是在南宋管辖之下，但也经过战乱，死人甚多，那些未能掩埋的尸体到处都是，其血化为磷火，四处飘荡。陆游在《老学庵笔记》中说：

予年十余岁时，见郊野间鬼火至多，麦苗、稻穗之梢往往出火，色正青，俄不复见。盖是时去兵乱未久，所谓人血为磷者，信不妄也。

虽然干戈俶扰，时局不靖，但出身于书香门第的陆游仍然读书不辍。《宋史·陆游传》说他“年十二能诗文”，并非溢美之词。他最喜欢的是陶渊明、王维、岑参诸人的诗，这为他日后成为大诗人打下了坚实的基础。陆游在《渭南文集》中为《陶渊明集》作跋时说：

> 吾年十三四时，侍先少傅（指他的父亲陆宰）居城南小隐，偶见藤床上有渊明诗，因取读之，欣然会心。日且暮，家人呼食，读诗方乐，至夜，卒不就食。今思之，如数日前事也。

读陶渊明的诗读得兴余淋漓，竟然晚饭都未顾得上吃，真称得上是“书痴”了。《旧唐书·窦威传》说，窦威的几个兄弟都习武艺，只有他喜欢读书，他的兄弟嘲笑他是“书痴”，但“书痴”两字应该是褒义词。陆游也喜欢读唐代诗人王维的诗：

> 余年十七八时，读摩诘（即王维）诗最熟，后遂置之者凡六十年。今年七十七，永昼无事，再取读之，如见旧师友，恨间阔之久也。

同时还仰慕唐代另一诗人岑参的诗：

> 余自少时绝好岑嘉州诗。往在山中，每醉归，倚胡床睡，辄令儿曹诵之，至酒醒，或熟睡乃已。尝以为太白、子美之后，一人而已。

岑参是与高适齐名的唐代著名边塞诗人，他的诗雄浑豪放。陆游说他是李白、杜甫之后最杰出的诗人，以至于听着儿子辈诵读岑参的诗时才能安然入睡。正是陆游如此孜孜矻矻地读书,才能成为后来名满天下的诗人。

科场失意,婚姻生变

“学成文武艺,货与帝王家。”科举是封建社会莘莘士子走入仕途的必由之路。“一举成名天下知,脱却蓝衫换紫袍”是士子们的最大企盼,陆游当然也不例外。绍兴十三年(1143),19岁的陆游去临安(今浙江杭州)参加科举考试,不幸名落孙山,铩羽而归。不过他并未因此而消沉,毕竟多次考试才得中的士子比比皆是,北宋初年的梁颢就是考了几次才中第的。与陆游同时代、比陆游年长两岁的洪迈在《容斋随笔》中说,梁颢82岁才进士及第。另一名学者王应麟在《三字经》中说:“若梁颢,八十二,对大廷,魁多士。”也说梁颢82岁时才蟾宫折桂,以致元人脱脱修《宋史》时,在《梁颢传》中说他死时“年九十二”。清人俞正燮在《癸巳存稿》中考证出他死时年42岁,“九”字乃“四”字之误。此次陆游虽未中第,但却有幸游览了南宋的都城临安。临安当时称“行在”,表示宋朝的都城仍是东京开封,只是暂时栖迟于此而已。陆游在从舅唐仲俊陪同下,曾在临安观灯,领略了临安的江山胜概。临安城进入新正,即准备元宵灯展,正月十四日开始,十六日收官。灯的种类繁多,正如《武林旧事》所说:“山灯凡数千百种,极其新巧,怪怪奇奇,无所不有。”天子也出来观灯,直到夜阑更深时分才返回宫掖:“宫漏既深,始宣放灯火百余架,于是乐声四起,烛影纵横,而驾始还矣。”临安观灯给陆游留下了美好的回忆。

男大当婚,女大当嫁。大约在弱冠之年,也就是20岁左右,陆游与唐婉结缡。陆游之母唐氏是在神宗朝官至参加政事的唐介孙女。唐介亢直敢言，不避权贵，名闻天下。仁宗时任殿中侍御使，因弹劾仁宗张贵妃伯父张尧佐，触怒仁宗，要将他贬谪远方，他说，臣忠愤所激，下油锅也不回避，何况贬谪！因与王安石政见不合，受到排挤，疽发于背，悒郁而殁，《宋史》有传。唐介有两子：淑问、义问，是陆游的外祖父辈。陆游的舅父叫唐恕、唐意，弟兄两人都任过县令，唐恕在靖康年间任过监察御史。唐意“以宰相吴敏荐，召对，而贫不能行，竟饿死江陵山中”。唐介是江陵（今属湖北）人，唐意因贫穷而饿死，令人怅然！陆游在《老学庵笔记》中说：“舅氏唐居正意，文学气节为一时师表。建炎初，避兵武当山中，病殁。”江陵县在湖北南部，武当山在湖北与陕西交界处，两地相距甚远，未知《宋史》与陆游所记孰对孰错。不过这已无关紧要，唐意贫病交加，死于山中则是可以肯定的。唐婉是陆游舅舅的女儿，也是其母亲的姪女，两家都是书香门第，两人结缡应是一桩美满婚姻。两人也的确是伉俪相得，琴瑟和谐。但不知何事，唐婉得罪了姑母，也就是她的婆婆，婆婆一怒之下，要陆游与唐婉离异。陆游不敢违拗母命，又不忍与妻子分手，便瞒着母亲在外边赁房居住。不料又被母亲得知，遭到了严厉申斥。万般无奈，陆游只得含泪与唐婉仳离，从此劳燕分飞，天各一涯。不久，陆游和一位王姓女子成婚，唐婉也只得别抱琵琶，改嫁赵士程，两人从此不相往来，音问不通了。这一次的离异，给陆游和唐婉心灵上留下了深深的创伤。

绍兴二十三年（1153），29岁的陆游再次赴临安，参加科举考试，其时他的父亲陆宰已于绍兴十八年（1148）六月亡故，他的两个儿子也已先后降生。凭着满腹经纶，陆游顺利通过了省试，次年便可参加殿试了。如果不出意外，蟾宫折桂，金榜题名应是水到渠成之事。但是绍兴二十四年(1154),奸相秦桧之孙秦埙也来参加殿试,陆游的美好梦想便化为泡影了。原来秦桧娶王唤之妹为妻,没有生育,便以王唤之子过继给秦桧,改名秦熺,秦埙乃秦熺之子。宋朝实行门荫制度,即高官中可以庇荫子弟为官,其时秦埙是敷文阁待制,已经有了官职,但秦桧还想要他通过省试、殿试,博取状元及第的名声。陆游在《剑南诗稿》中回忆省试及殿试的经过说:

> 陈阜卿先生为两浙转运司考试官,时秦丞相孙以右文殿修撰来就试,直欲首途。阜聊得予文卷,擢置第一。秦氏大怒,予明年既显黜,先生亦几蹈危机,偶秦公薨,遂已。

绍兴二十三年,陆游、秦埙都曾参加省试,秦桧有意让秦埙高居榜首。但主持考试的官员陈阜卿是个正直的官员,他未屈服秦桧的压力,把有真才实学的陆游列为第一,秦桧大怒。次年殿试,陆游落第,陈阜卿也几遭杀身之祸。绍兴二十五年(1155)十月,66 岁的秦桧一病不起,陈阜卿、陆游才得到解脱。陆游对殿试的记述,只有"予明年既显黜"寥寥六字,《建炎以来系年要录》一书却有详尽的记载。原来秦桧早就处心积虑地为秦埙谋划了。他以御史中丞魏师逊、权礼部侍郎兼直学士院汤思退、右正言郑仲熊三人同知贡举,主持策试考试,以吏部郎中,权太常少卿沈虚中、监察御史董德元、张士襄等参详官,这几人都是秦桧的亲信。魏师逊等商议,定秦埙为榜首,董德元从謄录所得知消息,高兴地说:"吾曹可以富贵矣。"榜还未公布,沈虚中便派人连夜报告给了秦桧。到廷试时,秦桧上奏以士襄为初考官,郑仲熊复考,汤思退编排,魏师逊详定,即他有最后决定权。沈虚中又密奏,请求以有官职的考生定为第一名。当时有官职的考生只秦埙一人，于是魏师逊等定秦埙为榜首，即状元。但高宗阅读策试文章，发现秦埙的策试文章皆蹈袭秦桧、秦熺文字，陈陈相因，没有新意，遂定张孝祥为第一，秦埙第三，赐张孝祥以下356人进士及第和同进士出身。陆游又一次遭到黜退，金榜无名，而秦桧的亲朋故旧、门生弟子皆中第，无一遗漏，弄得“天下为之切齿”。陆游只得怏怏返回家中。

功名蹭蹬，婚姻生变，陆游惆怅不已。绍兴二十五年（1155）春天，姹紫嫣红，陆游百无聊赖，独自前往山阴城东南四里禹迹寺南的沈园游览，那里花木葳蕤，小桥流水，天高云淡，游人如织。陆游徜徉园中，蓦地遇见了也前来游春的赵士程、唐婉夫妇。在这里与唐婉邂逅，出乎陆游意料。唐婉也看见了陆游，忙告知了赵士程。赵士程落落大方，命人给陆游送来了酒肴。双方并未交谈，赵士程和唐婉便飘然而去。陆游怔怔地站在那里，望着酒肴，前尘往事，一一浮上心头。自和唐婉分袂，便魂萦梦系，茫然若失，真是“离恨恰如春草，更行更远还生！”今日偶遇唐婉，只是惊鸿一瞥，便翩然而逝，使陆游心潮激荡难平，便在沈园墙壁上题了一首词，就是传诵千古的《钗头凤》：

> 红酥手，黄縢酒，满城春色宫墙柳。东风恶，欢情薄，一怀愁绪，几年离索。错，错，错！　　春如旧，人空瘦，泪痕红浥鲛绡透。桃花落，闲池阁，山盟虽在，锦书难托。莫，莫，莫！

用《钗头凤》作词牌，便含有横遭分离之意。这首词写得戚婉悲怆，把分手的无奈，别后的思念，满怀的愁绪，都写得细腻入微。“东风恶”是指母亲拆散他的婚姻,“欢情薄”是指破镜不能重圆,“山盟虽在,锦书难托”,则是说两人虽有过海誓山盟,但如今连寄封书信都不能够了。30 岁的陆游不禁泪如泉涌,连手帕都湿透了。

唐婉也同样经受着感情的煎熬。她虽然改嫁给了赵士程,但对于陆游的眷恋与思念,犹如砧上月影,千拂不去。多少个不眠之夜,她都珠泪暗弹,“枕前泪共阶前面,隔个窗儿滴到明!”想写信问候,又怕别人说她轻狂,真是“便纵有千种风情,更与何人说”。从沈园归来后不久,她读到了陆游的那首《钗头凤》词,思潮难平,也含泪和了一首:

> 世情薄,人情恶,雨送黄昏花易落。晓风干,泪痕残,欲笺心事,独语斜阑。难,难,难!　　人成各,今非昨,病魂常似秋千索。角声寒,夜阑珊,怕人寻问,咽泪装欢。瞒,瞒,瞒!

上半阕“世情薄,人情恶”,是指陆游的母亲逼迫两人离异,自己处境堪虞,好比黄昏中的花卉,经不住狂风暴雨的摧残,只能以泪洗面。打算把心事形之于笔墨,又怕惹出更大祸患,只得默默对着楼上的栏杆诉说了,真是难啊!下半阕说恩爱的夫妻已经分手,缠绵悱恻的日子已成了过眼云烟,经过这次打击,自己病体支离,时好时坏,好似秋千索一样摇摆不定。更深夜阑之际,翻来覆去,不成梦寐,听着远处凄厉的角声,心都要碎了,但怕人询问,只得拭干眼泪,强装笑颜,瞒过他人!写了这首词后不久,唐婉便香销玉殒,染疾而殁。对陆游来说,真是应了苏东坡悼亡妻的诗:“不思量,自难忘,千里孤坟,无处话凄凉。”

直言极谏遭贬谪

绍兴二十五年(1155)十月,恶贯满盈的奸相秦桧撒手尘寰。这对陆游来说,不啻是一个喜讯,意味着他的厄运即将结束,不再有无妄之灾了。秦桧两居相位长达十九年之久。《建炎系年要录》一书说:“自秦桧专国,士大夫之有名望者,悉屏之远方。”他推荐执政大臣,“必选无名誉,柔佞易制者……其任将帅,必选驽才。”陆游在《老学庵笔记》中几处提及秦桧父子气焰熏灼,骄奢淫逸。绍兴年间,秦桧之子秦熺回金陵老家祭祖扫墓,临安转运司调集了所有的船只仍嫌不足,又从浙西路调集,凡数百艘,皆装饰华丽。沿途郡县监司都盛筵招待,数百里不绝。苏州濒临运河,是秦熺船只必经之处,当地官员“结彩楼数丈,大合乐宫妓舞于其上,缥缈若在云间,熺处之自若”。只因秦熺是秦桧之子,便有这么多的官员拍马逢迎。还有一则记载说,秦桧因病休假两天,只剩执政一人在朝,既不敢奏事,只是颂扬秦桧勋业而已。秦桧病愈上朝,问执政说,听说你昨日奏事甚久,奏了何事?那人说,我只颂扬太师您的勋业乃旷世所无,说完即退,未说其他。秦桧笑笑说,甚好甚好。到了第二天,弹劾执政的奏章已送到高宗的御案上了。秦桧就是如此忮刻。

秦桧既死,高宗始得知这一佞臣擅权之弊,于是增设言事官员。陆游也说高宗“开言路,奖孤直,应诏论事者众”。绍兴二十八年(1158)秋天,34岁的陆游被任命为福建宁德县主簿。宁德县即今之福建宁德市,在福建西北角,濒临大海。主簿是县令的属官,品阶甚低,但不管如何,陆游已走入仕途,是朝廷命官了。这年秋天他赴任途中取道永嘉(今浙江温州),曾在瑞安泛舟,写有《泛瑞安江风涛贴然》一诗：

俯仰两青空，舟行明镜中。
蓬莱定不远，正要一帆风。

“贴然者”，平静安适之谓也。坐在船上，无论是俯是仰，看见的都是万里晴空，碧波荡漾，小船好像行驶在明镜之中，自己刚走入仕途，前程灿烂似锦，正如蓬莱仙山一样美妙，肯定会一帆风顺。此时的陆游踌躇满志，怀着“致君尧舜上，再使风俗淳”的良好愿望，施宏图，展抱负，想干出一番轰轰烈烈的事业。这首诗只短短 20 个字，一个意气风发的爱国志士形象便跃然纸上了。

在宁德县主簿任上只半年光景，陆游又被调任福州决曹，决曹乃是辅佐地方长官决断狱事的低级官员，但从偏僻的宁德调往福州，对陆游来说，已不啻是一种鼓励了。在福州不到一年，经人推荐，又被朝廷任命为敕令所删定官，于是陆游又在绍兴三十年(1360)春天离开福州，赶赴行在临安。陆游接连升迁，从宁德到临安，只用了不到三年时间，不禁有“漫卷诗书喜欲狂”之感了。在《东阳观酴醾》一诗中说：

福州正月把离杯，已见酴醾压架开。
吴地春寒花渐晚，北归一路摘香来。

他正月离开福州时，酴醾花争妍斗艳，春意正浓。吴地(今江苏浙江)春天比福州稍晚，花开得较迟，自己从福州北上，一路上正可领略荼蘼花的清香。东阳则指浙江省东阳市。这首诗写得轻快洒脱，热情洋溢，可以看出陆游此时的心情是愉快的。

敕令所删定官的职责是编纂公布政府法令，官阶既低，地位也无足轻重。但好处是到了临安，帝王辇毂之下，便有觐见龙颜的机会，也有和朝廷中衮衮大员交往的可能。他和后来官至左丞相的诗人周必大就是在这时结为倾盖之交的。他比陆游小一岁，却早逝六年，陆游在为他写的祭文中无限深情地说：

> 某绍兴庚辰(1160)始至行在，见公于途，欣然倾盖。得居连墙，日接嘉话，每一相从，脱帽褫带，从容笑语，输写肝肺。邻家借酒，小圃锄菜，荧荧青灯，瘦影相对。西湖吊古，并辔共载，赋诗属文，颇极奇怪。淡交如水，久而不坏，各谓知心，绝出流辈。

周必大出生于靖康元年(1126)，比陆游小一岁。两人素昧平生，却一见如故，成为倾盖之交。在杭州又比邻而居，政事之暇，诗文酬和，妙绪泉涌。每次相见，两人都脱帽解带，不拘行迹，从容谈笑，毫无芥蒂。作为文人雅士，两人也曾沽酒小酌，园圃锄菜，也曾骑马并辔，或同乘一车，前往西子湖畔探幽寻胜，凭吊先贤。两人志同道合，谈天说地，抒写襟抱，夜阑更深，青灯荧荧，瘦影相对，其乐融融，真像陶渊明在《五柳先生传》中所说"衔觞赋诗，以乐其志，无怀氏之民欤？葛天氏之民欤"了，这是陆游在杭州行在度过的最惬意的时光。

陆游初入仕途，虽然官阶低微，但却亢直敢言。大将杨存中久掌禁旅，飞扬跋扈，有尾大不掉之势，陆游上疏极论其弊，高宗遂罢了杨存中兵权。中贵人从北方买来珍玩进献宫中讨好天子，陆游马上上疏高宗说："陛下的书斋命名为'损斋'，除了经史书籍及笔墨纸张外，其他无关紧要之物皆屏而不纳，以此表示陛下倾力治国,心无旁骛。小臣不体察圣意,私自购买珍玩上贡,败坏圣德,乞严加禁绝。”高宗曾下诏求直言,陆游又上疏说:“如果不是赵氏宗室或者外戚,不要动辄封为王爵,不久前有以帝王师傅而任殿前都指挥使这一武职者,如此混淆名器,实属不妥,乞加订正。”高宗虽然嫌他饶舌多事,但他所说又切中时弊,只得采纳。

绍兴三十二年(1162),高宗倦勤,传位给孝宗赵昚。孝宗乃赵匡胤七世孙,父亲赵子偁虽是宗室,但已疏远,官职只是不入流的嘉兴县丞,只因高宗无子,才把孝宗选入宫禁,立为太子,承继帝位。孝宗长期生活于民间,谙熟百姓疾苦,他主张收复失地,也颇喜欢文学。一日与周必大谈论,问他当今诗人中谁可比得上唐代李白,范成大不假思索,脱口而出说:“回奏陛下,当今只有陆游堪与李白比肩。”孝宗始知陆游之名,从此,世人皆称陆游为“小李白”。不久,知枢密事史浩、同知枢密院事黄祖舜联袂推荐陆游善词章,谙掌故,孝宗马上召见,夸奖他说:“游力学有闻,言论剀切。”遂赐进士出身。这在当时是一种不可多得的荣誉。既然皇帝垂青,陆游也披肝沥胆,忠贞报国。他在入对时慷慨直言,陛下初即位,应该重申诏令,严惩官吏将帅中那些玩物丧志,不遵守诏令之人,‘亦使文武大小之臣,耸然知诏令之不可慢如此,实圣政之所当先也’。”这时陆游的官职是枢密院编修官兼编类圣政所检讨官。

陆游官职虽微,但亢直敢言,且又善于词章,所作诗词往往被人深文周纳,造成嫌隙。一日,他与馆阁诸人会饮于张功甫在临安南湖建造的宅第中,酒酣耳热之际,主人唤出名叫新桃的小姬,她歌唱自制新曲侑酒,那歌声端的是余音绕梁,三日不绝。一阕既竟,那小姬又拿着团扇求诗,陆游信手在扇子上题了一首绝句:

寒食清明数日中，西园春事又匆匆。

梅花自避新桃李，不为高楼一笛风。

诗中嵌入了小姬新桃的名字，本是戏谑之词，不料却引起了张功甫的不快，以为是讥讽他纳姬。张功甫即张鎡，是张俊之孙，张俊是秦桧迫害岳飞的帮凶。张鎡时任临安府通判，是管理京城的副长官，他开始对陆游存有芥蒂，而陆游却浑然不觉。

还有一次，孝宗在宫中宴请大臣，史浩和曾觌都在座。曾觌是孝宗立为太子前的门客，关系自然非同寻常。酒宴中间，一位宫女拿出一方手帕请曾觌题词。宋代文人学士为人题词乃司空见惯之事，但不久前高宗德寿宫内一个专管果品的内侍和宫娥关系密切而被审讯，宫中闹得沸沸扬扬。曾觌连连摇头说："你没有听说德寿宫的事吗？我怎敢蹈此覆辙，恕我不能奉命。"那宫女一笑而去。后来，史浩把此事告知了陆游，陆游又转告了参知政事张焘。曾觌是个奸邪小人，与另一小人龙大渊朋比为奸，败坏朝政。疾恶如仇的陆游对张焘说："曾、龙两人蛊惑天子，蒙蔽圣聪，丞相若不上殿谏诤，朝廷必受其害。"谏议大夫刘度也有同感，他上疏弹劾曾、龙两人"轻儇浮浅，凭恃恩宠，摇唇鼓舌，搬弄是非，凡宫廷宴昵时的私房话，宫嫔之间嬉笑之语，曾觌、龙大渊两人皆宣泄于外，以夸其能。又引金国人出入宫廷，为击毬、胡舞之戏。凡此种种，均有损陛下声誉，应罢黜斥逐出朝"。刘度慷慨陈词，不下数百言。孝宗宠幸曾觌、龙大渊，几乎是言听计从，今见刘度数说二人之短，大不以为然，反而升擢了两人官职。刘度得知，再次谏诤说："臣请陛下罢黜斥退曾觌、龙大渊，陛下却升迁两人官职，臣还有何面目再当谏官，乞贬谪。"孝宗盛怒之下，当即下诏贬谪，但掌管起草诏令的中书舍人张震不肯拟诏书，侍御史胡沂也上疏说:“曾、龙两人结党营私,请屏之远方,以防微杜渐。”孝宗留中不报。给舍金安节、周必大不肯书黄,并上奏说:“陛下对于朝廷大臣想贬就贬,想罢就罢,独对此两人委曲迁就,难免朝野之间议论纷纷。”孝宗不待奏完,便起身离去。第二天,孝宗宣布手诏说:“金安节、周必大为别人鼓吹,妄议朝政,太上皇时安敢如此!”于是金安节、周必大退而待罪。适逢张焘入朝奏事,也说曾觌、龙大渊乃奸佞之臣,不可重用。孝宗问:“你这番话是听何人所说?”张焘说:“臣从陆游处得知。”孝宗勃然大怒说:“陆游乃反复小人,朕必将惩办他。”于是贬谪陆游为镇江府通判,不久改为通判隆兴府(今江西南昌)。陆游本想清除奸宄之人,澄清朝政,不料却落得如此结局,只得黯然离朝。

陆游既被贬谪,仍有好事之徒落井下石,弹劾他“交结台谏,鼓唱是非,力说张浚用兵”。朝廷不察究竟,罢免了陆游的职务。当时任枢密使的张浚,是与岳飞、韩世忠齐名的抗金名将,岳飞、韩世忠已经谢世,枢密使掌管全国军队,宋金战事正酣,陆游盼望早日收复大好河山,催促张浚出兵,是爱国之举,何罪之有?只因宋军在符离(今安徽县北符离集)打了败仗,张浚因指挥乖方被解职,宋朝被迫签订了割地赔款的“隆兴和议”,陆游也因“力说张浚用兵”而受到了牵累。

因发粟赈灾再次被罢官

“冠盖满京华,斯人独憔悴。”被免了职的陆游归故里,卜居于山阴(今浙江绍兴)三山别业。忠而被谤,信而见疑,陆游不免苦闷彷徨,对曾觌、龙大渊等奸人恨之入骨,把他们比作苍蝇。《十月苦蝇》一诗云:

十月江南未拥炉，痴蝇扰扰莫嫌渠。
细看岂是坚牢物，付与清霜为扫除。

此诗写于孝宗乾道三年(1167)十月，43岁的陆游赋闲在家。江南天暖，十月间尚有苍蝇困扰，陆游马上想起了曾觌、龙大渊，那是两只嗡嗡扰人的苍蝇。这年春天，曾、龙两人被孝宗罢黜，因此陆游有"付与清霜为扫除"的诗句。

闲暇时，陆游常常去农村和农夫谈天，欣赏农村的旖旎风光，只有在这时，他才忘却了忧愁和烦恼。他的《游山西村》是一幅色彩斑斓的农村风情画卷：

莫笑农家腊酒浑，丰年留客足鸡豚。
山重水复疑无路，柳暗花明又一村。
箫鼓追随春社近，衣冠简朴古风存。
从今若许闲乘月，拄杖无时夜叩门。

山西村在今浙江绍兴市东南三十余里云门寺西，南宋时属会稽县。陆游在云门山也有一处草堂，因而时常往来于山阴三山别业与云门山草堂之间。这首诗写出了农村一片祥和欢乐景象：农家腊月酿出的酒虽然浑浊，但味爽可口，丰收之年鸡豚、蔬菜也很丰盛，箫声、鼓声此起彼落，预示着祭祀土地神和五谷神以祈丰收的春社日已经临近，村里的人们衣冠虽然简朴，但保留了古代淳朴厚道的风气，使陆游受到了很大感染。今后若有闲暇，定然会乘着月色来村子游玩，拄着拐杖叩开农家的大门。诗中的"山重水复疑无路，柳暗花明又一村"两句，更是千古绝唱！

陆游尽管身在田园，但心系朝廷，不能忘怀被金人侵占的大好河山。乾道四年(1168)，44岁的陆游在山阴已赋闲两年，还不见朝廷有起用他的消息，未免惆怅寥落，他的《闻雨》一诗说：

慷慨心犹壮，蹉跎鬓已秋。
百年殊鼎鼎，万事只悠悠。
不悟鱼千里，终归貉一丘。
夜阑闻急雨，起坐涕交流。

虽然自己慷慨许国，但不获朝廷重用，岁月蹉跎，两鬓已添白发，多年来抗金大业等闲度过，成效不大，令人忧心忡忡。更深夜阑听到暴风急雨敲打屋瓦声，想起中原尚未收复，不禁涕泗交流，一腔忧国忧民之情，溢于言表！

在焦灼不安中，陆游终于等到了重新任职的消息。乾道五年(1169)十二月，陆游被任命为通判夔州(今重庆市奉节县东)军事府。罢官前是通判，复官后还是通判，官职依旧，但却远离家乡，去了山水迢递的夔州。陆游因为身体有恙，不能马上动身，直至乾道六年(1170)的闰五月十八日才从山阴起程，十二月二十七日抵达夔州，在途中行走了五个月零十天之久。夔州僻在西南一隅，民风淳朴，公事不多，陆游的通判又是副职，除了写些不关痛痒的文字外，公事更少，他慨叹"头白伴人书纸尾，只思归去弄烟波"。百无聊赖，他想回到家乡，与烟波钓徒为伍。其实，这只是陆游的愤懑之辞，他何尝不想施经纶，展抱负，建功立业，只是没有机会，他才会有这样的感喟。通判一般任期三年，任满后倘不被上司任用，将有失业之虞。陆游官微俸薄，携妇将雏，度日艰难。到了乾道七年(1171)，眼看任期将满，陆游焦虑不已，便给时任丞相的虞允文写信求助。他说：

某行年四十有八（实为47岁），家世山阴，以贫悴逐禄于夔。其行也，故时交友醵缗钱以遣之。峡中俸薄，某食指以百数，距受代不数月，行李萧然，固不能归，归又无所得食，一日禄不继，则无策矣。儿年三十，女二十，婚嫁尚未敢言也。某而不为穷，则是天下无穷人。伏惟少赐动心，捐一官以禄之，使粗可活，甚则使可具装以归，又望外则使可毕一二婚嫁……

以前读陆游的入蜀诗，似乎是一次愉快的旅行，你看他的《剑门道中遇微雨》：

衣上征尘杂酒痕，远游无处不消魂。
此身合是诗人未？细雨骑驴入剑门。

诗人是何等潇洒，何等欢快！但细读《渭南文集》中《上虞丞相书》，才知道陆游有许多辛酸！他说，因为贫窭才去出任夔州通判，赴任时竟拿不出路费，还是亲友们帮忙才凑够。到了夔州，俸禄低微，人口又多，入不敷出，离卸任只有数月光景，难筹措出回家的费用，即使回到家乡，也免不了枵腹之厄。儿子30岁，女儿20岁，因贫穷不敢论婚嫁，真是穷困潦倒！他请求虞允文给一个官职，以便养家糊口，具装回归家乡，也可以筹办子女婚嫁。读了这一段文字，不能不为诗人洒下一掬同情之泪！

也许是虞允文读了陆游的信，起了恻隐之心，他把陆游推荐给了四川宣抚使王炎。王炎慷慨应允，聘他为干办公事。王炎是以参知政事的身份任四川宣抚使的，宣抚使衙门在南郑（今陕西汉中），因而王炎是西北地区最高的行政军事长官，也是抗金的最前线。这样，陆游便从夔州北上，来到了南郑。干办公事是宣抚使的幕僚，他到过抗金前线的许多地方，足迹所到之处，都写下了壮丽的诗篇。他还给王炎出谋划策，《宋史·陆游传》说："游为炎陈进取之策，以为经略中原必自长安始，取长安必自陇右始，当积粟练兵，有衅则攻，无则守。"王炎是否采用了陆游之策未见记载，但两人相处还是契合的。

乾道八年（1172）王炎调任枢密使，回到临安，朝廷调虞允文任四川宣抚使。他于次年赴任，他在蜀一年，还未敲定进攻金兵的日期，孝宗密诏催促，"允文言军需未备，上不乐"。淳熙元年（1174）虞允文一病不起，撒手人寰。这几年陆游任过成都安抚使衙门的参议官，那是个"冷官无一事，日日得闲游"的差使。他不甘把豪情壮志消磨在酒肆和歌院中，因而发出了"逆胡未灭心未平，孤剑床头铿有声"的悲愤之声。以后又任过蜀州（今四川崇庆）通判，摄知嘉州（今四川乐山）、摄荣州（今四川荣县）事。摄者，代理之谓也，没有多少权力，替人守成而已。陆游在《醉书》一诗中自嘲说："似闲有俸钱，似仕无簿书，似长无事任，似属非走趋。"说是闲人却有俸禄，说是官员却无多少公文批阅，说是一州之长却无具体职责，说是州官下属却也不是奔走服役之人。这样的生活，使他惆怅不已。报国无门，壮志难酬，陆游不禁茫然了。

淳熙二年（1175）六月，范成大以四川制置使的身份来到成都。他与陆游是莫逆之交，很快便辟陆游为参议官。陆游高兴地写出了"乐哉今从石湖公，大度不计聋丞聋。夜宴新亭海棠底，红云倒吸玻璃钟"的诗句。陆游在范成大帐下，"以文字交，不拘礼法，人讥其颓放，因自号放翁”（《宋史·陆游传》）。南宋人罗大经的《鹤林玉露》一书说：“台评劾其恃酒颓放，因自号放翁。”并作词说：“桥如虹，水如空，一叶飘然烟雨中，天教称放翁。”《宋史》说陆游“不拘礼法”“许多人攻讦他‘颓放’”，并非空穴来风，恶意中伤。所谓“不拘礼法”，是指陆游在四川那段苦闷彷徨的日子里，的确有出入秦楼楚馆、放浪形骸的生活。《随隐漫录》一书载，当陆游来往于成都、蜀州、嘉州、荣州之间时，有一次住宿驿馆，见墙壁上有一首诗：

玉阶蟋蟀闹清夜，金井梧桐辞故枝。
一枕凄凉眠不得，呼灯起作感秋诗。

陆游询问之下，知是驿卒之女，遂金屋藏娇，纳为小妾。半年之后被妻子发觉，将那女子逐出了家门。那女子临去，赋《生查子》词说：

只知眉上愁，不识愁来路。窗外有芭蕉，阵阵黄昏雨。
晓起理残妆，整顿教愁去。不合画春山，依旧留愁住。

宋人周密的《齐东野语》是一部颇有价值的笔记小说，《四库全书总目提要》说此书足以补史传之缺。书中有一则关于陆游的记载说，蜀地的娼妓有薛涛遗风，大多能写诗词。陆游有客人从蜀地带回一名妓女。安置在别处，隔几天去一次。偶因病停了一段时间未去，那妓女怀疑他别有新欢，客人作词辩解，妓女和原韵回答说：

说盟说誓,说情说意,动便春愁满纸。多应念得脱空经,是哪个先生教底?不茶不饭,不言不语,一味供他憔悴。相思已是不曾闲,又哪得工夫咒你?

在这则故事后,周密又说:"或谤翁尝挟蜀妓以归,即此妓也。"有人说陆游从四川带回来的就是这个写情诗的妓女。陆游找情人纳妾,固然是白圭之玷,但宋代文人雅士交结青楼女子是常见现象,如苏东坡的情人就有雪兽头、朝云、温超超、榴花、碧桃、琴操、李琪七位。陆游虽然有这段风流韵事,但并不影响他抗金志士的形象。

淳熙四年(1177)六月,范成大奉调还朝。不久,陆游被任命为知叙州(今四川宜宾)事。还未及赴任,孝宗又召他到临安奏对。原来孝宗另有任命,让他提举福建常平茶盐公事。所谓提举,是提举常平官的简称,意即掌管福建一路的茶和盐。福建常平茶盐公事衙门在建安(今福建建瓯),陆游在建安生活了半年,他在那里人地两生,知己不多,落落寡合,心情郁闷,他写诗说:

半年建安城,士友缺还往。
出门每太息,还舍犹惝恍。
有酒谁与倾,得句空自赏。
疏直触人情,低回泚吾颡。
岂无佳山水,正尔寄梦想。
何当载亲朋,烟浦摇两桨。

半年来没有朋友来往,出门来踽踽独行,归来后还觉得精神恍惚。有酒无人共饮,有诗没有知音欣赏,因性格耿直不讨人喜欢,低眉俯首逢迎上司又使陆游汗流浃背。他真想挂冠而去,徜徉在故乡的山水之间。他怀念故乡“一弯画桥出林簿,两岸红蓼连菰蒲”的美丽景色,过着“暮归稚子迎我笑,遥指一抹西村烟”的无拘无束生活!但是更多的还是报国无门的苦闷。这一时期陆游写了很多诗篇抒发自己忧国忧民的情怀。他说:“位卑未敢忘国忧,事定犹须待阖棺。”他关心大好河山尚未收复:“遗民忍死忘恢复,几处今宵垂泪痕。”他慨叹自己虚掷光阴,不能从戎杀敌:“丈夫不虚生世间,本意灭虏收河山。岂知蹭蹬不称意,八年梁益凋朱颜。”凋朱颜是说青春不再,容颜衰老。他处心积虑,筹划灭敌之策:“报国计安出,灭胡心未休。”驱逐强敌,收复河山成了他的全部精神寄托。

淳熙六年(1179)秋,孝宗召陆游回临安,说是另有任用。陆游从建安北上,行至衢州(今属浙江),上奏请求挂冠归乡,但孝宗没有准奏,调他提举江南西路常平茶盐公事,勿须去临安见驾,可直接赴任。江南西路常平茶盐公事的衙署在抚州(今江西抚州市西),这样,陆游又马不停蹄地赶往抚州,时间已是这年岁末了。

也许是时乖运蹇,陆游刚刚上任,淳熙七年(1180)抚州便发生了旱灾,田地龟裂,禾苗枯焦。大旱望云霓,百姓纷纷烧香求雨,陆游也参加了祈雨的行列。雨虽未如期而至,但是终于来了。不巧的是,这场甘霖忽然变成了滂沱大雨,一连十余日,雨势有增无已。抚州各地一片汪洋,成了水乡泽国,庐舍、田地都被淹没了。村民逃到山坡上,才算躲过一劫,但是赖以谋生的粮食却被洪水冲得颗粒不存,成千上万的饥民嗷嗷待哺,家家户户都断了炊烟。陆游悲天悯人,上奏朝廷,请求“拨义仓赈济,檄诸郡发粟以予民”。这本是为国为民之举,想不到却遭到了奸邪小人的嫉恨,说他“不自检点,所为多越于规矩,屡遭物议”。朝廷不察究竟,罢了他的官职,给了个主管成都府玉局观的闲差使。宫观官又称祠官,每月给俸,但不必到职,既不到职,便无事可做。厄运又一次降临到56岁的陆游身上,使他欲哭无泪,愤懑不已!

再度起用又罢官

“书生事业绝堪悲,横得虚名谤亦随。”淳熙七年(1180)底,罢了官的陆游又回到了家乡山阴,居住在三山别业。他不明白自己“侠气峥嵘盖九洲,一生常耻为身谋”,为什么有志难酬,落得如此下场。虽然赋闲在家,但他并未沉沦,报国之志丝毫未减,“书生老抱平戎志,有泪如江未敢倾”“一身报国有万死,双鬓向人无再青”,已经接近花甲之年,鬓发已经白了,却不能遂平戎之志,空有泪水如江,又去哪里倾倒?既然无事可做,那就读书销愁。陆游喜欢读书,不管走到哪里,不管逆境顺境,他都读书不辍。回到故乡山阴,更是手不释卷,一灯如豆,直至更深夜阑。他在《读书》一诗中说:“放翁白首归剡曲,寂寞衡门书满屋……有时达旦不灭灯,急雪打窗闻簌簌。”在《渭南文集·书巢记》中又说:

> 陆子既老且病,犹不置读书,名其室曰书巢……吾室之内,或栖于椟,或陈于前,或枕藉于床,俯仰四顾,无非书者。

只有徜徉在书海中,陆游才能忘却一切烦恼。

陆游还是豁达的。读书之暇,他也向往恬静宁谧的田园生活,他以陶渊明自况,“晨兴理荒秽,带月荷锄归”,去菜园锄草;

也像陶渊明一样,“欢然酌春酒,摘我园中蔬”。他的《小园》诗说:

小园烟草接邻家,桑柘阴阴一径斜。
卧读陶诗未终卷,又乘微雨去锄瓜。

我们仿佛看见诗人在濛濛细雨中,沿着桑柘间的小路去园圃中为瓜果锄草。悠然陶然,多么洒脱!陆游还和儿女在月夜扑捉流萤,享尽天伦之乐。他的《月下》一诗说:

月白庭空树影稀,鹊栖不稳绕枝飞。
老翁也学痴儿女,扑得流萤露湿衣。

从淳熙七年底到淳熙十二年,陆游在山阴度过了五年蛰居生活。淳熙十三年(1186),赋闲了多年的陆游被任命为朝奉大夫,权知严州(今浙江建德东北)军州事。这一年他62岁,已经是垂垂老翁了。陆游之所以能够复出,是因为周必大帮了大忙。淳熙十一年(1184),周必大由知枢密院事升为枢密使,执掌了兵权,而任丞相的王淮慧眼识珠,直接向朝廷推荐了陆游。这年春天,陆游起程赴临安前夕,在山阴石帆别业写下了著名的《书愤》诗:

早岁那知世事艰,中原北望气如山。
楼船雪夜瓜洲渡,铁马秋风大散关。
塞上长城空自许,镜中衰鬓已先斑。
出师一表真名世,千载谁堪伯仲间。

陆游念念不忘的还是江山社稷。瓜州渡在今江苏扬州市南，陆游任镇江通判时，曾参与抗金作战擘画；在四川宣抚使司干办公事时，曾到大散关（今陕西宝鸡西南）抗金前线视察，前尘往事，此刻都一一浮上了心头。可惜的是，自己空以塞上长城自许，怎奈韶华已逝，双鬓已是白发皤然了。诸葛亮的《出师表》表明了他复兴汉室的决心，千载之下，谁人可以相比？陆游委婉地表达了对朝廷无意恢复的不满和自己报国无门的悲愤！

陆游又一次失望了。他本来以为孝宗召见他是商讨收拾旧山河的抗金大业，不料孝宗却说："严陵江水胜处，职事之暇，可以赋咏自适。"严州距富春江不远，山清水秀，风光旖旎，是写诗吟咏的绝佳去处，但是如今山河破碎，国土沦胥，陆游哪里还有"赋咏自适"的闲情逸致？再次召见，孝宗又说："卿笔力回斡甚善，非他人可及。"孝宗始终把陆游当作诗人，没有把他看作抗金志士，陆游心头五味杂陈，惆怅不已。他的《临安春雨初霁》一诗说：

世味年来薄似纱，谁令骑马客京华。
小楼一夜听春雨，深巷明朝卖杏花。
矮纸斜行闲作草，晴窗细乳戏分茶。
素衣莫起风尘叹，犹及清明可到家。

朝廷不谈恢复，陆游感慨系之，无奈之下，只能小楼整夜听听淅淅沥沥的春雨，看看深巷中不时走来贩卖杏花的市民。在薄薄的纸张上随意书写斜行的草书，在春雨乍停、阳光灿烂的窗前品尝一种名叫细乳的香茶。陆游又想，还是清明前回到故乡吧，免得洁白的衣服被临安的龌龊空气染黑。

陆游回了一趟山阴，于淳熙十三年七月三日到严州上任，妻子王氏留在山阴，小妾杨氏随行。严州是江南大郡，人烟辐辏，万户千门，贤愚混杂，良莠不齐，治理颇有难度。陆游两袖清风，关心民瘼，他在严州任上，几乎走遍了这里的每一个村落，所到之处，“延见老年，劳问功课”，询问收成如何。严州发生了灾情，他又上书朝廷，请求蠲免租役，救济贫窭百姓，表现出了封建社会一个正直官吏的襟抱。但是公务繁忙，诉讼又多，羸弱多病的陆游终于支撑不住了，加上小妾杨氏在严州所生之女闰娘夭折，未免心情牢落，他决定辞官归乡养疴。淳熙十五年(1188)四月，在任期三年将满之际，他给朝廷上了《乞祠禄札子》，说自己“年龄衰迈，气血凋耗，夏秋之际，痼疾多作。欲望钧慈特赐矜悯，许令复就玉局微禄，养疴故山，及天气尚凉，早得就道”。所谓玉局是指玉局观提举，那是祠禄官，苏轼就任过玉局提举，人称苏玉局。陆游也希望有这样的待遇，可以养家糊口，而无冻馁之忧。

也算是皇恩浩荡，朝廷很快批准了陆游的请求，这年七月十日，64 岁的陆游又回到了阔别三年的山阴三山别业，到家已是夜半时分了。他的 11 岁的小儿子陆通，出门迎迓。无官一身轻，陆游以轻快的笔触写道：“到家夜已半，伫立叩蓬户。稚子犹读书，一笑慰迟暮。”在外奔波了几十年，迟暮之年再次返回家乡，陆游打算莳花弄草，垂钓水滨，不再过问世事了。不料行囊尚未安置妥善，朝廷的调令便来了。原来孝宗知道陆游有才，打算给他一个郎中之类的官职，适逢军器少监一职出缺，时任右丞相的陆游挚友周必大又竭力玉成其事，陆游遂被任命为军器少监。军器监是掌管军器的机构，长官称少监，隶属于工部。尽管陆游不喜欢这个职务，但是圣命难违，他还是束装就道，来到了行在临安。他在《初到行在》一诗中说：“笔墨有时闲作戏，功名到底是无缘。”

表示对这差使不感兴趣。

事情很快有了转机。淳熙十六年(1189)四月,陆游改任礼部郎中兼膳部检察,就在这一年,63岁的孝宗皇帝赵昚倦勤,传位给太子赵惇,即宋光宗,自己退居重华宫。这年冬天,光宗调陆游等人在文华阁修《高宗实录》,陆游的职务也改为朝议大夫尚书礼部郎中兼实录院检讨官了。讵料就在陆游专心致志修史之际,有谏官弹劾他"陆游前后屡遭白简,所至有污秽之迹"。白简是指古代御史在弹劾大臣时,把文字写在竹简或木片上,称为白简。后来有了纸张,弹劾的文字仍称白简。说陆游前后屡遭白简,也就是说他屡遭弹劾,说他有品行不端之事。这真是闭门家中坐,祸从天上来。还不等陆游辩白,光宗便下诏免了他的官职。这已经是陆游第三次被罢官了。说陆游有"污秽之迹",完全是凿空妄说、无稽之谈,他不过是写了一些忧国忧民但不合时宜的诗歌而已。回到山阴后,他无限感慨地说:"予十年间两坐斥罪,虽擢发莫数而诗为首,谓之嘲咏风月。既还山,遂以风月名小轩。"这一年,陆游65岁。

心愿未了,赍志长逝

从淳熙十六年(1189)冬天陆游罢官,直到嘉定二年(1209)赍志而殁,在长达20年的时间里,他几乎都是在家乡山阴度过的,只在宁宗嘉泰二年(1202)六月至三年五月应召赴临安修孝宗、光宗两朝实录。陆游有时住在山阴三山别业,有时住在会稽石帆别业。虽被罢官,但还有提举建宁府武夷山冲佑观的祠禄,尽管俸禄微薄,但没有断炊之虞。生活尚可维持,躬耕陇亩并非坏事。"宦途自古多忧畏,白首为农信乐哉!"陆游的心情是愉快的。宋代的祠官虽是闲差使，但并未脱离仕籍，因此可以循资升转，于是蛰居的陆游不断增添新头衔，到宁宗开禧二年（1206），已经是“太中大夫、宝谟阁待制致仕、渭南县开国伯、食邑八百户，赐紫金鱼袋”了。陆游的书稿取名为《渭南文集》，就是从渭南伯而来。单看这一长串官衔，似乎陆游是一个位高爵显、富埒王侯的官员，其实这一切都是镜花水月，有名无实。太中大夫是正四品，但他没有相应的俸禄；他是渭南伯，但陆游从未去过渭南，更不必说八百户的食邑了，他领到的还是祠禄官的薪俸。祠禄官并非终身制，到期还得再申请，能否批准未可预卜。大概在宁宗庆元五年（1199），陆游觉得申请无望，遂放弃申请，这意味着他从此断了生活来源，一下子成了贫窭之人。这一年陆游75岁，老态龙钟，步履蹒跚，什么事情也做不成了。贫穷如影随形，使他心绪不宁。庆元六年（1200）陆游在《十月二十八日风雨大作》一诗中说：“一饱正自艰，五穷故相逐。”吃一顿饱饭已经艰难，五穷又接踵而至，他在《岁暮贫甚戏书》一诗中说：

阿堵元知不受呼，忍贫闭户亦良图。
曲身得火才微直，槁面持杯只暂朱。
食案阑干堆苜蓿，褐衣颠倒著天吴。
谁知未减粗豪在，落笔犹能赋两都。

首联中阿堵是“这个”之意，这里指钱，“不受呼”者，是说呼之不来，既呼之不来，当然阮囊羞涩了。百无聊赖，只能忍贫闭户。颔联说，天气冱寒，只得曲身向火，身上暖和了，才能直起腰来；面色枯槁憔悴，只有饮了酒之后，脸上才有红色。颈联说饭桌上横斜地放着苜蓿之类的菜，那就是饭菜了；至于身上穿的粗布衣服，补丁摞补丁，衣服上的天吴和紫凤图案都颠倒了，这里是化用了杜甫《北征》诗中"天吴及紫凤，颠倒在短褐"两句。尾联则说虽然贫穷，但豪情依旧，落笔能写出像班固《两都赋》那样的诗篇来！

福无双至，祸不单行。庆元三年(1197)五月，陆游相濡以沫的妻子王氏撒手尘寰，不久，小妾杨氏也婴疾而逝，撇下陆游茕茕孑立，形影相吊。他本就羸弱多病，经过这一次打击，身体更是每况愈下了。既老又贫，他在《贫甚戏作绝句》诗中说：

灶突无烟甑有尘，颓垣破屋越溪滨。
老鳏狂怪谁嗔责，日日行歌独卖薪。

前一首说烟囱不再冒烟，装米的甑布满尘土，是说生活拮据，炊烟不举。住的是越溪岸边的颓垣破层。因妻妾俱已亡故，因此陆游自称老鳏。生活困窘，自己只能学汉朝的朱买臣采樵卖薪，买米作炊。这虽然是戏谑之语，但可看出陆游的辛酸与无奈！

冬去春来，时光荏苒，不觉又到了庆元五年(1199)。人到暮年，容易怀旧，陆游蓦地想起了四十年前与唐婉在沈园相遇的情景，便专程前往沈园寻觅旧踪，凭吊知己。但见山河依旧，风景不殊，只是人事全非，沈园已经易主。当年陆游写的《钗头凤》还在墙壁上，不过墨迹斑驳，有些字已漫漶不清了。他回忆说：

禹迹祠南有沈氏小园，四十年前曾题小阕壁间，偶复一到，而园已易主，刻小阕于石，读之怅然。

触景生情，陆游感慨系之，笔走龙蛇，写了《沈园二首》：

其一

城上斜阳画角哀，沈园非复旧池台。
伤心桥下春波绿，曾是惊鸿照影来。

其二

梦断香消四十年，沈园柳老不吹绵。
此身行作稽山土，犹吊遗踪一泫然。

夕阳西下，山阴城头上刻有花纹的号角听起来有些呜咽，如今的沈园已非往日的池沼亭台。令人伤心的是，春波桥下的流水依然清澈，可当年那翩若惊鸿，临水照影的唐婉再也见不到了。惊鸿是惊飞的鸿雁，形容体态轻盈婀娜，曹植在《洛神赋》中形容洛神"翩若惊鸿，婉若游龙"，陆游把唐婉比作《洛神赋》中的洛神宓妃，可知她花容月貌，倾国倾城。梦断香消，唐婉谢世已40年，那时栽种的柳树已老，飘不出柳絮了。我已到迟暮之年，将要化作稽山上的一抔黄土，此时此刻，伫立在春波桥畔凭吊遗踪，不禁泫然泪下！读这两首诗，谁能不被陆游的情真意切所感动！

暮年陆游虽然隐居乡村，与世无争，但仍然招来了非议，原因是他为宁宗时任平章军国事的大臣韩侂胄写了《南园记》和《阅古泉记》，而韩侂胄是奸臣。陆游为他撰文，自然就该受到诟病了。《宋史》说他"晚年再出，为韩侂胄撰《南园》《阅古泉记》，见讥清议"。其实这都是皮相之见。首先，韩侂胄不是奸臣。他是北宋仁宗时名相韩琦曾孙，因册立宁宗有功，累官至平章军国事，位于丞相之上。他执政期间，党同伐异，排斥异己，斥理学为伪学，兴"庆元党禁"，因此受到朝野攻讦。他主张抗金，收复中原，追封岳飞为鄂王，褫夺秦桧王爵，改谥"谬丑"，输家财二十万用作军费，却是得人心之举。他抗金初战取胜，后因任用非人，谋划不周而导致失利。宋朝请和，金人条件苛刻，大臣史弥远与杨皇后定计将他杀死，然后函首送金人乞和。这种卑躬屈膝的行为，当即引起了国人的不满，有人写诗说："自古和戎有大权，未闻函首可安边。生灵肝脑空涂地，祖父冤仇共戴天。"说韩侂胄专权跋扈并不冤枉他，说他是奸臣则言过其实。《宋史》把韩侂胄列入《奸臣传》更有失公允。其次，陆游写《南园记》时并不在临安，他说："游老病谢事，居山阴宅中，公以手书来曰：子与我作南园记。"可知是韩侂胄慕名求于陆游，而非陆游卖身投靠。再看内容，《南园记》说：

> 自绍兴以来，王公将相之园林相望，莫能及南园之仿佛者，公之志岂在于登临游观之美哉！始曰"许园"，继曰"归耕"。是公之志也……逮至于公，勤劳王室，勋在社稷，复如忠献之盛，而又谦恭抑畏，拳拳志忠献之志，不忘如此……

通篇都是勖勉韩侂胄继承韩琦之志，并无阿谀奉承之辞，南宋人罗大经在《鹤林玉露·陆放翁》条中就说："南园记惟勉以忠献之事业，无谀辞。"古人尚能为陆游辩诬，我们今日更应为陆游洗刷去不白之冤。

陆游长期生活在山阴农村，熟悉农村的风土人情，了解他们的喜怒哀乐，和他们交朋友，融入他们的生活。只有在这时，陆游才眉宇舒展，宠辱皆忘。他写农民的诗，清新流丽，质朴自然：

一

闲行偶复到山村，父老遮留共一尊。

曩日见公孙未晬，如今已解牧鸡豚。

二

耕佣蚕妇共欣然，得见先生定有年。

扫洒门庭拂床几，瓦盆盛酒荐豚肩。

三

驴肩每带药囊行，村巷欢欣夹道行。

共说向来曾活我，生儿多以陆为名。

第一首说，他到山村散心，被相识的老农挽留小酌。当年老农的孙子未满周岁，还在襁褓之中，如今已懂得养鸡喂猪了。第二首说，每逢陆游来到山村，无论是耕田的，还是养蚕的妇女，都欣然欢迎。多年不见，今日分外亲切，又是扫洒门庭，又是拂抹床几，窗明几净，迎迓客人。还用瓦盆盛酒，端上炖好的猪肉让陆游饮用。第三首写陆游到山村时，骑一头毛驴，驴背上放一个药囊，到了村里，男女老少都夹道欢迎。大概陆游懂得一些医理，为不少村民治好过病，村民们为表达感谢之忱，生了儿子都把陆游的姓作为名字。宋朝的诗人不下五六十位之多，但和农民相处得亲如家人的，除了陆游外，恐怕找不出第二人。

在陆游的诗篇里，既有对贪官污吏的鞭挞，也有对农民丰收喜悦的描绘，如《农家叹》：

有山皆种麦，有水皆种秔。

牛领疮见骨，叱叱犹夜耕。

竭力事本业，所愿乐太平。

门前谁剥啄？县吏征租声。

一身入县庭，日夜穷笞搒。

人孰不惮死？自计无由生。
还家欲具说，恐伤父母情。
老人侥得食，妻子鸿毛轻。

这是一幅令人唏嘘的农村图画。农民辛勤耕耘，山上种麦，水中种稻，老牛耕田终日不闲，脖子上磨得生疮露出了骨头，农民夜里还在田里劳作。如此辛苦经营，为的是过上太平日子。但是门前响起了剥啄的敲门声，出门看时，原来是县衙中派来征收租税的官吏。没奈何，只得单身一人去到县衙。因租税没有缴足，白天黑夜遭到拷打。自知无生还希望，最终还是被官府放了回来。害怕父母得知实情后伤心，没有把遭受拷打之事告知双亲。只要父母健在，娇妻、儿女就显得不那么重要了。这首诗与杜甫的《石壕吏》有异曲同工之妙！

在另一首《秋获歌》中，陆游写道：

墙头累累柿子黄，人家秋获争登场。
长碓捣珠照地光，大甑炊玉连村香。
万人墙进输官仓，仓吏炙冷不暇尝。
讫事散去喜若狂，醉卧相枕官道傍。
数年斯民厄凶荒，转徙沟壑殣相望。
县吏亭长如饿狼，妇女怖死儿童僵。
岂知皇天赐丰穰，亩收一钟富万箱。
我愿邻曲谨盖藏，缩衣节食勤耕桑。
追思食不餍糟糠，勿使水旱忧尧汤。

这又是一幅美不胜收的五谷丰登图。柿子熟了，灿若黄金，挂满枝头，秋庄稼到了收获季节，陆续登场，村子里一片繁荣景象。长碓舂米，米若珍珠；大甑煮饭，村村飘香。回忆曩昔，成千上万的人去官仓缴官租，官吏们正吆五喝六饮酒吃肉，对他们不理不睬。等缴完官租，相枕醉卧于官道之旁，一身轻松。前几年村里遭遇灾荒，颗粒无收，村民们辗转沟壑，泪眼相望，而催收官租的县吏、亭长凶狠如饿狼，呵斥责骂，吓得妇女恐怖欲死，儿童僵立一旁。所幸这些劫难都已度过，今年又是大有之年，粮食获得了丰收，但愿农民朋友小心收藏粮食，节衣缩食，勤俭持家，努力耕稼，不要忘记连酒糟和米糠都难以吃饱的岁月，不要让朝廷因水旱灾害为农民的生计担忧。陆游这种视民如伤的襟抱，真是可圈可点！

"位卑未敢忘忧国。"陆游念兹在兹的，还是收复被金人掠夺去的大好河山。尽管他暮年穷愁潦倒，尽管他已是耄耋之年，但报国之志，无时或已。他晚年居住的山阴三山别业环境清幽，南临镜湖，对岸是梅里尖山，山势突兀，拔地而起。陆游从眼前的山水联想到尚未收复的大好河山，想起了呻吟在金人统治下的中原百姓，不禁感慨万端：

三万里河东入海，五千仞岳上摩天。
遗民泪尽胡尘里，南望王师又一年。

陆游指责朝廷畏敌如虎，不思恢复："战马死槽枥，公卿守和约。穷边指淮淝，异域视河洛。"战马不用来作战，以致老死于槽枥之间，公卿大臣拘守和约，苟安一隅，把淮河、淝水视为最远的边界，把汴京、洛阳视为异域，令人心寒！他痛斥朝廷排斥迫害抗金将领："公卿有党排宗派，帷幄无人用岳飞。"虽然年老体弱，他

还想从戎杀敌。宋光宗绍熙三年(1192)写的《十一月四日风雨大作》一诗,至今还为人传颂:

僵卧孤村不自哀,尚思为国戍轮台。
夜阑卧听风吹雨,铁马冰河入梦来。

轮台在今新疆境内,向为边防重镇,陆游僵卧孤村,还想为国戍边,建功立业。更深夜阑,屋外风雨大作,睡梦中听着风声雨声,犹如裹着铁甲的战马驰骋在结冰的黄河上,一腔报国热忱跃然纸上!

可惜的是,陆游的心愿并未实现。孤苦无依,生活困窘,风烛残年,百病缠身的陆游至死也未见朝廷“收拾旧山河”。宋宁宗嘉定三年(1210),85 岁的陆游溘然长逝,魂归道山。弥留之际,他在病榻上写下了最后一首《示儿》诗:

死去元知万事空,但悲不见九州同。
王师北定中原日,家祭勿忘告乃翁。

陆游不愧为一代爱国诗人。他留下的九千余首诗篇,是一笔弥足珍贵的历史文化遗产!